CAMBRIDGE LIBRARY COLLECTION

Books of enduring scholarly value

Anthropology

The first use of the word 'anthropology' in English was recorded in 1593, but its modern use to indicate the study and science of humanity became current in the late nineteenth century. At that time a separate discipline had begun to evolve from many component strands (including history, archaeology, linguistics, biology and anatomy), and the study of so-called 'primitive' peoples was given impetus not only by the reports of individual explorers but also by the need of colonial powers to define and classify the unfamiliar populations which they governed. From the ethnographic writings of early explorers to the 1898 Cambridge expedition to the Torres Straits, often regarded as the first truly 'anthropological' field research, these books provide eye-witness information on often vanished peoples and ways of life, as well as evidence for the development of a new scientific discipline.

The Lore of the Whare-wānanga

Stephenson Percy Smith (1840–1922) arrived in New Zealand as a boy, and soon became fascinated by Maori culture. After retiring in 1900 from his career as a government surveyor, Smith devoted himself to the study of the Maori and co-founded the Polynesian Society, which published this two-volume study in 1913–15. The book contains the Maori text of an important body of beliefs and traditions which had been committed to writing over fifty years earlier, when the young W. H. Whatahoro had acted as scribe for a group of senior elders concerned to preserve this ancient and sacred knowledge. Only long afterwards was Whatahoro willing to divulge it to Europeans, and he personally assisted Smith with the translation provided here. Although Smith's interpretative notes and 'comparative mythology' agenda are typical of their time, this pioneering work laid foundations for later research. Volume 1 focuses on the gods and creation myths.

T0370674

Cambridge University Press has long been a pioneer in the reissuing of out-of-print titles from its own backlist, producing digital reprints of books that are still sought after by scholars and students but could not be reprinted economically using traditional technology. The Cambridge Library Collection extends this activity to a wider range of books which are still of importance to researchers and professionals, either for the source material they contain, or as landmarks in the history of their academic discipline.

Drawing from the world-renowned collections in the Cambridge University Library, and guided by the advice of experts in each subject area, Cambridge University Press is using state-of-the-art scanning machines in its own Printing House to capture the content of each book selected for inclusion. The files are processed to give a consistently clear, crisp image, and the books finished to the high quality standard for which the Press is recognised around the world. The latest print-on-demand technology ensures that the books will remain available indefinitely, and that orders for single or multiple copies can quickly be supplied.

The Cambridge Library Collection will bring back to life books of enduring scholarly value (including out-of-copyright works originally issued by other publishers) across a wide range of disciplines in the humanities and social sciences and in science and technology.

The Lore of the Whare-wānanga

Or Teachings of the Maori College on Religion, Cosmogony, and History

VOLUME 1: TE KAUWAE-RUNGA,
OR 'THINGS CELESTIAL'

H. T. WHATAHORO

CAMBRIDGE
UNIVERSITY PRESS

CAMBRIDGE UNIVERSITY PRESS

Cambridge, New York, Melbourne, Madrid, Cape Town,
Singapore, São Paolo, Delhi, Tokyo, Mexico City

Published in the United States of America by Cambridge University Press, New York

www.cambridge.org
Information on this title: www.cambridge.org/9781108040099

This edition first published 1913
This digitally printed version 2011

ISBN 978-1-108-04009-9 Paperback

Memoirs

of the

Polynesian Society.

Vol. III.

H. T. WHATAHORO
THE SCRIBE
1912.

Memoirs of the Polynesian Society, Vol. III.

The

Lore of the Whare-wānanga;

or

Teachings of the Maori College

On Religion, Cosmogony, and History.

Written down by H. T. Whatahoro from the
teachings of Te Matorohanga and Nepia
Pohuhu, priests of the Whare-wānanga of
the East Coast, New Zealand.

Translated by S. PERCY SMITH, F.R.G.S.
President of the Polynesian Society.

Part I.—Te Kauwae-runga,

Or 'Things Celestial.'

New Plymouth, N.Z. :
Printed for the Society by Thomas Avery.
1913.

INTRODUCTION.

As THE matter contained in this volume is almost entirely new, and hitherto unknown to Europeans, it is necessary to explain the source from which it was derived. It is in fact the teachings of some of the old Tohuṅgas (or priests, teachers, &c.) as taught in the Whare-wānanga, or Maori College, for such that ancient institution was in reality. In the late fifties of last century there was a large gathering of Maoris in the Wairarapa District, East Coast of New Zealand, the object being to discuss some political affairs; and on the conclusion of the business it was suggested by some of the people that the learned men there present should explain to the assembled tribes how and when New Zealand was first peopled by the Maori race. After three of the priests had consented to do so, one—Te Matorohanga—was appointed to lecture on the subject, the other two to assist by recalling matters that the lecturer might omit, and also to supplement the story from their own knowledge. It was also decided that the lectures should be written down, a work that was undertaken by two young men named H. T. Whatahoro* and Aporo Te Kumeroa,† who had been educated at the Mission schools.

Much matter was written down at that time; but it was amplified subsequently by the old priest named above, and by one of his con-frères named Nepia Pohuhu, when H. T. Whatahoro spent some years, off and on, in recording to the dictation of these old men, the ancient beliefs and the history of their branch of the Maori people. The instruction given by the priests was in every respect on the same lines, and dealt with the same matter, as had been taught in the Maori College; that is, the Scribe was subjected to all the ancient forms and rituals accompanying the teaching, such as is described in Chapter I. hereof. A special building was erected in which the teaching took place, and where the matter taught was written down.

The old priest Te Matorohanga died in 1884, and Nepia Pohuhu in 1882,‡ both being at the time of their deaths about eighty years

---

* A member of the Polynesian Society. Still hale and hearty at the age of 72.

† A member of the Polynesian Society. Died 1911.

⁺ These teachers will be referred to generally in what follows: as 'the Sage'; and H. T. Whatahoro as 'the Scribe.'

old.   It will thus be seen that they had been taught in the Maori
College long before the influences of Christanity reached their tribe—
indeed, it was not till about the end of the thirties of last century,
that the tribes of Wairarapa had Christian teachers amongst them,
though Christianity had been introduced in the north in 1814, but
little of its doctrines understood till many years afterwards.

The matter written down by H. T. Whatahoro during those years
has remained in his possession for over fifty years; it is contained in
several volumes of folio size, much of which has recently been copied
under the auspices of the tribal Committee known as 'Tāne-nui-a-
rangi,' and the copies deposited in the Dominion Museum, Wellington.
The matter in this volume, however, was copied by myself from the
original documents which were lent me for the purpose, and the whole
of them bear the seal of the 'Tāne-nui-a-rangi' Committee, and
therefore shew that the matter contained therein has the approval of
that body, consisting of the most learned men left of the Ngati-
Kahu-ngunu tribe.

It is strange that this valuable information should have remained
in their owners' hands for so long a period without becoming known
to the many collectors who have been at work for years past.   As a
matter of fact the existence of the documents was known, but not the
high value attaching to them; and, therefore, the Polynesian Society
is to be congratulated on having obtained access to them.   These
ancient traditions have, until lately, been considered by the tribe to
be of too sacred a nature to be disclosed to Europeans.   But the
advance of civilization amongst the people, and the knowledge of the
risk the papers ran of being destroyed by fire or other accident, at
last induced their owner to allow them to be copied and be preserved
in print.

As explained in Chapter I., these old traditions were divided into
two distinct parts.   The first dealing with 'Things Celestial'—Te
Kauwae-runga—(the supreme god Io; the birth of the minor gods
through the parentage of Heaven and Earth; the wars of the gods;
creation of Man, &c., &c.), and the second with 'Things Terrestrial'—
Te Kauwae-raro—(the more particularly historical parts dealing with
the history, migrations, &c., of the people).   This volume will treat of
the first part only; the second will occupy another volume when funds
allow of its publication.   Both parts will modify somewhat our present
knowledge of ancient Polynesian beliefs, and the history of the people;
for, hitherto, we have had to trust largely to the traditions collected
by Sir George Grey, Mr. John White, members of the Polynesian

Society, and others ; but none of those collectors ever obtained such valuable information as is herein given for the first time ; for instance, such as relates to the god Io and many other things, nor, so far as is known, has any other branch of the Polynesian race preserved the ancient beliefs in so complete a form as these East Coast tribes of New Zealand.

The transcription and translation of the matter contained in this volume has occupied the writer some eighteen months. Luckily they were clearly written and required no help from the original scribe on that score. But when it came to the translation, the number of obsolete words would have proved a serious embarrassment, had not the Scribe willingly assisted in their elucidation. In the numerous interviews I had with him he was able from his full knowledge to supply a large number of meanings and of illustrative notes, which are now embodied in the text, or given as foot-notes. Having been a student of the Polynesian languages and traditions for over fifty years, during which time some of the most learned men in this country have personally contributed to my collections, I can say with certainty that H. T. Whatahoro is the most learned man on these subjects it has ever been my lot to meet. And, moreover, if he could not answer any of my questions—and they were very numerous—he had the honesty to say so.

I have endeavoured to make the translation follow the originals as closely as the difference between English and Maori idioms admit of— sometimes, perhaps, to the sacrifice of clearness. But it was deemed better to do so, and to follow closely the original text, rather than to write an essay on Maori Beliefs and Religion, which may possibly be accomplished later on, when freedom from the limitations attaching to a word to word translation will allow of a clearer exposition of such beliefs. A frequent difficulty has met the translator in finding concise English equivalents to the many obsolete words in the Maori text ; the Scribe informs me the frequency of these unknown words was pointed out to the Sages, and their reply was that it was not proper to use ordinary words for matters referred to in their teaching.

The numerous notes that accompany the English Text will tend to a better understanding of the subjects dealt with ; but it is exceedingly difficult for the European mind to occupy the same stand-point as that of the Polynesian, and thus many things that are to the latter people quite clear are to us very obscure. This is illustrated by the Sage's description of the Pō—the æons of darkness preceding the birth of the gods—the Pō, or ages of Hades, and their connection with the pō, or night when the Sun is below the horizon, all apparently clearly understood by the teachers of the race, and yet to us presenting infinite difficulties of apprehension.

Assuredly these ancient beliefs of a people that was less than a hundred years ago in the stone-age, will offer to the student of Comparative Mythology, an additional light on the working of the mind of primitive man, in his efforts to account for the phenomena of nature. And from the mere fact that these people have been isolated for, probably, over two thousand years and having no contact with other races of a higher culture, we have in their beliefs a practically unworked field of inquiry dating from a very early period of the stone-age. The Polynesian people, from the beginning of the Christian era when they left Indonesia, have been ' side-tracked ' as it were, and completely isolated from contact with all other races of a higher civilization then themselves, and have thus preserved a Mythology and Philosophy unique in its nature, and perhaps purer and more free from outside influences than that of most other races. At the same time there are many points of contact with the beliefs of other peoples. Probably the identities or similarities in belief are immensely ancient, and carry us back to a period when one original cult was the common possession of the primitive race from which the Polynesians sprang, subsequently modified and added to according to the environment in which each branch found itself.

This is not the place to dwell on the question as to where the Polynesian race originally came from prior to its entrance into the Pacific, though the writer believes that they can be traced back to India, where at the present day, possibly, the Angami tribes of Assam represent a belated branch, driven to the hills when the ancestors of the Polynesians were expelled, and in those hills have been subjected to many waves of Mongolian influence that have modified their race and their language. But it may be suggested as a tentative theory that these Caucasian Polynesians are an early branch of the Proto-Aryan migration into India, and, it is thought, the matter in this volume, and in that to follow, will afford support to that theory.* It is certain that many of the Polynesian Myths and Traditions find their counterpart in those of the Scandinavian, Celtic, Indian, and other branches of the Aryan race; and it is suggested that in the Polynesian versions we are frequently nearer to the originals as they obtained in primitive times than in any other branch of the Caucasian race, because of the long isolation of the people in

* See the Translator's views on this question in " Hawaiki, the original home of the Maori," 3rd Edition, Whitcombe and Tombs, Christchurch, N.Z., 1910.

their island homes—just as so many of the northern myths have been preserved in their greatest purity by the Icelanders, and from the same cause.

In connection with this question of the origin of the people, it is desirable to impress on the mind of the reader that so far as the historical matter which is to follow this volume shews, the strong probability is, that the ancestors of the Maori tribes, to whom is due the preservation of these particular records, formed a later and separate migration into the Pacific, the date of which cannot at present be stated until a fuller and more complete study of the historical part of the papers has been made. The early migrations of the Polynesians seem to have made their first permanent home in the western portion of the Southern Ocean—in the Fijian and Samoan Archipelagos—from whence they spread to the east. But it is tolerably clear that the East Coast tribes of New Zealand, on leaving Indonesia, struck boldly across the North Pacific and made the Hawaiian Islands where they settled for some generations, and then, from causes which are not yet clear, departed due south to Tahiti, where, after dwelling several generations, and during which New Zealand was discovered by the navigator Kupe (a full history of whose voyage is amongst the 'historical records,' to follow), the people departed again for the newly discovered land, and settled down on the East Coast of New Zealand in the middle of the fourteenth century. The evidence of this cannot be given here; but if it is true that the East Coast tribes were a separate and later migration into the Pacific, some matters in which their history and traditions differ from those of other tribes of New Zealand may be accounted for.

In considering the teachings of the Ruanukus, or learned men, as detailed in the following pages, the reader must ever bear in mind the particular stand-point from which they were dictated—we must not lose sight of the fact that the oriental plane of thought differs materially from the occidental, as already pointed out. The gods were ever at hand, continually interfering in the affairs of mankind, even becoming the fathers of offspring by human women—not, however, that this is peculiarly Polynesian. The spiritual enters into all relations of life, whilst the gods are always, as is only to be expected, of an anthropomorphic nature. There are many things related herein which we unbelieving white people cannot give our assent to, but they were firmly believed in by the old-time Maori, and probably in many such cases the incidents, or the words used, had, to the old teachers an esoteric meaning, most of which are now lost—see what the Sage says as to the story of the 'fishing up' of lands in Chapter VI., it is according to him a 'winter night's tale,' the esoteric meaning of which has reference to the great catastrophe—the Polynesian Ragnarok—that upset the world. Again, we have in part of the Sage's teaching a story so full of obsolete words and names that the Scribe could not help in the translation, but explained that it was a recitation intended to be delivered to the common people, whilst its true meaning was known only to the priests of old.

It may be explained just here that the larger part of the teaching of the Whare-wānanga (or College, house of learning) was never known to the common people—it was too sacred. Especially was the name and all connected with the supreme god Io, particularly sacred. His name was never mentioned in the haunts of man. On the few occasions when he was invoked the priests hied them away to the innermost recesses of the forests and there invoked the all powerful supreme god-creator. So that the common people never even heard his name except on some very rare occasions when it entered into one of the invocations —and how rare this was is proved by the absence of the name in the hundreds of *karakias* (prayers, invocations, incantations, etc., etc.) that have been collected and printed. In the same manner the genealogies from the gods down to the Māui family were specially sacred, and never recited outside the Whare-wānanga except on rare occasions; though from that period onwards, i.e., from about fifty generations ago, these pedigrees were the property of all. It is believed that the few prayers to Io, herein incorporated, are the only ones in existence; they differ a good deal in the form of composition from ordinary *karakias*, and are certainly of a higher order than usual, though the translation is sadly lacking in the power of the originals.

It will be observed how frequently the number twelve enters into these myths; there are twelve heavens *, seventy gods (there are indications that the number was seventy-two originally), the offspring of Heaven and Earth, and in many other cases also this appears to be a favourite or sacred number. When we consider also the thread of Astronomical and Meteorological ideas that permeate much of the Sage's teaching, we can scarce avoid a suspicion that the whole philosophy was based largely and originally on Astronomy. It is certain that the Polynesians were accurate observers of celestial phenomena; as even the slight notices in Chapter V. hereof will show. They gave a name to the celestial equator, and every prominent star, and were fully aware of the rotundity of the earth as proved by the fact of finding new stars

---

* It should be noted that with other tribes of New Zealand and Polynesia the heavens are ten in number.

as they went further north or south. It may be that the number (twelve) of the Heavens is connected with the twelve months and the twelve signs of the Zodiac, and that this is the origin of their cosmogony. Had someone with a knowledge of Astronomy been enabled to question these old Sages, I feel persuaded a great deal of information on that subject might have been obtained, but now, alas! it is too late. It will be remembered that the myths of northern Europe are in like manner interwoven with Astronomical and Meteorological threads. Like the northern myths also we have in these Polynesian beliefs, the same ideas of the descent of natural phenomena and objects from the gods in genealogical sequence; in other words the many gods— offsprings of Heaven and Earth—were the creators of and ruled over many natural objects—the waters, rocks, different species of animals, the elements, etc.—but all acting as agents of the supreme god Io, who dwelt in the twelfth Heaven, the final abode of those human spirits whose belief in and love towards Io, entitled them to the entry into that heaven of everlasting rest.

It will possibly be thought that the idea of Io as the one supreme god creator of all things, is derived from the Christian teachers of the Maori people, and that it has been engrafted on to Maori beliefs in modern times since Christianity was introduced. But I am assured not only by the positive statement of the Scribe, but by internal evidence—more particularly perhaps by the prayers to Io, which contain so many obsolete words, and differ a good deal in form of composition from ordinary *karakias*—that there is no foundation for such an idea. The doctrine of Io is evidently a *bona-fide* relic of very ancient times, handed down with scrupulous care generation after generation, as the centre and core of the esoteric teaching of the Whare-wānanga. Had this grand old legend been derived from European sources, there can be no reasonable doubt that the life and doings of Jesus Christ would also have been incorporated. But there is nothing like it ; not the slightest hint of it. Even the two incidents in Polynesian traditions which at first sight might support the idea of a knowledge of our Lord's life— those of Tawhaki and Māui—can be shown to have nothing to do with it; the first named hero (who is not a god) can be identified with the Greek hero Peleus, and Maui's visit to Hades (Maui was not a god, but a hero) to destroy death in mankind is older than the commencement of the Christian era, and probably also has its analogue in old world myths.

The European knowledge of the god Io, dates from the early fifties of last century, and is due to the late C. O. Davis, the well-known Government Interpreter and Maori linguist. In his little book " The

Life and Times of Patuone," Auckland, 1876, p. 13, Mr. Davis says,
. . . . "while travelling with a distinguished Maori chieftain some
years ago, he inadvertently revealed the fact the Maoris in olden times
worshipped a Supreme Being whose name was held to be so sacred that
none but a priest might utter it at certain times and places.   The name
was Io, perhaps an abbreviation of Io-uru.   Witnessing my anxiety to
obtain further information on the subject, he refused to disclose any
more Maori secrets as he called them, and politely referred me to an old
priest who resided about one hundred miles off."   Mr. Davis' Maori
chieftain was one of the Nga-Puhi tribe of the Bay of Islands, north
New Zealand.

Mr. John White, also one of the Government Interpreters, was
acquainted with the fact of the Maoris having a supreme god Io, but
he has left little on record about him.

Mr. C. E. Nelson, a very learned Maori scholar, gathered from the
Ngati-whatua *ariki*, or head chief and priest, Te Otene-kikokiko, that
there was such a god, and he gave me the following names, or attri-
butes of the god Io :—Io-mua, Io-moa, Io-hunga, Io-uru, Io-hawai
and Io-hana.   Mr. Nelson's informant would not mention these names
near his village, but took his friend away into the open land far from
any buildings or other contaminating object, and there disclosed these
names.   All of this information comes from the north of New Zealand.

There is little doubt that the late Judge F. E. Maning, author of
that charming book "Old New Zealand" was acquainted with the
name of Io, and much of the ritual pertaining to his cult.   All these
old settlers, and excellent Maori scholars, knew a great deal more about
the god Io then they ever disclosed, I feel persuaded.   They all had a
sympathetic loyalty to their old teachers and refrained from imparting
what was considered sacred knowledge.   Times have, however, now
changed and the necessity for this reticence no longer exists.

In addition to the knowledge of the East Coast Maoris, of the god
Io, I have in my possession an account of him and of the other minor
gods written for me by an old Ruanuku of the Tuhua country, on the
branches of the Upper Whanganui river, which, though much briefer
than the account herein given, is essentially the same, and goes to
prove that the idea of the supreme god was not derived from Christian
sources.

Whilst many of the chief gods of the 'Whanau-rangi,' or offspring
of the Sky father and Earth mother, were occasionally represented by
wooden figures, I have never heard the slightest indication that Io
was ever so materialized in the same manner.   And here let it be said
that these wooden or stone figures were by no means idols ; they were

simply the temporary resting places of the spiritual gods, when the priests found occasion to call on them as oracles.

The Translator has been tempted to render into English many of the proper names in the following chapters, hoping thereby to throw some light on the origin of the myths—if they are true myths—and many names are so obvious in meaning that there is no difficulty in translating them, and are therefore given. Others present great difficulties, and come within Max Muller's definition: " It is the essential character of the true myth that it should no longer be intelligible by a reference to a spoken language." (' Comparative Mythology,' p. 91, Routledge edition.) Again he says, page 87 : " It is in vain to attempt to solve the secret of every name (in Aryan and other Mythologies); and no one has expressed this with greater modesty than he who laid the most lasting foundation of Comparative Mythology," viz: Grimm. There is always the doubt whether the meanings of the names are correctly rendered by those of their component parts as used in the ordinary and existing language. Since the matter contained herein was originally composed, the Polynesian, like all other languages, has been subject to secular changes, and therefore the apparent meanings of words may not represent the original ideas intended to be conveyed. It is only necessary to compare the various dialects of Polynesian with Maori of the present day to understand what changes may occur in even so short a period as 500 years, when the latter people separated from the other branches of the race.

There are some things in this series of religious traditions that causes one to speculate as to whether, mixed up with them, there are not some faint indications of a truly historical nature ; such as stories of very ancient migrations of the people related in the form of myth. Take Tāne's visit to the uppermost Heaven to obtain 'the three baskets of knowledge and the two sacred stones.' Can this not be rendered as the return of some leading chief to an ancient Fatherland to procure the knowledge of ritual and laws lost, or becoming corrupted, by a migrant people? Possibly some support is given to this idea by another tradition, which relates that Tāne went to some foreign country named Taranga (the Kalana of Hawaiian story), and brought back from there some trees, plants and fruits which he planted in his own country. Again, the story of Mataora's visit to Hades (Chapter VI.), where he found a white race whose customs differed from his own, and from whence he brought the knowledge of tattooing and carving—is this not the account of a visit to some country adjacent to the Fatherland, more advanced in civilization, than his own ? It is difficult, however, to point to a white or fair people with flaxen hair, who practised tattooing. The only fair people that might possibly answer the description were the colonists left in Bactria and Parthia, and even in the Punjab, by Alexander the Great in the fourth century before Christ, but whether they were ' flaxen haired' or used tattoo, the absence of books of reference precludes me from ascertaining. The Rarotongan genealogies which are probably more extensive (and at the same time accurate) than those of most branches of the race, carry their history back to the fourth century before Christ, when they were living in a country which so many things seem to indicate as India, and therefore the ancestors of Polynesians might have known Alexander's fair Greek colonists. All this, however, is mere speculation ; but still, the white race known to Polynesian traditions has to be accounted for, and the above may serve some future investigator as an indication where to look for it.

Again, another subject for speculation arises in ' the sanctification of Tāne' prior to his ascent of Maunga-nui (the great mountain) where he received the command of the supreme god Io to visit him in order to obtain the ' three branches of knowledge and the two sacred stones ' (see Chapter III.). One cannot help seeing in this incident a certain similarity to the visit of Moses to Mount Sinai to receive the ' tables of the law.' In connection with the sacred stones acquired by Tāne, there are not wanting some indications, faint though they be, that they were inscribed, as were those of Holy writ, but what the nature of the inscription was is utterly lost. There are a few indications in Maori lore to the effect that in very ancient times the people were acquainted with some kind of script, though of what nature is now entirely lost. The Easter Island inscriptions are perhaps a degenerate recollection of this old script; that is—which remains to be proved— if those tablets are really of Polynesian origin. In suggesting a coincidence between the stories of Moses and Tāne, in this particular instance, it must not be supposed that the writer would derive the one incident from the other. To do so would only add to the more than once suggested idea that the Polynesians are one of the ' lost tribes of Israel,' for which there is, we think, no real foundation, notwithstanding many similarities between Polynesian and Semitic customs, and some affinities perhaps in the structure of their two languages. Most things seem to point to an Aryan rather than a Semitic connection ; and perhaps this acquisition of the *wānanga* (knowledge) by Tāne may have its analogue in the records of other ancient nations, to ascertain which requires access to libraries of reference not open to the writer. I content myself, therefore, with merely indicating the apparent coincidence, leaving it to the future student of the Polynesian race to explain it.

In the account of the "Overturning of the Earth" (Chapter III. and VI.) we have also the idea of a general dispersion of mankind to the four quarters of the earth, after the cataclysm, which in Holy Writ took place after the building of the Tower of Babel, a very ancient story, originating, it is said, from early Babylonia. The account given by our Sage of this event is very brief and only used by him as an illustration, but in the other legends it is described much more fully, and is therein closely akin to the Biblical and Babylonian story of the Deluge; whilst another account appears to assign a mental rather than a physical character to this 'overturning.' Whether the Polynesian accounts are derived from the Babylonian (or *visa versa*) is open to discussion; but in both there is the same idea of a great catastrophe followed by the dispersal of mankind to the four quarters of the earth. This great cataclysm is of course known to other races than the two mentioned above, and in some form or other appear to be of world-wide extent. We shall return to this question of a Polynesian knowledge of Babylonians, when dealing in the 'Historical records' with the people who came from 'the Land of the Uru' (Maspero's rendering of 'the Ur of the Chaldees'), and which people expelled the Polynesians from their Fatherland, which we hold to be India.

In considering this series of religious beliefs a question arises as to whether, in very ancient days, there has not been an amalgamation of two separate beliefs—whether, in fact, it is not the case that the doctrine of Io, the one supreme god, has not been superposed on that of the doctrine of Rangi and Papa (the Sky-father and Earth-mother), or *visa versa*. The extreme sacredness of all connected with the name of Io, the much higher plane of thought which is embodied in all his attributes, the fact that his name was practically known to none but the few innitiates, seems to point to a much higher degree of culture than the doctrines of Rangi and Papa, the knowledge of whose doings was the property of all, high and low. This, it is suggested, is a matter worthy of further consideration by those who have the time to study the question with the light that other ancient beliefs may throw on it.*

It will be noticed in what follows that the souls, or spirits, of the dead on their arrival at Hawaiki, the temple situated in the Fatherland, were divided into two classes—those who 'shewed love for' Io, ascended after purification to the twelfth Heaven to live in everlasting peace with

* In this connection it is worth while studying what Prof. Gustav Oppert says in his work, "The Original Inhabitants of Bharatavarsa or India," where he deduces the Hindu belief in one Supreme God, from the ancient belief in a large number of gods, all powerful in their periods, but finally superseded by one Supreme God, who is in many of his attributes very similar to Io.

the supreme god; whilst those who ' shewed love to ' Whiro, the evil
spirit, descended to Hades to dwell there with him and the other god
and goddess of that realm.   There is nothing to indicate that any
system of judgment was applied to these spirits; it was a matter of
choice, of free will, as to which should be their future home.   It is true
the Scribe informs me that those spirits that in their human form had
been guilty of the two heinous sins of treachery and murder, perforce
were relegated to Hades.   But I am doubtful if his knowledge of
Christian doctrines has not here coloured his statement, for it is not
supported by anything in the teaching of the Sages.   This belief in the
free will of the spirits seems to be derived from the incidents connected
with the ' wars of the gods' (see Chapter III.), where some of the gods
elected to support the side of Tāne, others that of Whiro, and as "gods
are immortal men," according to Max Muller, it was a natural deduction
that men should possess this freedom of choice exercised by the gods.

We have referred above to the ' three baskets of knowledge and the
two stones' brought down from Heaven by the god Tāne—for par-
ticulars of which see Chapter III.   The word used is *kete*, which is the
common term for a basket; but the Scribe tells me it is so used
emblematically for a ' repository,' and in the description of the contents
of the 'baskets' given in Chapter III., we there learn that these were
the three main divisions of knowledge as taught in the Whare-wānanga.
Each ' basket ' may be roughly described as a syllabus.   Pertaining to
these ' baskets ' was also the knowledge of the *karakias*, or invocations,
etc., necessary to the ritual of the Whare-wānanga, some of which are
given in Chapters I. and III.   It is these latter, no doubt, Whiro, the
evil spirit, was so anxious to obtain from Tāne on his return from
Heaven, for without these *karakias* the teaching lost its character of
permanancy and its *măna*, or power, prestige, etc.

The *Whatu-kura*, or stones brought down by Tāne, are described as
like *huka-a-tai* and *rehu-tai*, sea-foam and sea-spray, evidently
brilliantly white in colour; and these particular 'heavenly stones'
have become the forerunners of all such stones right through the ages
when used in the ceremonies of the Whare-wānanga, even from the
Fatherland down to the time when the 'house of learning' ceased as an
institution.   The probability is that these white *whatu-kura* were large
crystals as first used in the original homes of the people; and on their
migrations they would be carried with them and used as links connecting
each new Whare-wānanga with those of old in other lands.   The use of
sacred stones is characteristic of the Polynesians as we may learn from
many things.   So far as their use in the Whare-wānanga is concerned

INTRODUCTION. xiii

they were considered to give authority to those who taught, and permanency in the matters taught, on the part of the pupils. They were talismanic in nature. Of course the belief in the sacredness, power, and *măna* of similar stones is not confined to the Polynesians. Do we not place great faith in the virtues of the stone that underlies the Coronation Throne of our Sovereigns?

The reader must not confuse the name for these stones, *whatu-kura*, with the similar one for a certain class of gods, called also Whatu-kura.

The heavenly origin and sacred character of these *whatu-kura* (which, by the way, means 'stone of knowledge,' or 'precious stone'— for *kura* is knowledge of a high order, and equally means precious), is also ascribed to the two famous *toki*, or axes, 'Te Awhio-rangi' and 'Te Whiro-nui,' both used by the god Tāne when he severed the limbs of the Sky-father and Earth-mother as they clung to one another at the time the gods separated them. The second of these axes was left behind in Tahiti when Tamatea-ariki-nui and his followers departed from that island in the 'Taki-timu' canoe for New Zealand in the middle of the fourteenth century. The first one—'Te Awhio-rangi' was brought with the migration, and evidently, at that period had come to be looked on much as a god. It is said that by its aid the storms encountered on the voyage were 'felled'—for such is the term used. It is difficult for the occidental mind to understand any process by which an axe, however gifted with *măna*, could effectually oppose the elements in their might. But such is the Maori belief; and their explanation to the effect that it was the *măna* of the axe, i.e. its supernatural power, scarcely seems to us a sufficient one. This celebrated axe was given as a marriage dower by its then owners to Tāne-roroa, daughter of Turi, captain of the 'Aotea' canoe, some time after the great migration to New Zealand *circa* 1350, and still remains a venerated and sacred property of the Nga-Rauru tribe of the West Coast. No white man has been allowed to see it—it is far too sacred—but it is known by description to differ much in shape and material from the ordinary axe.* The 'heavenly origin' of these sacred axes may possibly be translated as expressing the fact that they were brought away from the Fatherland when the people first migrated from there, and have accompanied them on their wanderings for many centuries, until the one found a final resting place (traditionally) in Tahiti, the other in New Zealand.

* See 'Journal Polynesian Society,' Vol. IX., p. 229, for full account of this axe.

We may witness in these ancient myths the effort of primitive man to get behind the veil of nature and adduce therefrom a sufficient cause for all phenomena, and an endeavour also to deduce from them an authority and a precedent for many of their (lately) existing customs. In this manner they have produced a system of philosophy that to their minds furnished a sufficient explanation of all things, the why and the wherefore thereof, and their origin.   That the generative principle acting through the male and female sexes (a principle with which all things are imbued) permeates their whole philosophy, is, perhaps, only to be expected; for after all that is the most natural cause tending to production that would first present itself to the primitive mind of man-kind from daily observations of nature around him.   But although the above is generally true, an exception must be made as to one of their customs—that of the *tapu*—for neither in these traditions, nor any others from any part of Polynesia, is any explanation of its origin given.   We are, therefore, reduced to surmise as to the origin of the custom, and it is perhaps a fair inference to deduce it from the strict prohibition at the command of the supreme god Io, to the effect that neither god, nor spirit, nor man, might enter his presence without due command.   His realm was most strictly *tapu*.   It is obvious that such an origin of the *tapu* could only be assigned after the whole system of belief had taken due form.

It is probable a little difficulty will be experienced by the reader who goes through this volume for the first time, in understanding the positions and functions of the various classes of gods mentioned.   In order to render the task easier, and to bring these classes into one purview for reference, the divisions are given as follows, such classes being, however, merely for the convenience of the reader, and are not described as classes by the Sage.

1. **Io**—the supreme god, creator of all things, dwelling in the twelfth, or uppermost Heaven, where no minor god might enter except by command.

2. **The Whatu-kura,** the male gods, or spirits, dwelling in the eleven Heavens, beneath the uppermost, who frequently acted as the means of communication between Io and the gods in the sixth class.   Of these gods there were a few who were allowed to dwell in the uppermost Heaven as guardians of the 'Heavenly treasures'; their names were Rehua, Aitu-pawa, Rua-matua (or Rua-tau), Puhao-rangi and Tau-o-Rongo.

   They were used by Io as special messengers on special occasions to communicate his commands to the gods of class six. There is nothing to indicate that these four had wives, though the others had.

3. **The Mareikura,** the female gods of the eleven Heavens; they were the wives of the Whatu-kura. Both these gods and goddesses are sometimes called Apa-Whatu-kura and Apa-Mareikura.

4. **The Apa,** or messengers, and servitors of the Whatu-kura; these were both male and female; they are sometimes symbolically represented by whirlwinds.

5. **The Pou–tiri=ao,** the guardian spirits; all things in Heaven and Earth had their guardian spirits. They were appointed to their duties by Io through Tāne, the most famous of the sixth class and one of the offspring of Heaven and Earth. All Pou-tiri-ao were subservient to the Whatu-kuras whose duty it was to oversee and regulate their operations.

6. **The Whanau=a=Rangi.** The seventy gods (or atua) off-spring of the Sky-father (Rangi-nui) and Earth-mother (Papa-tua-nuku) who after coming forth from within the embrace of their parents, dwelt on earth and the space between Earth and Heaven, making occasional visits to the other Heavens on command of Io, the Supreme God. Their names will be found in Chapter III.

The word *Atua* (god, spirit) is applied to all the above beings. There is another class of gods in the Maori Pantheon, none of which find mention in the doctrines of the 'Kauwae-runga,' or 'Things Celestial.' These latter gods are the war and tribal gods, who, so far as can be made out, were always men deified for their valour, knowledge, or other quality appealing to the Maori. Max Muller says, "Men are mortal gods, and gods are immortal men."

Of the offspring of Heaven and Earth in class six above, there were a few who took a very prominent part in the proceedings of those gods when they once had forced ther way into the Ao-marama, or World of Light, and this they continued to do down to the introduction of Christianity. Of these Tāne, or Tāne-matua (Tāne-the-parent) or Tāne-nui-a-rangi (Great-Tāne-of-Heaven) occupied the foremost place notwithstanding that he was the sixty-eighth son of his parents. After Tāne (which means 'male of mankind,' not of animals—as we shall see, it was he who made the first human woman, and hence is he called Tāne-matua (Tāne-the-parent) came Tangaroa-a-mua, eighth son of his parents, who, on being appointed a god of ocean, together with Kiwa, took the name of Tangaroa-a-tai (Tangaroa-of-the-sea). Then

came Tu-mata-uenga (Tu-of-the-angry-face) with many other so-
briquets, eleventh son, the powerful and dreaded god of war. After
Tu came Tamakaka, and then Rongo-marae-roa, fourteenth son, the
god of peace and all agricultural pursuits.   These were the principal
gods of the ' world of light,' whilst Whiro-te-tipua, sixth son, was a
god of the Pō, of darkness, of Hades, and representative of all evil in
this world, the under-world and the heavens above.   With Whiro in
his function of god of Hades, was associated Whakaru-au-moko, the
seventieth and youngest son of the Sky-father and Earth-mother, who
was god of volcanic force, eruptions, earthquakes,* etc. ; and as goddess
of those regions was Hine-nui-te-Pō — Great-lady-of-night — (the
daughter of the god Tāne), who 'drags men down to death.' The
functions of the other gods forming the Whanau-a-Rangi (the family
of the Sky-father) will be learned from Chapters III. and IV.

To these principal members of the Whanau-a-Rangi—Tāne,
Tangaroa, Tu, Rongo and Whiro—the old recitations, *karakias*, and songs
are full of references, and, moreover, the same five gods are known to every
branch of the Polynesian people, though not in some cases holding the
places of supreme importance assigned them by the Maori branch.   We
shall see in the chapters that follow what an important rôle Tāne plays
in the family of gods ; and there are evidence in the traditions of some
other branches of the race that he held the same exalted position in former
times in their beliefs.   But through causes that are not quite clear, he
has, in some branches, been superseded by Tangaroa, who indeed, in the
cases of Samoa and Tahiti appears to hold the place of the god-creator.
In later times the local god Oro (or as the Rarotongans call him, Koro
—the Tahitians do not now use the letter ' K ') seems to have super-
seded all others in Tahiti.   That Oro was not one of the principal gods
originally is proved by not finding his name in the Pantheons of any
other branch of the race.   He was, it is suggested, like many of the tribal
gods, a deified man originally, only obtaining eminence after the Maori
people left Tahiti in the fourteenth century, otherwise, his name would
be found embodied in Maori traditions.   Again, Rongo (or to give his
full name according to the Maoris—Rongo-marae-roa, which may be
translated as Rongo-of-the-far-extending-plaza (or fields), referring to
the culturable portions of the earth subject to his domain as god of
agriculture), seems to have taken a supreme place in the beliefs of the
Mangaia islanders of the Cook group, about whom we know a good

---

* In one place the Sage includes Mataaho, as a god of the under-world, after
whom is named the ' overturning of the world,' but he is not one of the ' family of
the Sky-father.'

deal, thanks to Dr. Wyatt Gill's writings.   As to how it comes about that the Maori god of peace and agriculture should develop into the fierce, 'man-eating' god of Mangaia, is not yet explained.   Whiro, the personification of evil, is known to all branches of the race, generally as the 'god of thieves,' originally so called, it is suggested, through his stealing the souls of the dead and placing them in the realms of Hades, over which he presides.   Whakaru-au-moko, the second god of Hades is known to other branches of the race as Mauika, Mauiké, Maufuié, etc., and appears to be represented in Hawaii by Pele, or Pele-honua-mea, goddess of volcanoes, which name is in Maori, Para-whenua-mea, a synonym for the overturning of the earth, the deluge, and the effect thereof, and a goddess, offspring of one of the 'family of the Sky-father.'   In Maori traditions, Mahuika plays a prominent part, and was the father of the great hero Māui, from whom the latter obtained fire in the underworld.

In this account of "Things Celestial," two of the Sages of the Whare-wānanga have been quoted, and principally Nepia Pohuhu. The teaching of the other—Te Matorohanga—are much fuller than those of the former ; but financial considerations have obliged us to adopt Pohuhu's matter because they are briefer, though, at the same time, containing nearly all that is essential ; and his teaching has been supplemented occasionally by those of Te Matorohanga where necessary. It is to be hoped that the latter's teaching may be printed in full some time.

The Translator's notes of explanation are shown in square brackets —[ ].

Memoirs of the Polynesian Society, Vol. III.

Te Kauwae-runga;

Ara; nga korero tatai o nehe a nga Ruanuku

o te Whare-wānanga o

Te Tai-rawhiti.

Ko H. T. Whatahoro te kai tuhituhi.

Ko S. PERCY SMITH, te kai whakapakeha.

New Plymouth, N.Z.:
Printed for the Society by Thomas Avery.
1913.

HE KUPU WHAKAMARAMA.

Ko NGA korero i roto i tenei pukapuka, he mea kauwhau mai e etahi o nga tohunga o Wairarapa, ara, e Te Matorohanga raua ko Nepia Pohuhu, timata mai i te tau 1865, tae noa ki etahi tau i muri mai. He mea tuhituhi aua korero e H. T. Whatahoro, i te mea e kauwhau mai ana aua kaumatua, i ia ra, i ia ra i ia tau i ia tau taea noatia te otinga.

Katoa nga korero o tenei pukapuka he mea kua oti te tirotiro marire e te komiti o nga iwi o te Tai-rawhiti, e kiia nei te ingoa o taua komiti ko 'Tane-nui-a-Rangi,' a, kua hīritia nga wharangi katoa nei e te hīri o taua komiti.

Engari kia mohio nga kai-korero o tenei pukapuka, ko etahi o nga korero o aua Ruanuku, kua kapia atu ki waho; ara, nga whakapapa— taihoa era e whakaarohia. A tetehi, kua whakawhaiti nga kupu a aua Ruanuku mo ia take mo ia take korero, kia kotahi ano te takoto- ranga, kia ahua tetepe te rarangi o nga tatai, kia ronaki ai.

Ki te toe nga kakano o roto i te putea, tera e perehetia nga kupu a aua Ruanuku mo te taha ki 'Te Kauwae-raro.' Ara, nga korero mo nga heke mai i Irihia me etahi atu motu, tae mai nei ki Aotea-roa, me etahi atu tini korero i whakatakotoria i roto i nga Whare-wānanga o Te Tai-rawhiti.

NA TE ETETA.

"Matai-moana,"
New Plymouth,
May, 1912.

TE KAUWAE-RUNGA.

UPOKO I.

Te Whare-wānanga, me ona tikanga whakahaere—Nga Pō, me ona tikanga—
Te Whare-maire, me ona tikanga.

KO nga korero tenei a Moihi Te Matorohanga mo nga tikanga o te
Whare-wānanga; he mea timata taua korero i te 8 o nga ra o
Pepuere, 1865; a, korero tonu ia taea noatia te otinga i etahi atu ra.
Na H. T. Whatahoro i tuhituhi nga korero a Te Matorohanga nei.

Ka mea atu a Rei, ki a Te Matorohanga, "E Moi! Whakamara-
matia tenei whare, a te Whare-wānanga me ona tikanga." Ko Moihi:
"Hei aha nga Whare-wānanga? Ka totika ano i o te Whare-karakia;
ina ra tatou e horoi nei ki roto ki nga kohua kai!"
Na, E Ta ma! Kia rongo mai koutou: Kaore i kotahi te
whakahaere o nga Whare-wānanga. He iwi ano me ona tohunga me
tona Whare-wānanga me ana whakahaere. Hiki atu he iwi, pera tonu;
e kawhakina ana e nga whakaaro whakakake, whakarere ke ranei, i
nga korero o to ratou na Whare-wānanga i to etahi. Taku kupu:
Kia mau koutou ki a matou e korero nei ki a koutou. Waiho atu to
etahi atu whare-korero. Ma o ratou uri e mau o ratou na korero; kia
mau koutou ki a matou korero; kia he koutou, na matou i whakahoro
iho ki a koutou: kia tika koutou, na matou i waiho hei taonga mo
koutou. Ko nga takarepa o a matou korero ma koutou e ata whaka-
hangai—o te kaupapa, o nga whakapapa ranei. Nga takarepatanga
o aku e korero nei, te hikinga ranei, te motuhanga mai ranei, i runga
i te aho-matua, ma Paratene Te Okawhare raua ko Nepia Pohuhu e
whakamau te wahi i motu, e whakahangai te wahi i hiki, e whakaatu
te wahi i takarepa. Pera hoki a raua, ma tetahi o matou e whaka-
hangai. Ko toku hiahia hoki mei whakaaro a Te Ura, kia kotahi he
whare korero mo matou—penei, e kore e raruraru. Kia kotahi o
matou hei whakatakoto i te ara o te korero, kia tokorua hei
whakarongo mo te hiki o te tatai o te korero, ma tetahi o raua e turuki,
ki te motu ranei te tāhu korero, ma tetahi e whakarewa, e whakamau

1

ki te pu o te korero; ki te takarepa ma tetahi e whakahangai. Penei ai te whakahaere o roto i te Whare-wānanga—e kore e iti iho i te tokotoru; haunga te tokomaha o nga tohunga. Ki te pera, katahi ka tino pai rawa. Haunga ia nga tauira horomata o te wānanga, e whakahoroa ana hoki nga taonga o roto o te kete-wānanga ki a ratou. Heoi ma ratou he whakarongo, he tamaua take ki te Pu ki te Weu, ki te koronga o te hinengaro i roto i o ratou ngakau.

Ko tenei tu whare, ko te Whare-wānanga, he whare no nga taitamariki e whakaarotia ana e nga iwi nona aua tamariki, e tika ana, e kakama ana nga mahara, e u ana hoki nga whakaaro ki te mea i whakahaua atu ai ki te ako. Ko aua tamariki nga mea e tukua ana i te tuatahi i roto i o ratou iwi ake, katahi ano ka tukua mai ki roto i te Whare-wānanga. No reira taua whare, no nga iwi katoa; e hara i te whare no te iwi kotahi, e rua, e toru ranei.

Na, ki te mahia te Whare-wānanga, waiho i waho o te pa-tuv ata-wata, kainga ranei, o nga mahinga kai ranei, o nga rakau-tahere manu, o nga tauranga-waka, o nga huanui haerenga tangata ranei. Ko te take i peneitia ai, ko taua whare he whare tapu, tae noa ki te marae, tae noa ki te turuma e tino tapu ana. Engari ki te waiho te karakia whakatapu i taua whare, i te paepae-kai-awha, e hara tena i te tino whare-tapu—he whare takahia e te tangata e kore e tino whai măna taua tu whare. Engari kia tapu te marae nui tonu, katahi ka kiia ko te tino Whare-wānanga tera. Ko nga whare moe, me nga whare takanga kai, me nga whata kai o ia ahua, o ia ahua, me nga tangata taka kai, hei waho katoa o te rohe o te marae-tapu o te Whare-wānanga. Ko nga tangata e uru ana ki roto i te rohe o te marae o te Whare-wānanga, ko era tangata no roto i te Whare-wānanga, (—maire, ranei ki te tahi whakahua). E kore e tika te tangata o waho i te Whare-wānanga kia uru ki taua marae, ki taua whare ranei—ka ngaua e te mumutu, e te take-whenua ki tetahi whakahua. E kore hoki e tika kia waiho te wahine kua pa nei ia ki te tāne hei taka kai, hei takahi ranei i te marae. Ko te take, he wahine whakatahe toto ia—koia te wahine i kore ai e uru ki roto i te Whare-wānanga.

Ko te ahua tenei o te hanganga o te Whare-wānanga: Ko te papa o te Whare-wānanga e tahia i te tuatahi. Ka oti ka waiho kia takoto ana; ka timataria ko te pou o te tuarongo; muri mai ko to waenganui, muri mai ko to te whatitoka. Enei pou e toru kei raro i te aho-tatai o te tāhu. E wha nga ringaringa o te hekenga o te pou tuarongo, e wha nga ringa o te hekenga o te pou waenga, toko-manawa, e wha nga ringaringa o te hekenga o te whatitoka ki runga. Pera ano te tatai o te papa o te whare, kia wha nga ringa, te hokinga o te tatai o te tua-rongo i to te whatitoka hei unga ki te utu.

Na, te Whare-wānanga i mua ake o te whakahekenga o te pou
tua-rongo ki te whenua, e toru nga whatu e makaia ana ki te pou-tua-
rongo, ko Rakaiora, ara, te ngarara kakariki nei te tuatahi; ki te kore
a Rakaiora, ko te tama a Pekerau—he tuatara—ki te kore te tama a
Pekerau, ka tikina i te potiki a te Arawaru *—i te karearea.
Engari, tahi ana te papa whakamau ana enei. I mua ake i te
whakatakotoranga ki roto ki te rua, ka mauria mai nga whatu e
toru ki roto i te kete kotahi, ka horahia te whariki kia hangai tonu ki
waenganui o te kauhanga o te whare, katahi ka nanao te ringa o te
tohunga tuarua ki te tuatara, ka nanao te ringa o te tohunga tuatoru
ki te karearea; ka tu ratou ki runga; ma te mea tuatahi e whaka-
takoto aua whatu e toru ki runga ki te whariki. Ka mutu, ma te
tohunga whakamutunga te karakia, he karakia whakanoho, ma te
tohunga tuarua te karakia whakahaere. I konei ka ngaro e rua, ka
toe kotahi, ko te karearea. Ko Rakaiora raua ko te tuatara ka ngaro
enei. Katahi ka whakahekea te pou tuarongo; ka ata tu, katahi ka
makaia te potiki a te Ara-waru ki roto, ma te tohunga tuatahi e
whakanoho ki roto ki te rua ki te papa ki waho o te tahu. Ka timata
tona karakia, ka katohia nga tikitiki, ara; mahunga o nga tohunga
ka hoatu ki runga i te karearea. Ma te tohunga nana i whakatakoto
te whatu te oneone tuatahi; ka mutu ka riro ma nga tohunga mahi o
te whare e mahi. Katahi ka timata te mahi i nga koki e rua o nga
pakitara e rua te mahi, ko te pakitara katau. Ka mutu nga wahi
whakatohunga o te mahi o taua tu whare.

Ka oti te whare ka tutakina. Me whakamarama ano au i tenei
wahi. E hapara mai ana te ata e timata ana te kari i nga rua o nga
pou e toru, me nga mahi kua korerotia ake ra. Kia oti te tuki o aua
pou e toru, kia eke hoki te tahu, i mua mai o te ekenga o te ra i te
paewai o te rangi; ka mahi noa atu i muri o tera. Kaore he wahine
e uru ki tetahi wahi o tenei whare. I te ra i mua mai o te whakatu-
heratanga o taua whare, ko nga tohunga anake e tomo tuatahi ki te
whakatapu i taua whare, ki te whakatakoto hoki i nga whatu e rua
ki te pou tuarongo ki roto; ko aua kowhatu he whatu whangai i nga
tangata e akona ana ki te wānanga. Ka kiia taua wahi he Ahurewa—
ara, ko te wahi tapu.

Kia marama ano koutou ki tenei: Ko te tuāhu kei waho—kaore i
roto i te whare. E rua nga tūnga o te tuāhu, kei te taha o te paepae
hamiti tetahi, kei te taha o te toma tetahi—ka mutu ona tino tūnga.
He wehi te take i pera ai, koi takahia ki te ara kai, koi whata ranei

* Te whanau a Te Arawaru raua ko Kaumahi ara:—Te Pipi-toretore, Te
Pipi-taiawa, Tairaki, Te Pipi-pokai, Te Pipi-rapaki, Te Pipi-koura, Te Pipi-
awanga, Te Pipi-koroputa, Te Pipi-tuangi, Te Pipi-peraro, Te Pipi-kapeo.

he kai ki taua wahi. I rongo ano au ki etahi tuāhu e tu noa ana i te whanga; e tika ana, he tuāhu uruuru-tapu ena, he whangai atua ranei, pure ranei i tetahi tupapaku, whakahoro ranei i nga tapu o etahi tangata. Ka mutu taku whakamarama mo tena.

Ki te kore nga kowhatu e rua i kiia ake ra, me tiki kia te kauma-tahi nga kohatu huka-a-tai, rehu ranei; kia wha ki tetahi taha, kia wha ki tetahi taha o te pou tuarongo kia toru ki te takuahi tonu o te whare. Te take i penei ai, he kowhatu noa iho, he mea ata kari ano nga tūnga mo aua kowhatu hei nohoanga mo nga tangata e whakaakona ana ki te wānanga ina whakatomokia ki roto, ka noho i runga i aua kohatu ka karakia nga tohunga i a ratou ki nga kowhatu o te takuahi, ara, o te kauwhanga o te whare. Ko nga kowhatu e waru i te tuarongo, he kowhatu era mo te whakaputanga ki waho o te whare ina tae ki a Tapere-wai, ka tutaki te Whare-wānanga. Ko te Whare-wānanga kua korerotia ake, e toru nga whatu kei te Kauwhanga o te whare e tu ana, ko Te Rongo-taketake o Rongo-marae-roa tenei. E waru nga kowhatu kei te pou-tuarongo o te whare, e wha kei tetahi taha o te poupou tuarongo, e wha kei tetahi taha. Koia nei nga whatu-mataki o te whare-maire Ka mutu taku whakamarama i nga kowhatu nei.

Ki te tutaki te whare ka kawea nga tangata i whakaakona e nga tohunga o te whare ki te paepae o te turuma o taua whare whakahoro ai i nga tapu o te whare; ka ngau ki te paepae o te turuma. Ka mutu katahi ka haere ki waho o te marae, ko nga kiri kau anake; kei nga whare moe o waho o te marae o ratou kāhu. Ko nga kāhu o te Whare-wānanga ka whakahokia ki roto i te whare e nga tohunga. E pera tonu te mahi i nga ra katoa e haere ai ki te Whare-wānanga, ka mahue nga kāhu o waho i te rohe o te marae ko nga kāhu mo roto. I mua atu o te tino putanga ki waho o te rohe marae, ka tango te tohunga i te uru tipuaki, i te para-tapuae, i te huare, i te riko werawera o nga keke, o nga kuha ranei, ka kawea ki te tuarongo o taua whare ka tapukea ki reira. Enei mahi katoa, kia kore ai e taea te makutu, te whakahoro ranei i nga taonga o te wānanga kua whangaia ki te akonga. I muri o tenei mahi ka kawea nga akonga ki roto ki te wai whakaruku ai—ka mutu i konei.

Na, i mua ake o te tino putanga ki waho o nga akonga, o te marae o te Whare-wānanga, ka tu katoa ratou i te roro o te whare; ko nga aroaro anga atu ai ki waho; ko te tatau me te matapihi o te whare kua tutakina, ko te rohe o ta ratou tu ko te pae-kai-awha, ko nga tohunga katoa o taua Whare-wānanga ka puta ki waho ki te marae, ka tu ki te whai korero ki nga akonga; kia tokorua nga tohunga e tu; ko nga tino kupu he mihi mo te pai o te noho o nga akonga, te tuarua he whakatupato i ta ratou haere, me nga mahi kua hoatu ki a ratou; te tuatoru he whakaatu i te kaupeka o te tau hei hokinga mai mo ratou. Ka mutu katahi ka haere ko nga tohunga ki mua ko nga akonga ki muri, ka tae ki te rohe o te marae, ka tu nga tohunga i reira, ka huri mai nga aroaro ki te hangaitanga o te whatitoka o te whare, ka whakatakototia e tetahi o nga tohunga te kaunoti, ka hikaia te ahi-tapu i konei, me te karakia tetahi o nga tohunga. Te tikanga, ki te ka te ahi-tapu o te kaunoti ka tangi a Pu-oro-rangi a Te Rangi-whakarara ka pakē ai te tangi; e rua nga pakētanga ka mutu. I konei ka whakahoroa nga kāhu, ka puta nga akonga ki waho o te marae kia tae ra ano ki te kaupeka i whakaritea ka hoki mai ai. Ka mutu taku whakamarama mo tenei.

Na, ko etahi kohatu he mea kohi atu na nga tohunga o te whare wānanga, ka whaohia ki rote ki te kete o nga whatu e rua kua korerotia ake ra. Ko aua kohatu, te ahua he rehu tetahi, he huka-a-tai tetahi, he para-karaka tetahi, he kiri mata ranei, ara, he hua-kuru, ahua puwhero. Ka whakawhata ki te pou-tokomanawa o te Whare-wānanga.

Na, ka whakatomokia te Whare-wānanga e nga tohunga, e nga akonga ka rupeke ki roto, ka tutakina te tatau o taua whare, ka karakiatia tenei karakia:—

> Tenei au te koronga, he hīringa nou, E Ruatau!
> Ki enei tauira, ki enei pia,
> To ake nei au i te tatau o taku whare,
> Ko Te Rangi-kaupapa, tatau o Tawhiri-rangi
> I te pu-motomoto o te kauwhanga o Te Toi-o-nga-rangi,
> E Pawa e! tutakina, i Tauru-nui,
> I tauru-ata-mai o Whare-kura
> Kapi-kapi to ara, kapi te ngatata,
> Te ngatoro, te piere, he tatau o . . . .
> (Katahi ka whakahuatia te ingoa o taua whare i konei.)
> Na to-o aro, na to pia, E Rehua mai (ma)! Ruatau-e!

I konei ka purea te whare e te tohunga, koia tenei tona karakia, hei te pou tuarongo ia tu mai ai, hei waenganui i nga kowhatu e waru i poua mo te tuarongo; ka whanga i reira kia puta ake nga hihi o te ra i te paewai o te rangi, katahi ka timata te karakia :—

> He tipua tuauri, he tipua tuatea,
> He tipua nau, e Rongo-marae roa!
> E hua, e hua, he ioio-nui, he ioio-roa
> He ioio-matua taketake, ki taku aro, tenei au.

I konei ka pa te moto e te ringa katau ki te pou tuarongo o te whare.   Ka mea ano te tohunga :—

E hua to tino e hua to aro e hua he tipua ariki
E hua he tipua rangi, e hua e tipua atua,
E hua ki waho ki waho ki tapatapa-tu-o-Rangi
E hua ki nga Rangi-puhi, ki nga Rangi-naonao-ariki
Ki Rangi-mamao, ki Rangi-ka-tatara o Tiritiri-o-rangi E **Io**-e !
Takiritea to ara he tipua, takiritia te ara tahito,
To ara atua, E **Io-take-take** e—i !
Whakaheke i waho, whakaheke i tua,
Whakaheke i roto i enei pia, i enei tama,
He aro tawhito, he ago tipua, ki a koe E **Io**—e !

E tipu, e tipu he nihoniho, he rearea, he kateatea,
He koronga ki a koe, E Tane-te-waiora e—i !
Hekeheke i roto i o pia, hekeheke i roto E Tane !   E Ruatau e !
Hekeheke i roto Tane-te-wānanga-a-Rangi e—i !
Hekeheke i o mahara Ruanuku, i o mahara Rua-rangi
I o mahara atua e i,
Tamaua, tamaua, i tua i te koronga,
Ki taketake o pia, E Pai ! E Tane e !

Houtina, houtina, hou taketake
Ki te pu-ngakengakenga o te **wānanga**
E **Io-mata-ngaro** e i !
Haohao nui, haohao-roa, ki te pu o nga taringa
O te koronga, o te hīringa, i roto i o pia, i o tama,
Hekenga o mahara, hekenga o wānanga,
Ki te tau-aro, ki te pu, ki te weu
E **Io-i-te-pukenga** ! E **Io-i-te-hiringa** !
E **Io-te-matua-te-kore** e—i !

Na, ka mutu te karakia a te tohunga i konei.   Ko tenei karakia e pure ana i te whare kia tino tapu, he karangaranga i nga atua me o ratou măna atua, me nga măna Pou-tiri-ao, me nga măna Apa, ropu atua tane, he whakahoro i nga taringa i nga mahara o nga akonga kua uru nei ki te Whare-wānanga, he whakau i nga take i korerotia ki te aroaro o nga akonga.

I te tuheratanga o te Whare-wānanga ki nga akonga, ko te wānanga o te uruuru-matua to te tuatahi ; pau rawa nga take korero o tenei kete, katahi ka whakatuheratia ko te kete uruuru-tipua, te tuarua ; pau rawa nga take o tenei kete, ka whakatuheratia ko te kete uruuru-tawhito.   Ka pau nga take o tenei kete, ka tino oti rawa te Kauwae-runga me ona take katoa te whakahoro ki nga tamaroa.

Na, katahi ka tu te tohunga, nga tohunga ranei, ka patai, ko tehea o nga kete te mea e hiahiatia ana e nga tamaroa i roto i nga kete o taua ra. Ka oti tenei mahi katahi ka wehewehea ta ratou noho; ko nga mea i whakaae ki te whakaako i te kete uruuru-tahito ki te tuatahi—mo tetahi rangi ka whakaako i nga mea i whakaae ki te kete uruuru-tipua. Te tuatoru o nga rangi ko nga mea i whakaako ki te kete uruuru-matua. Ka pena haere tonu, a, pau noa nga peka o te tau i rite.

Ka oti te Kauwae-runga katahi ka takapautia, ka whakaputaina te Whare-wānanga ki te taha o te paepae o te turuma ki reira whakahoro ai i nga tapu o te Kauwae-runga. Katahi ka whakatuheratia nga kete e toru o te wānanga, ka tangohia mai nga taonga o aua kete e rite ana mo te Kauwae-raro. Pera ano te whakahaerenga me to te Kauwae-runga. I konei katahi ka takiritia te ira tangata ki te Ao-marama, ara, nga whakapapa mai i nga Rangi-tuhaha tae mai ki a Papa-tuanuku, nana nei i ahu mai a Hine-hau-one. I tu honoa ai a Papa-tuanuku ki nga Rangi-tuhaha, e noho nei tatou i roto i te maru o te Kauwae-runga, o te Kauwae-raro. Haunga te peka i riro ki a Whakarua-i-moko, i a Hine-nni-te-po, i a Whiro-te tipua, ki Te Muri-waihou, ki Raro-henga.

E whitu nga tomokanga o te Whare-wānanga i te tau; e kore e neke atu, e kore hoki e tika kia hoki iho. Kei te whakatomokanga tuawhitu, ka tangohia te kete o nga whatu whangai i nga tamaroa i kiia ake ra i whakawhataia ki te pou tuarongo o te whare. Ka tangohia e nga tohunga nga whatu o roto o taua kete ka makaia ki o ratou waha, katahi ka wehewehia ki ia tama tana, tana, o aua whatu. Ka whakanohoia ia tama ki runga ki nga kowhatu e toru o te kauwhanga o te whare. Ko enei akonga no te kete uruuru-tahito, ka whakanohoia ki runga ki nga kowhatu e wha o te tuarongo o te whare, ka tangohia mai tenei wahi o te karakia a Tupai; ma te tohunga takiri i te mata-korero e timata, ma te tohunga turuki e kapo. Koia enei :—

> Whakaheke i waho, whakaheke i tua,
> Whakaheke i roto i enei pia, i enei tama
> He aro tawhito, he aro tipua, ki a koe **E Io** e !

Na, ka tae ki te mutunga o taua karakia ki tenei wahi i te hīringa-matua, e me horo nga kowhatu e nga akonga, i taua wa tonu ka haere ano te karakia a te tohunga, i te mea kua oti te horonga whatu. Koia tenei taua karakia :—

> Oi whiwhia, oi rawea, oi i tamaua
> Te ueue-kaha, te ueue-nuku, te ueue-rangi
> Tamaua o take i roto, tamaua to aro,
> Tamaua to hīringa, tamaua i to horonga

Ki roto ki te pu, ki te weu,
E tipu ki te rea i te pukenga matua
Nou, **E Io-i-te-mahara** e i !
He koronga ka tau ki roto nou, **E Io-i-te-wananga**!
Ka pupuke ou hīringa E Ruatau e !
Ko nga hīringa o Tane-matua, o Paia-whakarongo-wānanga
Tangaroa i te piere-nuku, Tawhīri-matea
I te winiwini, i te wanawana
Hou-tina, hou-mau to aro, ko Tu-mata-uenga
Takiritia he akaaka-matua
Ko Rongo-marae-roa e whiria i roto i te koronga,
Whiroa i roto i te hīringa-matua
Oi whiwhia, ki taketake o Tu-horo-mata
O Tu-horo-tau, ki enei tama,
He pia, he aro nau e **Io-matua** e i !

I konei ka whakatangihia te whaitiri a Uruao. Ka puta te Whare-wānanga i konei. Hei te kaupeka o Tikaka-muturangi katahi ka hokihoki mai nga akonga o te Whare-wānanga me etahi atu e hiahia ana.

Koia tenei nga kaupeka o te tau :—

Ko Ahuahu-mataora	January
Te Iho-nui	February
Putoki-nui-o-tau	March
Tikaka-muturangi	April
Uru-whenua	May
Ao-nui	June
Te-Aho-turuturu	July
Te Iho-matua	August
Tapere-wai	September
Tatau-uru-tahi	October
Tatau-uru-ora	November
Akaaka-nui	December

Ka mutu nga ingoa o nga kaupeka, ara, nga marama, ara atu ano etahi ingoa a etahi tohunga mo enei kaupeka.

Ko nga taonga o roto i te kete uruuru-tipua ra, te kete uruuru-tahito kei reira hoki nga karakia makutu me nga tu karakia whakamate i nga kai, whakahe ranei i nga whakahaere o aua kai e hiahiatia ana e te tangata; nga mahi ranei e hiahiatia ana hei painga mo te tangata, mo te iwi nui ranei. Kaore enei mahi e whakaaetia kia mahia i roto i te Whare-wānanga; ka kawea tenei peka o te mahi ki ro ngahere, ki te taha o te awa, ki reira whakaako ai i nga akonga, ki te taha ranei ki raro i te turuma. He wehi koi takahia e te tangata nga mea o aua mahi o tenei mahi. Kia whakangaro te ra i te pae-huakai, i te ata hapara ranei ina ka puta te ra i te pae-moana ka

mutu taua mahi. Kati taku whakamarama mo tena mahi, kaore au i
eke atu ki tera peka o nga taonga o nga kete nei—ara, matou toko-
toru nei, a Pohuhu, a Te Okawhare. Engari tokorua nga mea i kite
au i whangaia ki te tutae, ko Whinu ko Te Maka; ena tangata i
akona ki Nuku-taurua, ki te taha ki raro o te paepae-hamuti o
Kaiuku. Kati, no reira tonu mai to raua ingoa ki taua mahi. I riro
mai i reira a 'Taruaitu' a 'Tunawhea,' a 'Tuarowhea,' a 'Maikinui,'
a 'Maikiroa.' Ka tau i konei ki a huhu, ki a haha enei i kiia ake nei
e au—ko nga mana era o nga karakia patu tangata. Kati ake enei
korero; ma nga tangata kua purea ki tena mahi e whakamarama ki
a koe te kaupapa me ona whakahaere katoa.

E Ta! Taku kupu ki a koe: kaua koe e tango i tenei peka o te
wānanga; he mahi tenei na te tangata ware, ko nga mahi kino katoa
o roto o te kete-uruuru-tawhito, uruuru-tipua, ko Whiro me ona taina
te putake, i heke ra i Taheke-roa; kua takoto te au o te mate o te
tangata ki taua ara. No reira, koi noho koe, koi whakaae ki taua
mahi—ka mate ki waho, ka mate hoki ki roto. Engari whatoro ki
nga karakia o te Toi-ora o te tangata, o te kai. Kati taku whaka-
marama ki a koe mo enei; kua mau koe ki a Rongo-marae-roa, hei
taki mai i te peka o te moana, i te peka i makaia ki te wai, ki a
Hine-moana raua ko Para-whenua-mea, ma raua e taki mai—ko te
rongo raua. E rongo ana nga mea katoa ki te tangata ina hangai nga
mahi me nga karakia.

Ko te wa e whakahaerea ai nga kete e rua kua kiia ake nei ka
timata mai i te Aho-turuturu tae atu ki te hikumutu o te Iho-matua ka
taupa mai nga mahi; kaore e neke atu. Ko te take i penei ai, i
timata te pakanga a Whiro-te-tupua raua ko Tu-matauenga i te Aho-
turuturu tae noa ki Te Iho-matua, ka mutu taua pakanga, a Te
Pae-rangi. Ka takapautia a Whiro i konei e Tāne ratou ko nga tua-
kana, ki te Muriwai-hou ki Raro-henga, ki te kapunipuni o Hawaiki-
nui o Hawaiki-roa, o Hawaiki-taketake, o Puhi-aitu, o Puhi-rakerake,
ki Te Piere-nuku, ki Te Toi-o-te-reinga, angiangi-tu, angiangi-raro, ki
Whaka-oti-nuku, a Hou-turu, a Hou-motu.

Na, koia i takiritia mai ai nga Po a Tua-nuku, a Rangi-nui i roto o
Whetuki, o Whekoki, o Maru-aitu. Ka whakatakotoria ki te pu o
Mahu-tonga, o Para-wera-nui ki Tahu-makaka-nui, i te rawhiti, i te
marangai. Koia te paepae-té-irihia, té kakea, ki te oinuku, ki te oiroa;
ka whakaoti i konei nga po mo tera peka—koia tenei:

1. Te Po-tamaku 2. Te Po-kakarauri 3. Te Po-Aoaonui
4. Te Po-uriuri 5. Te Po-kerekere 6. Te Po-tiwhatiwha

Na, i konei ka marama koe; i tukua enei po ki roto ki Pou-tiri-rangi hei iki i te aitua o te Ao-turoa ki Rarohenga, i poua ra a Te Kuwatawata me ona hoa ki reira—taihoa e whakaoti ake.

Ko etahi o aua po kua oti ra te wehe mai ki a tatou wahine, taihoa e whakaoti ake i a tatou tera te whakahaere.

Ko tetahi wehenga o aua po kua tukua ra ki a Te Marama-i-whanake, ratou ko ana taina, taihoa e whakaoti e tatou te whakahaere me te whakamarama ake nga ingoa o te marama.

1. Te Marama-i-whanake   2. Te Marama-i-roa
3. Te Marama-i-whiro   4. Te Marama-whakaata
5. Te Marama-waha-roa   6. Te Marama-atua
7. Te Marama-mutu-whenua

Kati nei aku e whakamarama o ona ingoa.   Ko ona po tenei :—

1. Te Po-taruaitu   2. Te Po-whatu-ao   3. Te Po-whiro
4. Te Po-para-uriuri 5. Te Po-turu   6. Te Po-whiro

Ka mutu nga po ki a Te Marama-i-whanake. Na konei i wehe raua ko te tuakana, ka waiho Tuahiwi-nui-o-Hine-moama hei taupa i a raua i tenei ao; kei reira a Te Moana-waipu, a Te Moana-tarahau. Kati taku whakamarama mo tenei wahi.

He whakamarama ano tenei : Ko Whakaahu, he whetu; i poua tenei ki te Hono-i-wairua, i Hawaiki.   I whakaatu ra au, e wha nga tatau o Wharekura, i takoto te ara-matua ki te tonga tetahi pito, ki te rawhiti tetahi pito. Kei reira a Whakaahu e tu ana.   Ko Puanga i poua tera ki te kauru o Rarotonga.

Na, me whakamarama au i tenei, he kupu tautohe tenei na nga tohunga i roto i te Whare-wānanga i a matou i Uawa, i roto i Te Rawheoro. E ki ana etahi ko Puanga, ko Kopu, ko Tawera he whetu kotahi enei e toru.   E ki ana etahi ko aua ingoa whetu e toru, kotahi tonu, ko Puanga te tino ingoa, ko Kopu te ingoa tuarua, i a ia e whakatarawai ana i te ata hapara—i a ia ka moiri ki runga ka kiia ko Tawera. Kati; takoto maro tonu tenei tautohe; ko matou i ki he whetu motuhake a Puanga.   Engari a Kopu raua ko Tawera kotahi tonu tena whetu.

Ko te Whare-maire, he whare makutu, e whakaakona ana nga tangata ki reira ki te patu i te tangata, i te kai, i te rakau, i te whenua, me te waewae o te tangata, me te mata-rakau o te parekura. Enei katoa e whakaakona ana ki reira me era atu mea hoki. Koia i kiia ai tenei whare he Whare-maire.   Ko te tino Whare-maire, ko tahi tonu te whatu o roto, kei te pou-toko-manawa o waenganui e tu ana, he mata-waiapu te kohatu. E whakangaua ana nga tauira ki reira i te tuatahi; i muri o tenei ka whakaputaina nga tauira ki waho; ka tipia te 'Tipi-o-Houmea' i konei, ki te rakan; ka maroke te rakau; i muri o tenei ka tipia ano te 'Tipi-o-Houmea' ki te manu—taua manu he Miromiro, he Pekapeka. Ki te mate enei ka hoatu ko tona hakui, tuakana ranei, tamaiti matamua ranei. Ki te kore enei, ko te tohunga tonu o te Whare-maire. Ki te oti tenei kua puta taua tauira ki waho o te marae o te Whare-maire, ka riro i konei te atua, nga atua ranei.

Mehemea kei te moana te whakamatenga mo te tangata, kei te wai ranei, ka karangatia ko Rua-mano te atua mana e whakemate, tona hoa ko Mataaho. Mehemea kei uta te whakamatenga ko Tu-nui-a-te-ika, ko Maru, ko Uenuku-rangi—haunga etahi atua atu.

UPOKO II.

He korero whakatupatu, whakamarama hoki ki nga uri—Te Ahua o nga mea
katoa—Nga Pou-tiri-ao, ko Io-matua, Te Whare nei, ko Hawaiki.

HE KORERO WHAKATUPATU, WHAKAMARAMA HOKI KI NGA URI.

NA, he kupu ano naku ki a koe kia marama to whakaaro. Kia
pai te takitaki i nga taonga a o koutou tipuna i rauhī ai i roto
i nga whakatupuranga katoa mai, i a Rangi, i a Papa, tae mui ki naia
nei. Ahakoa kua pitopito te maunga mai o nga korero o nga Whare-
wānanga nei, i te tataki o te kete o nga taonga nei, ka mau etahi, ka
horo etahi, ka rere ke etahi, ka tapiri mai etahi. I te mea kua heke
haere te măna o nga whakahaere o nga karakia, o nga tapu, o nga
atua, tae mai ki naia nei kua kore rawa atu he măna, kua rere ke nga
mea katoa. Kua mutu nga tapu, kua ngaro nga korero tuturu, kua
ngaro nga karakia kua kore e mohiotia i naia nei. No te mea ko te
tapu te mea tuatahi, ki te kore te tapu kaore e măna nga mahi atua
katoa; a ki te kore he atua kua waimeha nga mea katoa, kei te
awhiowhio te rite o te tangata, o nga mahi, o nga whakaaro, e pokai-
kaha noa iho ana i te whenua i naia nei. Kua mahue nga Whare-
wānanga kua mahue nga karakia, kua mahue nga tūāhu, kua mahue
te pure tangata o ia ahua o ia ahua o te mahi pure-tangata, tohi
tangata ki te wai; kua mahue te taki i nga ika, i nga manu, i nga
kai kia pai te tipu. He karakia ke, he whakahaere ke, he tapu ke o
naia nei—he reo ke. Na kona kua mau pitopito noa iho tenei mea te
korero i naia nei i nga tohunga o era ahua kua kiia ake ra e au.
Koia ahau i whakamahara atu ai ki a koe i enei ahua kia marama ai
koe; te hekenga iho o te măna atua i a Io me nga Whatu-kura, me
me nga Marei-kura, me nga Apa o ia rangi o ia rangi, tae mai ki nga
Patu-pai-arehe, ki nga Turehu. A kua kore noa iho i naia nei era
ahua atua, kua heke iho ki nga ngarara, ki nga kowhatu, ki nga
rakau he atua i naia nei. A kua kore nga atua-ngarara, nga atua-
kowhatu, nga atua-rakau i naia nei. Kua noho koraha noa iho te
tangata i naia nei, kaore he whakaaro, kaore he aha. No konei kaore
he măna e riro i a koe o enei mahi katoa; koia au i ki atu ai ki a

koe ko nga mea ka riro atu nei i a koe te tuhi, he pitopito no nga mea
tuturu, he wahi no nga mea tapu; kua memeha atu ia nga tino mea
nui, me nga tapu me nga măna-atua tuturu i heke iho nei i a Io-nui,
i a Io-matua-te-kore. Kati enei kupu aku ki a koe.

TE AHUA O NGA MEA KATOA.

Na, kia marama ano koe ki a Tama-nui-te-ra, ki a te Marama-i-
whanake, me o raua taina nga whetu. Enei katoa he ao, he oneone,
he wai, he kowhatu, he rakau, he maunga, he pakihi, he mania. Na
ko te moana ko te wai te mea nana i hanga nga mania nga pakihi-
raorao e kite nei koe. Ko Mataaho, ko Whakaru-au-moko nga atua
whakarere ke kia kino te takoto o nga mania o nga pakihi, o nga wai
o te whenua katoa.

Na kia marama ano koe : Na te wai, na te ahi te ora o nga mea
katoa. Ki te mea he oneone anake, he mea mate te whenua ki te
kore te wai, te ahi; he mea mate te wai ki te kore te whenua, te ahi;
he mea mate te ahi ki te kore te wai me te whenua. No reira kia
kotahi tonu enei mea e toru ka ora ai te whenua, te wai, te ahi, kia
kotahi ka ora ai, a nga mea katoa i tipu ai i ora ai, i whai ahua ai,
ahakoa rakau, kowhatu, manu, ngarara, ika, kararehe, tangata. Na
enei e toru katoa i ora ai. Pera hoki te ra, te marama, nga whetu,
he ao; na te whenua, na te wai na te ahi i whai ahua ai, i mahi ai
nga mea katoa.

Na, ko te hau (or hau-mapu) te kai whakatutuki i nga mea katoa,
ahakoa i te whenua, i te rangi ranei, i te ra, i te marama i nga whetu
ranei. Na tenei i toitu ai te ora o nga mea katoa, koia i tokowha ai
ratou. Ki te mea ko te whenua anake, ko te moana anake, ko te ahi
anake, ko te hau anake, kaore e ora tetahi mea, kaore e whai ahua,
kaore he tipu kaore he ora o nga mea katoa. Na reira ka marama,
ma te whenua, ma te wai, ma te ahi, ma te hau enei katoa kia kotahi
e whai ahua ai, e ora ai, ki nga mea katoa.

Kei te pera hoki nga Rangi-tu-haha tae noa ki te Toi-o-nga-rangi
ki tona ahua ano o ia mea, o ia mea; me te ora o ia mea i tona ora
ano e rite ana mo ia mea, mo ia mea. Te whenua, he ora ano tona,
te wai he ora ano tona; te ahi he ora ano tona, te rakau he ora ano
tona, te kowhatu he ora ano tona; nga otaota katoa o ia ahua o ia
ahua he ora ano tona. Te hau, he ora auo tona, te ra he ora ano
tona, te marama nga whetu he ora ano tona. Ahakoa he aha te mea
i tenei ao, i nga Rangi-tu-haha ranei, kei te pera katoa. Nga mea
katoa kua kiia ake e au he wairua o ratou, e rite ana ki te ahua o nga
mea katoa, tona wairua, tona wairua.

Ko Io-te-wānanga o nga rangi ïa, te putake o nga mea katoa; nana te wairua o nga mea katoa, nana te ora o nga mea katoa. Ko nga mea tenei i tauherea e Io-mata-ngaro ki a ia anake; ko te wairua, ko te ora, ko te ahua o nga mea katoa, na enei e toru nga mea katoa i whai ahua ai, i tona ahua i tona ahua. Na ka marama koe ki enei. Na kia marama ano koe kaore he mea i mahia e te atua, e Io, i kore he mutunga; nga mea katoa he mutunga ano tona; he raki, he maroke, he wera i te ahi, he mate i te wai, he mate i te hau, he mate i nga mate o te whenua, o te hau, o te ra, o te marama. Haunga ïa ta te atua ake i mea ai kia mutu tona ahua i te ao nei, i nga ao ranei.

(Ka mea atu a Rihari Tohī, "E Ta! I pehea i mohiotia ai ena tu korero e korero na koe? He whakaaro noa pea na koutou na nga tohunga?") Ka ki atu a Te Matorohanga, kua korero au ki a koutou he mea tiki te wānanga e Tane-nui-a-rangi i Te Toi-o-nga-rangi i roto i Te Rauroha—te pa nui o nga Whatu-kura, o nga Marei-kura me nga manomano tinitini whaioio o nga Rangi-tu-haha— i roto i Rangi-atea e tau ana te wānanga o ia Ao, o ia Ao, o ia Rangi o ia Rangi, o ia Kauwhanga o ia Kauwhanga o nga Rangi, o nga Ao. Ka tonoa e Tane-nui-a-rangi ko te wānanga o Rangi-nui o Papa-tua-nuku kia riro mai i a ia. Ka whakaaetia mai e Io-matua kia riro mai i a Tane-matua te wānanga, Ka riro mai i roto i te Rauroha, ki roto i Whare-kura i a Papa-tua-nuku nei tau ai. Kati: Koia tenei nga taonga o te wānanga o roto i nga rahu e toru nei. He aha te painga o te wānanga ki te kore enei i roto; koia nei hoki te wānanga. Mehemea kaore enei i roto e hara te wānanga i te taonga; kaore he painga o te wānanga. (Ka riri a Te Matorohanga mo tera ahua whakaaro o Rihari Tohi. Ka mea ia, "Ka rua aku whakatakitakinga i nga taonga o te Whare-wānanga, me te kotikoti haere tonu koutou. Kati, na taku titiro ake ki taku tuakana, taina, potiki, e ngakau nui mai nei ki te mahi i nga take nei, penei kua whakamutua e au te korero.")

Na ka mea a Te Matorohanga, E Ta! kia kaha, ka tata te pau atu i a koe 'Te Kauwae-runga,' ka tukua mai ai taua ki 'Te Kauwae-raro' nei, takiri mai ai kia wawe te tapeke i a koe nga taonga nei. Na, taku kupu ki a koe; koi noho koe, tuku atu i nga taonga nei ki etahi tangata ke atu. Waiho hei manawa ma koutou ko o tuakana me o taina me a koutou tamariki, mokopuna, koi he koutou i te marae tangata kē. He uri koe no o tipuna no Nuku-tama-roro, no Nuku-te-moko-ta-hou, tae mai hoki ki a au e korero atu nei ki a koe. E kore au e akuaku rawa ake i nga taonga o te Whare-wānanga nei, me he tangata ke noa atu koe. Ko tenei e titiro atu ana ahau e kakama ana koe, era e mau i a koe. E koa ana hoki au mou i whakamau mai ki te tuhi i nga taonga nei, tenei kupu aku ki a koe nei : E tapeke i a koe nga 'Kauwae' e rua nei, kaua e koe, e hirihiri i o tipuna, i nga Apa ranei. Kaua e whakapuhia e koe kei kino, koi mate koe. Maku ano e whakahoro nga tapu kia kore ai e whakaahuru mai ki a koe. He titiro naku, ko nga whare o naia nei, he whare whatanga kai anake ; kaore he whare tapu pera me o tipuna. Koia au i tohutohu ai ki a koe i tenei, kia mahara tonu koe.

NGA POU-TIRI-AO.

Na, I te wa i tae mai ai te wānanga ki Whare-kura i a Tane-te-waiora, i a Ruatau, i a Pawa, me nga Whatu-kura o Te Toi-o-nga-rangi ki raro nei, ki a Papa-matua-te-kore nei tau ai ; ka poua nga Pou-tiri-ao e Tane ma, ki nga wahi katoa, ki Te Ra, ki Te Marama, ki nga Whetu, ki nga kapua, ki nga hau, ki nga moana, ki Te Reinga, ara, ki Rarohenga, ki Te Muri-wai-hou. Kati, tawika e ata whakatepe ake e au nga ingoa o aua Pou-tiri-ao i wehewehea nei. (Ka mea atu ahau ki a Te Matorohanga, he mea marama me homai tonu ia te wehewehenga o nga Pou-tiri-ao. Ka whakaae mai ia ka mea mai.)

Ko nga Pou-tiri-ao o nga rangi me nga Kau-whanga o aua rangi e tekau matahi. Kua oti ake era i nga Whatu-kura a Io te pou haere nga Pou-tiri-ao o aua rangi me nga Kau-whanga me o reira mea katoa. E marama ana tenei ki te whakaaro a te whakaaro noa ake, te Ra he mate ano tana e patu ai i nga mea e tipu ana i te whenua ; e hara i te mea he pai anake te mahi a te Ra. Te Marama, he patu ano tana i nga mea i te whenua ; te Hau, he patu ano tana i nga mea o te whenua, te rakau, he patu ano tana i nga mea o te whenua. Me whakapoto ake e au. No reira kaore he mea o te ao nei i kore he kino. No reira he riri ta nga mea katoa, he pai ta nga mea katoa.

Koia te take i poua ai nga Pou-tiri-ao ki nga mea katoa hei tiaki kia pai te haere o nga mea katoa, koi taupatupatu ki a ratou ano nga mea o tenei ao ; hei arai i nga riri e he ana ki te whakaaro a nga Pou-tiri-ao, hei awhina i nga pai, i nga ora e tika ana ki te whakaaro a nga Pou-tiri-ao, kia tukua kia toitu te pai mo ia mea i te ao. Ahakoa ko Papa tonu ake ahakoa ko te wai, he Pou-tiri-ao tiaki ano to aua mea. Ki te kite nga Pou-tiri-ao i te he o tetahi mea o te ao nei, ka whakakorea, ka whakamatea, ka whakarere ketia te tipu, te ora, te ahua, te takato o nga mea katoa, o te haere ranei o nga mea katoa. Mehemea kaore he Pou-tiri-ao i whakaturia e Io-nui kua taupatu te haere, te tipu, te ora, te mate, o nga mea katoa. Penei, moumou tipu noa, moumou ora noa nga mea katoa i whakaahuatia mo tenei ao. No reira ka hoatu tena tena mǎna nui e Io ki nga Pou-tiri-ao.

KO IO-MATUA.

Na, ka whakaaro ano a Io me ana Whatu-kura, me nga Marei-kura, koi tipu ake he whakakeke, he tautohetohe ma nga Pou-tiri-ao ki a ratou ake ano. Ka mea a Io-nui ki nga Whatu-kura kia haere hei tiaki i nga Pou-tiri-ao koi taupatupatu, ki a ratou ano ; ka ai nga Whatu-kura, nga Marei-kura hei awhina i nga Pou-tiri-ao me a ratou mahi katoa ; kia kotahi nga Pou-tiri-ao me nga Whatu-kura te whakaaro katahi ka taea te whakatipu te whakaora te whakakore i te whakarere ke te whakaahua o nga mea katoa o te ao nei. I te mea kua penei te ahua o nga Pou-tiri-ao o ngu Whatukura o nga Marei-kura, kua takapautia nga Pou-tiri-ao ki raro i nga Whatu-kura ; ka tukua te măna-ariki ki nga Whatu-kura anake. I te mea kua whaiti te măna-ariki ki nga Whatu-kura anake, ko nga Whatu-kura no te Toi-o-nga-rangi, koia ra nga mea mana e tomotomo nga wahi katoa o nga Rangi, o nga Marama, o nga Whetu, o Raro-henga i Te Muri-wai-hou hoki. I te peneitanga ka marama tatou kua taka nga mea katoa ki raro i nga Pou-tiri-ao, a kua takapau nga Pou-tiri-ao ki raro i nga Whatu-kura, ka waiho te arikitanga, te măna, te ora, te mate, i te aroaro o Io-nui. I te peratanga kua takapau nga Pou-tiri-ao nga Marei-kura, nga Whatu-kura me nga Apa katoa o nga Rangi nga-huru-ma-rua ki raro i a Io. Ka takapau nei nga mea katoa ki raro i a Io-nui ; koia ka tuturu tenei ingoa ki a Io, ko Io-nui, ko Io-roa, ko Io-matua, ko Io-te-wānanga, ĸo Io-te-taketake, ko Io-te-Toi-o-nga-rangi, ko Io-mata-ngaro, ko Io-mataaho, ko Io-tikitiki-o-rangi. Enei ingoa katoa, he take katoa. Ko Io he ingoa poto tera nona ; ko Io-nui, koia te atua nui o nga atua katoa ; ko Io-matua, koia te matua o nga mea katoa, te ora o nga mea katoa, ko Io-te-wānanga, koia te wānanga o nga mea katoa ; ko Io-tikitiki, koia te atua o nga Rangi, i nga mea katoa i nga Rangi, i nga Kauwhanga, ki a Papa, i Rarohenga hoki. He tikitiki ia no aua mea katoa. Ko Io-mata-aho ; ki te haere ia ki nga Rangi, ki nga Ao, ki nga Kauwhanga, he aho kau tana haere, tana titiro, ka mutu. Ko Io-matua-kore, kaore ona matua, ko Io-mata-ngaro, kaore ia i kitea ana e te tangata. Io-mata-putahi, he atua ia, kotahi tana kupu, kaore he rua. Io-mata-wai, he atua aroha ia. Io-te-haue-rangi, he atua ia nona nga Rangi katoa. Io-tamaua-take, kaore ana mea e taea te whakarere ke i tana i whakarite ai. Kati taku whaĸamarama i enei take.

Na, ka marama mai koe, kua whaiti katoa nga mea katoa, nga Ao katoa me ona mea, nga atua katoa a te tangata, a te atua ake ki tona aroaro. Kaore he mea i puta ki waho i a ia ; kei a ia hoki te măna o te ora, o te mate, me te atuatanga. Kati tenei. Ko nga mea katoa e puta mai ana ki waho i a Io me ana tohutohu, ko te mate te kai-whakawhaiti i era. Ki te whakarongo, ki te whakaritea e tetahi e tetahi ranei ana i whakahau ai, ko te ora te kai-whakawhaiti i era.

Na ka marama mai koe; kua whaiti nga mea ora, nga mea mate, ki te aroaro o Io-mata-ngaro; kaore he putanga ketanga. Ka whaiti nga atuatanga katoa ki a ia anake te wahi mo ratou, nga atua o te hunga mate, nga atua o te hunga ora.

Na, nga mea katoa i whakaahuatia e te atua o nga ao, o nga rangi, o nga kapua, o nga Kauwhanga, o nga wai, he mahi katoa ta ratou— kaore he mea i kore tikanga, he mea whai tikanga katoa, ahakoa te mea iti rawa, ko te puehu, ko te kirikiri, he wahi tana he pupuri i te rohe moana, wai ranei.

Na, e marama ana tena he atua katoa i roto i nga ao i nga Kauwhanga, i nga whetu, i nga marama, i nga ra hoki, a, i te mea he atua katoa ratou o roto i nga rangi ngahuru-ma-rua e tu iho nei e marama ana hoki tenei; he wahine te kai-whakaputa uri e tini ai nga atua, nga tangata, nga ika, nga manu, nga kararehe, nga ngarara me era atu mea o te ao nei, o era atu ao ranei, o era atu rangi ranei, o era atu marama, ra, whetu ranei. Otira me penei ake he kupu maku: Waiho ake nga ra i waho atu o enei kupu aku; he koroirangi hoki te ra no nga mea katoa o roto i nga ao; koia i kiia ai he whatu anake, kaore he waewae he ringaringa he upoko, he tinana anake. Kati nei taku whakamarama ake ki a koe mo tenei ahua o nga taonga o roto o te Whare-wānanga nei.

TE WHARE NEI KO HAWAIKI.

Na, ko Hawaiki te whare i Te Hono-i-wairua. E wha nga tatau o taua whare, kotahi kei te rawhiti, kotahi kei te pu-o-te-tonga, kotahi kei te mauru, kotahi kei te marangai. Na, te haere a nga tangata o te ao, timata mai i a Rangi raua ko Papa, e whai ana i nga hau e wha, a, mate atu ki ia hau nga mea i whai i a ia. Pera nga hau katoa, rawhiti, tonga, mauru, marangai. Ka mate te mea mate ka hoki ia i runga i tona hau, i tona hau, ki tona tatau, ki tona tatau—a, tae mai ki a tatou nei, kei te pera tonu te ahua. Ka tae ki Hawaiki ka wehea; ka haere etahi ki nga rangi i whakaritea mo ratou; ko to ratou tatau i puta ai ki waho o Hawaiki ko Te Kawhite (? Te Rawhiti); ka kake i te Ara-toi-huarewa (tetahi ingoa Te Ara-tiatia). Ko tetahi wehenga ka puta i te tatau ki te tonga, ko Taheke-roa te ara i heke ai ki Raro-henga ki Te Muri-wai-hou.

UPOKO III.

Nga ingoa o nga rangi—Ka moe a Rangi raua ko Papa—Nga atua o te rangi—
Nga Pō—Te wehenga o Rangi raua ko Papa—Nga Apa atua—Nga whare o
nga Atua—Te purenga o Tāne—Te Wharekura tuatahi—Te ekenga a Tāne ki
Te Toi-o-nga-rangi—Nga ingoa hou o Tāne—Tāne raua ko Io—Ko nga kete
o te Wānanga me nga Whatu—Ka heke iho a Tāne ki a Papa-tua-nuku—Nga
Pou-tiri-ao—Te pakanga o nga atua—Te Hurihanga o Papa-tua-nuku—Te
tatai o nga mea katoa i ahuahuatia.

NGA INGOA O NGA RANGI.

KO nga rangi e tu iho nei, ngahuru-ma-rua ; koia tenei nga
ingoa o aua rangi :—

1. Tikitiki-o-rangi	7. Tauru-rangi
2. Tiritiri-o-matangi	8. Rangi-matawai
3. Rangi-naonao-ariki	9. Rangi-maire-kura
4. Rangi-te-wanawana	10. Rangi-parauri
5. Rangi-nui-ka-tika	11. Rangi-tamaku
6. Rangi-mata-ura	12. Ranginui-a-tamaku-rangi

Koia tenei aua rangi, o ratou ingoa, me ta ratou tu e tu iho nei
ratou. Ko aua rangi nei, ngahuru-ma-rua e haerea ana e nga Apa-
atua o aua rangi. Kotahi te rangi e kore e taea e aua Apa nei, ko Te
Toi-o-nga-rangi, tetahi o nga ingoa ko Tikitiki-o-rangi ; koia nei te
rangi tapu o aua rangi katoa ; i a Io anake taua rangi, me nga Apa-
whatukura, me nga Apa-marei-kura o tera rangi. Ko nga Marei-kura
me nga Whatu-kura e tomotomo ana i nga rangi nga-huru-ma-tahi
nei, tae mai ki a Tua-nuku nei. Ma Io rawa te karere ki tetahi o nga
Apa o nga rangi ngahuru-ma-rua, katahi ano ka tapokotia a Tikitiki-
o-rangi. E kore e tapoko noa.

Ko Tawhiri-rangi hoki te whare, me tomo rawa ma roto i tera e
uru ai. Kati ; kei raro ra hoki te waha o te tatau, koia i kiia ai ko
Te Pumotomoto-o-Tikitiki-o-rangi ; ara, ko te tatau tera e uru atu ai
ki roto i Tawhiri-rangi ; a ka puta atu ma te koropihanga o te tua-
rongo ki roto ki Tikitiki-o-rangi. Kei roto i taua whare nei, i Tawhiri-
rangi e noho ana nga kai-tiaki o Te Pumotomoto o Tawhiri-rangi ;
tona tini o Puhi-tau, o Maioro-rangi, o Houere-tu, o Houere-tau, me

era atu, tona tini o aua Apa. E kore ai e uru noa mai nga Whatukura o tetahi Rangi kia kotahi. Engari ma Ruatau, ma Aitu-pawa, ma Rehua, ma Puhao-rangi me Tau-o-rongo rawa e huaki te koropihanga me Te Pumotomoto, ka uru ai tetahi Apa, ahakoa no tewhea o nga rangi ngahuru-ma-tahi, o Papa-tuanuku ranei. Kati; he nui nga korero kei konei, e kore e taea e au te whakatakitaki ake.

Ko Rangi-nui e tu iho nei ka hiahia ki a Papa-tua-nuku e tiraha ake ana te puku ki runga; · ka hiahia iho ia hei wahine māna. Ka heke iho a Rangi ki a Papa. I taua wa te maramatanga he marama-tanga po-kutikuti, kakarauri nei te ahua; kaore hoki he ra, he marama, he whetu, he kapua, he ao, he kohu ranei, he kotaotao wai ranei.

KA MOE A RANGI RAUA KO PAPA.

Na, ka moea e Rangi-nui a Papa-tuanuku i konei, hei wahine māna. Ka hikaia e Rangi-nui ko nga otaota hei taupaki mo te aroaro o Papa, mo nga keke, mo te upoko, mo te tinana; i muri o tenei ko nga rakau-riki hei tupuni mo raua ko te wahine. I muri o tenei ko te rakau tu i te wao nui, ka tangi te ahuru i konei ki a Papa, katahi ka mahana, ka kau-awhiawhi mai te mahana. Katahi ka makaia ko te aitanga-pepeke, ko te aitanga-pekepeke-tua, hei whakatau mo roto i te otaota, i te huru-puia i te wao-tu-rangi. Ka makaia ko te papaka, ko te toitoi, ko te pipi, ko te ngakihi, ko te kuku, ko te paua me era atu mea pera, he anga nei o ratou, hei whakapai i nga wai—he nui nga kupu korero kei konei. Kati nei aku e tatai atu ki a koe ma to tua-kana-papa e korero ki a koe—ma Moihi Te Matorohanga. Koi he i a au.

I muri o nga mea katoa i whakato ai a Rangi-nui raua ko Papa, katahi ka whakaahuatia ona whanau; ko nga whatu te tuatahi, ka oti ia tera, katahi ka mahia te whare mo nga whatu—koia te upoko. Ka oti te upoko ka takoto te tahu-pokohiwi, me nga toko-tu me ona wahi katoa i tona ahua, i tona ahua, i tona tipu, i tona tipu, ahu (? atu) a pipi ngawari ngohengohe. I te mea e popoki ana a Rangi-nui i runga i a Papa-tuanuku, koia i kore ai e pakari te tipu o nga mea katoa, i kore ai e hua nga mea katoa; e kautere noa iho ana hoki i roto i te Ao-pouri—koia tenei to ratou ahua: Ko etahi e koropuku ana, ko etahi e whakamatika ana, ko etahi e wharo ana, ko etahi e tapapa ana, ko etahi e tiraha ana, ko etahi e koro-tuohu ana, ko etahi e tupou ana, ko etahi e pepeke ana, ko etahi e awhi ana ko etahi e kō ana, ko etahi e tuturi ana, ko etahi e whana ana, ko etahi e tu ana, ko etahi e mapu ana, ko etahi e ruha ana, ko etahi e ngoki ana, ko etahi e haere ana, ko etahi e whawha ana, ko etahi e whakamatikatika ana,

ko etahi e titiro ana, ko etahi e noho ana, me era atu tini o a ratou
ahua i roto i te awhi o Rangi-nui raua ko Papa-tuanuku.

NGA ATUA O TE RANGI.

Na, koia tenei te rarangi ingoa o te whanau a Rangi raua ko
Papa :—

Uru-te-ngangana	Toro-i-waho
Ro-iho	Kekere-wai
Ro-ake	Kau-peka
Hae-puru	Te Akaaka-matua
Hae-matua	Te Ara-waru
Whiro-te-tupua	Tu-kapua
Tawhiri-matea	Tongatonga
Tangaroa-whakamau-tai	Tāne-te-hokahoka
Kiwa	Te Pu-whakahara
Tu-mata-uenga	Ue-roa
Te Ikaroa	Kewa
Puna-weke	Taka-urunga
Rangaranga-ihi-matua	Pae-rangi
Rongo-marae-roa	Taiepa
Raka-maomao	Tua-matua
Tawhiri-rangi	Tiwhaia
Rua-taumata	Tu-ramarama-a-nuku
Mauhī	Tu-mata-kaka
Huru-manu	Tu-mata-huki
Ue-poto	Nganangana-a-rangi
Te Kuwatawata	Tāne
Peketua	Tupai
Rongo-whakaata	Whakaru-au-moko

Anei ano etahi, kaore nei i taweke ake i au ; waiho ma taua hoki
e ata whakaraupapa ake a ona wa.   Kei te whitiwhiti taku whaka-
papa ake i te whanau nei.   Hokowhitu takitaki te whanau nei to ratou
tatau.   He tane anake te whanau nei.   Ka kitea nga ingoa o te hoko-
whitu nei ki ta Te Matorohanga tatai.*

KO NGA PO.

Ka noho te whanau nei, koia tera ta ratou noho i kiia ake nei.   Ko
te ingoa o nga Pō i noho ai ratou koia enei :—

1. Te Pō-kauru   2. Te Pō-uriuri   3. Te Pō-kakarauri
4. Te Pō-aoao-nui   5. Te Pō-kerekere 6. Te Pō-tamaku
7. Te Pō-tiwhatiwha

* Kei te rarangi reo-Pakeha, e whai ake i muri o tenei korero.—Na Te Etita.

Koia tenei te ahua o nga Pō i noho ai ratou i roto i te awhi o a ratou matua. Ka roa e noho ana i roto i tera ahua, ka kitea te maramatanga tuaiti nei, e purata mai ana i waho i o ratou matua. Ko taua maramatanga, ko te purata o te hinatore i te po nei. I konei ka takatu te whanau nei kia puta ratou ki waho i o ratou matua, ki te whai i te maramatanga ra. Ko etahi ka whakaae, ko etahi kaore i whakaae; ka waiho tenei hei mea tautohetohe ma ratou. Ka mea a Tāne, a Tupai, me etahi atu o ratou, "Me kimi e tatou te ara e puta ai tatou!" Ka whakaaetia i konei. Na, ko Uru-te-ngangana me ona taina, ka riro i ta Whiro-te-tipua, kia kaua ratou e puta ki waho, ka tuturu enei te noho.

Na, i tetahi takiwa mai ka haere a Ue-poto ki te kaukau, he horoi i a ia i te pu-manawanawu i te ahuru o roto i to ratou whare o te ahuru. Ka riro i runga i te au o te mimi o to ratou hakui, o Tuanuku; takoto ana i waho, ka puta mai te hau-mihi, kakara ana mai ki te ihu o Ue-poto. Katahi ka kite e, ko te wahi pai ïa tenei kei waho nei. Katahi ka karanga atu ma nga keke o nga matua, "E Ta ma! Puta mai kei waho nei ki te puiaki i a tatou."

Kua tae ki te pō i toto ai te wai-waha o to ratou hakui, katahi ka puta a Tāne ma ki waho. Ko te Pō tuawhitu tenei o ratou e takatu ai ratou ki te hahau i te ara o te uha e puta ai ki waho. Na te putanga atu ki waho katahi ka kite e, ko te wahi tino pai ïa tera mo ratou. Engari he anu-rangi te mate; ko Wero-i-te-ninihi hoki i reira e roha ana, raua ko Wero-i-te-wawana, ko Kunawiri, ko Maeke, ko Kotokoto i te puhi anu. No reira hoki nga kau-awhi o Rangi-nui raua ko Tuanuku, na reira hoki i ahuahua te pukupuku, te ihiihi. Koia tenei te hoa riri o te whanau nei, i runga i te tuara o to ratou Papa. Katahi ka whakaruru ki te kaokao o to ratou kokā; ka kiia tera wahi e ratou ko te ahuru, ko Whakaruru-taha—waiho tonu mai he kupu mo te wahi ahua mahana he wahi ahuru, te wahi pai, e kore e puta atu te hau—he wahi ruru tera.

I muri mai ka tae ki te pō tua iwa, tae atu ki te ngahuru o nga pō ka puta mai a Uru-te-ngangana ma hoki; he tokorua hoki ratou. Katahi ka tonoa hoki a Whiro-te-tipua ratou ko ona hoa kia puta mai ki waho. Ka puta whakatakariri mai a Whiro, ka taia e ia etahi o ratou ki te hore ki te tipuaki pakira, ki te rae-hewa, ki te kamo-horehore, ki te tukimata-hewa—tetahi whakahua he pangore. Na, he nui te riri o Whiro-te-tipua ki a Tāne ma mo te whakataritaringa mai i a ratou ki waho i a ratou matua, ngaua ai e Wero-i-te-ninihi, e Wero-i-te-wawana, e Wero-i-te-kokota—koia te take o tana riri.

I muri mai ka ki atu a Tane, "Me wehe o tatou matua i konei, kia tau ke Rangi, kia tau ke Papa ki te whanga." Kaore a Whiro i pai ki tera korero; he nui te pakeke o ratou. Ka kaha haere te whakaaro a Tane-nui-a-rangi; ka whakaaetia e Tangaroa, e Tu-mata-uenga, e Tawhiri-matea ma. I konei ka tokona a Rangi-nui e tu iho nei ki runga tu iho ai. I te tokonga a Tāne ki nga toko e wha, kotahi i te upoko, kotahi i tetahi keke, i tetahi keke, kotahi i nga waewae, ka wha ai nga toko nana a Rangi i wehe i a Papa. Engari i te whakaaratanga i nga toko ka tarewa ki runga, ka whana te toko o nga waewae, o te upoko. Ka karanga a Tāne ki a Păia, "E Pai e!" Ka karanga mai a Păia, "Tenei ahau!" Ka mea ia, "Whakarewaia ki runga!" He hikitanga, he hapainga, ka rewa a Ranginui ki runga nei; kaore i ata rewa ki runga i te rarawhi i nga ringa o Rangi, o Papa ki a raua tokorua, pupuri ai. Ka karanga a Tāne ki a Tu-mata-kaka, ki a Tu-mata-uenga kia tikina he toki hei poroporo i nga peke o a ratou matua. Ka mea a Tu-mata-kaka, "E Tāne! Kei whea te puna o te toki e tau ana?" Ka mea atu a Tane, "Tikina i te pae-urunga o to tatou tuakana, o Uru-te-ngangana, hei kotikoti ake. Tikina atu te kakau i a Tua-matua, māna e whakaratarata mai, e whakanoho mai ki te kakau." Ka tikina nga toki e rua, a 'Te Awhio-rangi,' a 'Te Whiro-nui'; ka riro mai ka poroporoa nga peke o Rangi-nui, o Papa-tuanuku; katahi ka mawehe i a raua. Ka motuhia e Păia te ahi-tapu e tauhei ana i te kakī o Rangi-nui; ka tu te hika a Păia ki te kaunoti, ka karakia ra i tana karakia. (Kati kaore au e mohio ana ki te karakia engari a Te Matorohanga.)

Na ka tu hangai a Rangi-nui i a ia e tu iho nei, ka heke te toto o nga peke o Rangi raua ko Papa ki te whenua ki a Papa; koia te horu, te pukepoto ka waiho hei tuhi mo nga mokopuna i te ao nei. Ka mau te papakura ki te rangi; e whero na te rangi, koia tera nga toto o nga peke o Rangi.

Na, ka tatai tenei ahau ki a koe i te ahua o nga Apa o ia rangi o ia rangi ngahuru-ma-rua; koia tenei:—

Ko nga Apa tuatahi i roto i Te Toi-o-nga-rangi, koia tenei: Ko te Apa-Whatukura—he apa tāne tera. Ko te Apa-Marei-kura, he apa wahine enei. I konei ka kiia ina haere aua Apa katoa nei, ka kiia tetahi whakahua ko 'Te Ropu-Whatukura,' ko 'Te Ropu-Marei-kura.' Enei Apa anake nga Apa e noho tahi ana ki a Io-nui i Te Toi-o-nga-rangi. Kaore etahi atu Apa o nga rangi ngahuru-ma-tahi e uru atu ki Te Toi-o-nga-rangi. Ma Io anake te kupu whakaae ka uru ai; ara,

ma Io anake te hiahia e tomo atu ai ki Te Toi-o-nga-rangi; e kore e
pokanoa; he tapu hoki taua rangi i a Io me ona ropu i kiia ake nei.

Engari ka ahei nga Ropu-Whatukura me nga Apa-Marei-kura te
tomotomo haere i nga rangi ngahuru-ma-tahi; ara, nga wahi katoa e
hiahia ai ratou, ahakoa i nga rangi, i a Papa ranei; he whai măna
ratou. Pera ano nga Apa o nga rangi ngahuru-ma-tahi i waho mai o
Te Toi-o-nga-rangi tae atu ki a Papa nei, tae atu ki Rarohenga.

Na, ko te rangi tuarua tenei i raro iho i Te Toi-o-nga-rangi, ko

(Te Rangi.)	(Tāne.)	(Wahine.)
Tiritiri-o-matangi	Apa Pahurangi	Apa Kahurangi
Rangi-naonao-ariki	Apa Matangi-nui	Apa Mataruwai
Rangi-te-wawana	Apa Kahui-kura	Apa Ruao
Rangi-nui-ka-tika	Apa Rehu-roa	Apa Rehu-punga
Rangi-mata-ura	Apa Poporokewa	Apa Kauwhanga
Tauru-rangi	Apa Patu-pai-arehe	Apa Turehu
Rangi-matawai	Apa Taranga-tahi	Apa Kopu-wai
Rangi-maire-kura	Apa Kauru-rangi	Apa Kehurangi
Rangi-parauri	Apa Kapeka-a-rangi	Apa Rau-angiangi
Rangi-tamaku	Apa Hopara-a-rangi	Apa Maruhiruhi
Rangi-nui-a-tamaku	(Not given.)	Apa Tohikura

E Ta! kaore i te rarawe ake i a au te Apa tane o tenei, mau, e
koe, e patai ki a Moihi Te Matorohanga, kei a ia te hangaitanga o te
whakanohonohoanga o nga Apa nei, ki o ratou rangi i poua ai ratou e
Io-matua . . . Kaore au e mohio ki te uru ora marie o tetahi atu
tangata . . . Ko Nuku, koia te uru ora o te wānanga, he kaupeka
nui tera; na te matenga ki Kai-matai, ka mutu ano, ko to tuakana
papa ko Te Matorohanga, te tangata māna e huaki nga tatau o te
Kauwae-runga, o te Kauwae-raro.

Na, i konei ka tahuri te whanau nei ki te tatai i nga kaupeka o
Rangi-nui; ara, ki te whakahaere i nga tikanga e taea ai te whakaaro
e puta mai ai he painga ki a ratou. Kaore i taea i a ratou, e pokai-
kaha ana ki te whakahaere i nga take o Papa-tuanuku—kore rawa i
taea e ratou.

NGA WHARE O NGA ATUA.

I konei ka wehewehe o ratou kainga. Ka noho a Whiro-te-tipua,
a Uru-te-ngangana me o raua hoa i roto o Tu-te-aniwaniwa—ko to
ratou whare tera, me to ratou wahi i noho ai ratou.

Ko Tu-mata-uenga, ko Tamakaka, ko Rongo-marae-roa, me etahi
atu o taua whanau i noho ki Whare-kura, ko to ratou whare tera me
te wahi i noho ai ratou me o ratou hoa.

Ko Tāne, ko Păia, me etahi atu o ratou i noho ki roto o Huaki-
pouri noho ai me o ratou hoa ano.

Na, i konei ka noho wehewehe te whanau nei; he ngakau puhae-
hae te take; koia tenei nga take puhaehae :—

1. Mo te tohenga a Tāne kia puta mai ratou ki waho i te awhi o
   a ratou matua.
2. Ko te ngaunga a te anu-rangi, a te anu-wai, a te anu-winiwini
   a te anu-matao.
3. Ko te tohetohe o Tāne, o Tupai me o raua hoa o taua whanau
   kia wehea o ratou matua—i a Rangi raua ko Papa.
4. Ko te ngakau kino o Tāne, o Tupai, o Tu-mata-uenga, o Tu-
   mata-kaka me etahi atu o ratou, ki te poroporo i nga peke o
   nga matua ki nga toki nei, ki a 'Te Awhiorangi' ki a
   'Whiro-nui.'
5. Ko te whakahihi o Tāne ma ma ratou rawa e mahi enei tu
   mahi.   Mehemea ma Uru-te-ngangana, ma Ro-iho, ma
   Ro-ake, ma Hae-puru, ma Tangaroa, ma Tu-mata-uenga, ka
   pai a Whiro.
6. Ko te whakahihi a Tāne māna e kake nga puhi tapu o nga
   Rangi-tuhaha e tu iho nei.   Engari māna, ma Whiro e takahi
   aua rangi me Te Toi-o-nga-rangi.

Koia tenei nga take puhaehae o Whiro ma ki a Tāne ma.

TE PURENGA O TANE.

I konei ka heke iho nga Whatu-kura nei—a Rua-tau, a Rehua—
ka tae iho ki runga o Maunganui, ka karanga iho ki a Tāne, ki a
Tupai, kia piki ake raua.   Ka kake ake nga tokorua nei; ka tae atu
ki a Ruatau, ki a Rehua, ka kawea raua ki te Wai-o-Rongo tohi ai.
Katahi ka purea raua; ka mau tenei ingoa ki a Tāne, a Tāne-nui-o-
rangi, ka mau ki a Tupai ko Tupai-a-tau.   Ka hoki ake a Rua-tau, a
Rehua, ki Te Toi-o-nga-rangi, ki a Io-mata-ngaro, ka hoki iho a
Tāne-nui-a-rangi, a Tupai-a-tau i konei ki Huaki-pouri.

7. Ko te whitu tenei o nga take pouri a Whiro-te-tipua, ko te
   purenga me te tohinga i a Tāne-nui-a-rangi, a Tupai-a-tau ki
   aua ingoa.

I muri o tenei, ka ki atu a Io-taketake ki a Ruatau, ki a Aitu-
pawa, "Haere! Patai atu ki te whanau a Rangi-nui; kowai o ratou
kia kotahi, hei kake ake i te Toi-huarewa o nga rangi ki Tikitiki-o-
rangi nei, ki te whakatau i a au ki Matangi-reia nei." I konei ka heke
iho a Rua-tau, a Aitu-pawa, ka tae ki Tu-te-aniwaniwa, ka takoto te
patai ki a Uru-te-ngangana, ki a Whiro ma.

Ka utua ake e Whiro, māna e kake nga puhi o nga rangi, e tiki i te
wānanga.   Ka patai a Rua-tau, "Ma hea ake koe kake ake ai, E

Whiro?" Ka mea a Whiro, "Ma te Taepatanga o nga rangi au e kake ake ai!" Ka mea a Aitu-pawa, "Tai-hiti, tai-wawa! E kore e rokohina e koe, he akaaka nga puhi o nga Rangi-tuhaha."

Ka haere a Rua-tau, a Aitu-pawa ki Whare-kura; ka patai a Ruatau, "Kowai to koutou māna e kake ake nga Rangi-tuhaha ki Te Toi-o-nga-rangi, ki a Io-taketake?" Ka mea mai a Rongo-marae-roa ma, ma Tāne-nui-a-rangi e kake ake. Ka tae atu raua ki Huaki-pouri, ka pataia ano, "Mawai o koutou e kake ake nga puhi o nga Rangi-tuhaha ki te Toi-o-nga-rangi, ki a Io-taketake i roto o Matangi-reia i Te Ahu-turangi?" Ka mea a Tāne, "Māku!" Ka mea atu a Rua-tau, "Ka ra whea ake ai koe, he ara ake?" Ka mea a Tāne "Maku e kake ake i te Ara-tiatia, i te Toi-huarewa o te whanau a taku tuakana a Tawhiri-matea e noho mai ra i runga o Te Tihi-o-manono." Ka mea a Rua-tau, a—'Pawa, "Kake ake ki te Pu-moto-moto o Tikitiki-o-rangi, i Tawhiri-rangi o Te Toi-o-nga-rangi-tuhaha." Ka hoki i konei a Rua-tau, a Aitu-pawa.

Na, ka mea a Whiro ki nga tuakana, "Ka haere ahau ki te tiki i nga wānanga i Te Toi-o-nga-rangi!" Ka mea atu a Uru-te-ngangana ma, "Waiho ma to tatou taina e tiki—ma te mea kua eke ki runga o Maunganui, o Maungaroa, kua takapautia ki te Au-kume, ki te Au-rona, ki te Au-ihiihi." Ka riri a Whiro, ka mea, "Nawai rawa i kī māna e eke nga Rangi-tuhaha, ma tena kokoiti."

KA MAHIA TE WHARE-KURA I PAPA-TUA-NUKU.

I konei ka mea a Tāne-nui-a-rangi, "Tena! e Tamakaka, e Tupai-a-tau, e Rongo-marae-roa, e Tawhiri-matea! Haere tatou ki Rangi-tamāku ki te tiki i te tauira o Wharekura kia poua ki konei tu ai; hei whatanga mo te tahū o te wānanga o nga rangi nei." Ka whakaetia e Tawhiri-matea. Ka tae ratou ki Rangi-tamāku ka tangohia mai te ahua o taua whare; he whare whakanoho—nga poupou, te roa o te tahū o te whare hoki, te whanui, te tiketike. Ko taua whare no Nuku-te-aio, papa o Rua-i-te-pukenga, nana hoki i whakaatu ki a Tāne-nui-a-rangi kei reira te whare e tu ana. Ko taua whare he mata-rua, ara, e rua nga matapihi, kotahi i tetahi taha o te whatitoka kotahi i tetahi taha.

Na, ka tae mai, ka hangaia a Whare-kura hei whare mo te wānanga i kiia iho ra e Rua-tau raua ko 'Pawa kia haere atu tetahi o te whanau nei ki te tiki. Ka mahia, ka oti a Whare-kura, te whare nei.

Na, ka mahia a Te Whare-rangi, te whare o Tamakaka ratou ko etahi o ratou; ko te matapihi kotahi i te taha katau anake o te whati-toka. He matahi tena tu hanga whare. Ka oti tena, ka whakaarahia te whare o Tupai—a Te Rangi-pukohu. Ka ara tena whare ka mahia e Tāne, e Tangaroa, ko Hui-te-ana-nui he whare nui, he matawha. I te whatitoka e rua nga matapihi, i te tuarongo e rua, ka kiia taua whare he matawha. ("He aha te whare a mea e mahia mai rā?" "He matawha.") Ko tenei whare he whakairo katoa nga poupou, te tahū, nga heke, nga heke-ripi, nga maihi, nga tumatahuki, nga kaho, nga pou-toko-manawa, tuarongo, whatitoka, me te pae-kai-awha, he whakairo katoa.

Ka whakaarahia te whare o Tu-mata-uenga, Te Roroku-o-te-rangi. He whare tapu tenei o enei whare katoa; nui atu te tapu; e rite ana ki Whare-kura te tapu. I reira nga rakau o te pakanga me ona mahi whakahaere karakia me nga atua mo tena mahi i reira katoa.

Muri mai o tenei ka tu to Rongo-marae-roa, tona whare ko Hao-whenua te ingoa. He whare tenei i mahia hei whakatakoto i nga mahi kai katoa. Ka mutu nga whare e marama ana i a au.

Na, i muri o enei mahi a ratou ka whakaarotia te haere a Tāne-nui-a-rangi ki Te Toi-o-nga-rangi. Ka kaikatia e Whiro-te-tipua kia wawe ko ia te taka i mua; ka haere a Whiro ma te Taepatanga o nga rangi piki ai ki runga. Ka aua atu te haerenga o Whiro, ka ki atu a Tāne ki nga tuakana, ki a Tawhiri-matea, ki a Tamakaka, ki a Tupai-a-tau, kia haere ratou. Ka haere ratou; na te whanau a Para-wera-nui i taiapo; ka haere i te Ara-tiatia. Ko taua whanau tenei nana to ratou papa i kawe ki Te Toi-o-nga-rangi, koia tenei ratou :—

Ko Titi-parauri   Titi-matakake

Titi-matangi-nui   Titi-aru-rangi

Koia nei te whanau a Tawhiri-matea, nana nei a Tāne i kawe ki Te Pu-motomoto o Tawhiri-rangi. Ko ona hoa i haere ai ratou, ko Uru-ao, ko Rangi-ihiihi-matua, ko Tu-kapua, ko Tawhiri-matea ko Taka-wairangi, ko Te Ataata-o-te-rangi; ko enei whakamutunga nei i haere tonu i a Tāne ki Rangi-naonao-ariki, ki a Kautu, ki a Tapuhi-kura—ko nga tangata tera hei taunga atu ki roto i Tauru-o-te-rangi; ka purea a Tāne ki reira e Kautu raua ko Tapuhi-kura. Ka hoki iho i reira a Tawhiri-matea, a Uru-ao, a Rangi-ihiihi-matua—a, ka hoki enei ki Papa-tuanuku nei.

Ko Te Ataata-o-te-rangi, ko Taka-wairangi i haere ki te kawe i a Tāne ki Tiritiri-o-matangi.

Ko Whiro, kua tae ia ki Rangi-nui, ki Rangi-tamaku, ka rongo ia kua taha a Tāne; ka whaia ake e Whiro ki Rangi-parauri—kaore i mau. Ka ki atu e te hunaonga, "E hoki! E kore e taea e koe, he tangata tera kua oti te pure ki runga o Maunganui e Rua-tau e

Rehua." Ka pa te pouri ki a Whiro, ka tukua e Whiro te Tini-o-Poto hei whai i a Tāne :—

O Naonao	O Pekepeke-haratua	O Karearea
O Rō	O Taungahue	O Peka
O Peketua	O Kēa	O Popo
O Pepe-te-muimui	O Kērangi (Kāhu)	

Koia te taua a Whiro i tuku ai hei whai i a Tāne, hei pao, hei kapo mai nga toto o Tāne, kia riro mai, kia mate a Tāne. Ka haere te taua nei, ka eke i te Pae-huakai o Rangi-tiritiri-o-matangi ; whaka-eke rawa ake nei ki runga i a Tāne. Kore rawa i tata—e miroia ana e Tini-o-Parauri ma. Kore rawa i tata mai.

Ka tae a Tāne ki te Pu-motomoto o Tawhiri-rangi, ka uru atu ia ki roto i te whare; i reira hoki a Rua-tau, a Aitu-pawa, a Rehua, a Puhao-rangi, a Ohomai-rangi, a Te Pura-o-te-rangi, a Te Rangi-hau-papa me te tini o nga Whatukura. Ka hoki iho a Taka-wairangi a Te Ataata-o-te-rangi ki Tiritiri-ki-matangi noho ai, whanga ai ki te hokinga mai o Tāne-nui-a-rangi.

Na, ka hoki iho te taua a Whiro-te-tipua ki Rangi-naonao-ariki tauwhanga ai ki a Tāne ina hoki mai ia.

NGA INGOA HOU O TANE.

Na, ka tomo a Tāne ma te koro-pihanga o te tahū tuarongo o te whare o Tawhiri-rangi ; ka puta ia ki roto o Te Toi-o-nga-rangi i naia nei. Ka kawea e Rua-tau, e Puhao-rangi, e Oho-mai-rangi ki Te Wai-o-Rongomai ki reira pure ai ; katahi ka tohia enei ingoa ki a Tane-nui-a-rangi :—

1. Tane-nui-a-rangi
2. Tane-matua
3. Tane-te-wānanga-a-rangi
4. Tane-te-waiora
5. Tane-torokaha
6. Tane-tahurangi
7. Tane-maiki-roa.

Koia tenei ona ingoa i tohia ai ia. Engari ko te ingoa tuatahi ra, na Rua-tau raua ko Rehua i tuā, i tohia i runga o Maunganui kua kiia ake ra.

TANE RAUA KO IO.

Na, ka mutu nei tera mahi, ka kawea a Tane ki roto o Matangi-reia ; i reira a Io e taupua ana mai ki a Tane. Ka tae atu ka ui mai a Io, "Na wai taūa?" Ka mea a Tane, "Na Rangi-nui-a-tamaku-rangi ; na Tuanuku to pia, E Io-matua, ē, ī!" Na, ka patai mai a Io, "Kowai to hoa, E Tane-matua?" Ka mea a Tane-matua, "Ko taku tuakana, ko Whiro-te-tipua. I tika na te Taepatanga o nga rangi kake ake ai." Ka mea atu a Io, "E kore to tuakana e eke ake;

kei te tarahau nga puhi o nga Rangi-tuhaha." Ka mea atu ano a Io,
" He aha te take i kake ai koe?" Ka mea mai a Tane-matua, " Ko
nga kete waitau o Rangi-nui raua ko Papa-tuanuku, nana au i kake
ai ki a koe e uru tau, E Io, ē, ī!"

Ka mea a Io, "Me haere taua ki roto i te Rauroha!" Ka tae ki
reira, katahi ka kitea te tini o Te Whatu-kura, o nga Marei-kura e
noho ana. Ka purea ano a Tane-matua ki roto i te Rauroha. Ka
mutu katahi ka uru atu ki roto i Rangi-atea. I reira ka homai ai e
nga Whatu-kura nga kete e toru me nga whatu e rua. He kohatu
atua nga whatu nei.

KO NGA KETE O TE WANANGA ME NGA WHATU.

Koia tenei nga ingoa o aua kete nei, me nga whatu e rua nei:—

1. Te kete uruuru-matua, o te rongomau, o te pai, o te aroha.
2. Te kete uruuru-rangi, o nga karakia katoa a te tangata.
3. Te kete uruuru-tau (ara, uruuru-tawhito), o te pakanga ki te
   tangata, ki te mahi i te kai, o te patu i te rakau, i te kowhatu,
   i te oneone—o nga mea katoa hei whakahangai i te pai, i te
   ora, ahakoa he aha te mahi.

Na, ko nga whatu e rua nei, nga ingoa o aua whatu:—

1. Te Whatu-kura Huka-a-tai
2. Te Whatu-kura Rehu-tai

Ko enei whatu he kowhatu ma, he huka-a-tai te ahua, ara, he ma
ki te korero, he kowhatu tohu i nga hiahia o te tangata, ahakoa pai,
kino ranei. He kowhatu tapu, e waiho ana hei whakaputanga i nga
tangata e akona ana, ara, e nohoia ana a runga e te tangata e whaka-
putaia ana i roto i te whare-wānanga. Ka mutu nga karakia, ka
whakapa nga waha ki te kowhatu nei, ka mutu katahi ka haere ki
waho o te whare-wānanga te tangata e whakaputaia ana.

KA HEKE IHO A TANE KI PAPA-TUA-NUKU.

Na, ka riro mai nga kete e toru o te wānanga nei, me nga whatu e
rua ka haere mai nga Whatu-kura ki te kawe iho i a Tane-te-wananga-
a-rangi, me nga wānanga me nga whatu e rua nei; ko Rua-tau, ko
Rehua, ko Aitu-pawa, me tona tini o te Whatu-kura. Ka tae mai ki
Tiritiri-o-matangi, i reira ta ratou whanaunga e tatari atu ana, me
Taka-wairangi me Te Ataata, whakauru mai era te aitanga a Huru-te-
arangi—tamahine a Tapuhi-kura, taina o Rangi-tamăku. Koia
tenei:—

Titi-a-toa	7 Titi-matakaka
Titi-atamai	Titi-kauru-nui
Titi-matangi-nui	Titi-rorohau
Titi-mata-ura	Titi-te-apuhau
Titi-parauri	Titi-te-apunui
6 Titi-puhikura	12 Titi-te-apu-parauri

Koia tenei taua whanau a Tawhiri-matea raua ko Parawera-nui, nana te whanau i kiia ake nei; me etahi atu, tona tini noa atu. (Ma Moihi e ata whakataweke, e pau ai te whakatutira ki a koe.) Ko Tapuhi-kura me te wahine a Tarapae, nga kai tiaki o a raua mokopuna i runga o Tihi-o-manono, i roto i to ratou whare i Mairiiri-kapua. Ko te marae o to ratou whare, ko Marae-nui. Ko te mahi o te whanau nei, he ta potaka—ko Tahua-roa te marae-potaka. Ko to ratou taumata e whatatai iho ai te titiro ki te tuara o to ratou tipuna, ko Paroro-rangi—kei Rangi-naonao-ariki te wahi i noho ai te whanau nei.

Na, ka heke iho a Tane-matua me nga Whatu-kura ki raro nei, ka tae mai ki Rangi-te-wawana, e whakaeketia ana e te taua a Whiro-te-tipua. Koia tenei tona taua:—

1. Pekepeke-mataruwai
2. Pekepeke-haurutua
3. Pekepeke-harakuku
4. Pekepeke-riwaru
5. Pekepeke-matanui.

Ka kitea te taua, ka patua e te ope a Tane-matua; ka mate te taua a Whiro—i te Rangi-haupapa taua matenga; ka riro herehere mai enei ki Papa-tuanuku nei. Koia enei o ratou ingoa:—

1. He Kāhu
2. He Karearea
3. He Matuku
4. He Kēa
5. He Kakapo
6. He Pekapeka
7. He Ruru
8. He Kakaraki

Ko nga mokopuna a Kērangi ka riro herehere mai nei:—

9. He Waeroa
10. He Namu-poto
11. He Naonao
12. He Rō
13. He Wēta
14. He Pepe
15. He Rango
16. He Kawhitiwhiti

Me etahi atu mea penei katoa te ahua, koia nei te take i riro mai ai ki konei.

Na, katahi ka tuhi te mata o Rangi-nui—he tuhi pipipi nei, he whero. Ka mohio a Tupai, a Ue-poto, a Tamakaka, a Uru-roa, a Tama-te-kapua, a Tu-mata-uenga, a Tangaroa, a Tawhiri-matea, kua riro mai te wānanga i a Tane-matua. Ka nui te hari, te koa i te whanau nei, tae atu hoki ki te hunga i Tu-te-aniwaniwa. Ko Whiro anake kaore e koa ana; e pouri tonu ana mo te nui rawa o te mǎna e riro ana i a Tane-matua. Katahi a Uru-ao, a Tupai ka mau ki nga putatara e rua ka whakatangihïa, ko 'Te Wharara-o-te-rangi' tetahi, ko Pu-oro-rangi' tetahi. Ka rongo katoa te whanau nei i te tangi a nga tetere nei, ka mohio tonu kua riro mai te wānanga i a Tane-matua.

Ka tae mai ka hui ki te turuma o Whare-kura; ka oti te pure,
katahi ka tomo ki roto i a Whare-kura, ka whata te wānanga ki te
tuarongo o te whare, ka takoto nga whatu e rua ki reira hoki. Ka
tono a Whiro me riro i a ia nga whatu me nga kete e toru o te
wānanga. Ka mea a Tane-matua, "Kei whea hoki etahi, e pena te
whakaaro mo tatou? Kati na ki a koutou ko o taua tuakana i tena
wahi o tatou, ko nga kete hoki ki enei o o tuakana, taina." Ka
whakaaetia e Rongo-marae-roa e Uru-te-ngangana. Ka riri a Whiro,
ka hoki me nga whatu e rua. Ka hoki i konei nga Whatu-kura ki
Te Toi-o-nga-rangi.

KA POUA NGA POU-TIRI-AO.

Na, i konei ka tahuri a Tane-matua ratou ko nga tuakana me te
taina ki te wehewehe i nga Pou-tiri-ao, o ia mahi, o ia mahi, ki tana
wahi tu ai o taua whanau, tokorua, tokotoru ki te kauwhanga o Papa-
tuanuku, o Rangi hoki, tae noa ki te moana—pera katoa te ahua o te
whakahaere; ka wehewehea nga taonga o nga kete e toru o te
wānanga. Engari e kore e taea e au te whakatutu te whanau nei ki o
ratou kauwhanga. He kore, kaore i tapeke mai i a au tenei wahi—
mau e patai ki a Te Matorohanga.

TE PAKANGA O NGA ATUA.

Na, i konei ka tuturu te kino o Whiro ratou ko ona hoa ki a Tane-
matua me ona hoa hoki. Kaore a Whiro i whakaae kia poua nga
Pou-tiri-ao o nga kauwhanga. Ka ki atu nga tuakana ki a Whiro,
"Waiho atu i to tatou taina te whakahaere me te măna hoki; kua
taea hoki te Kauwae-runga e ia. Kati, ko koe, i aitua au i whakaaro
ai o te timatanga tae mai ki naia nei." He nui nga kupu kakari a
ratou; ka wehe a Uru-te-ngangana i a Whiro, ka haere ki te kainga
i te taina, i a Rongo-marae-roa ma, tae atu ki Huaki-pouri. Ka
tuturu te pakanga i konei, katahi ka pakanga. Ka hinga a Whiro-te-
tipua i konei; i Te Paerangi te ingoa nui. Ko nga ingoa o nga
pakanga koia enei :—

Rere-pari	Te Kaharoa
Maunga-utahataha	Moe-te-horo
Wai-taha	Te Kārangi
Horo-nuku-atea	Te Harotoroto
Te Ika-horo-mata	Takoto-moana
Te Iwi-horoa	Kaikai-tangata
Tu-rourou	Taiki-nui
Huri-kino	Ngakau-pakoa
Whakaahu	Taheke-roa
Katikati-aho	Te Au-miro
Te Au-tahataha	

Me etahi o nga pakanga nei, he nui noa atu aua wahi i u ai te pakanga; i te whenua nei etahi, i te rangi etahi, i te takiwa noa etahi, i te wai etahi—kaore he wahi i kore ratou e whawhai ki reira. Ko nga wahi e whakaarotia ana e ratou, hei reira whawhai ai ka taea e ratou. Engari enei whawhai he whawhai atua na ratou whakaatua ki a ratou ano.

Ko te mutunga o tenei pakanga, ko Whiro-te-tipua i hinga; ko te take tena i heke ai ia ki Raro-henga—koia i kiia ai ko Taheke-roa taua matenga; ko te tino ingoa nui o taua matenga ko Te Paerangi. Ka oti atu a Whiro ki Te Muri-wai-hou, ki Raro-henga; ara, ki Te Reinga e kiia ana.

TE HURIHANGA O PAPA-TUA-NUKU.

I mua atu i te haerenga o Tane-nui-a-rangi i te ara-tiatia ki Te Toi-o-nga-rangi taupuru, i te otinga i te wehenga i a Rangi raua ko Papa-tua-nuku, ka hurihia te aroaro o to ratou hakui ki raro ki te Muriwai-hou ki Raro-henga. Ko ta raua potiki e kai ana i te u i tera wa, ko Whakaru-au-moko. Kati, waiho atu tena e ratou hei tānga-manawa no to ratou hakui. Kati, koia te putake mai o te rū, o te puia hoki; e pakanga nei ki a tatou i nga wa katoa nei.

I hurihia ai te aroaro o Papa ki Raro-henga, he tangi tonu te mahi ki a Rangi-nui; he tangi tonu te mahi o Rangi-nui ki a Papa; ara, koia tenei te tangi a Papa, he tutaki tonu te mahi o te rangi, i te ao-taruaitu, i te kapua, i te kohu. A, ko Rangi-nui he tutaki tonu te mahi a nga roimata i te ao, i te pō; ara, he ua tonu te mahi, kaore e tamutu te ua, te huka-rere, te huka-waitara, te huka-puhunga. Ka mate te whanau nei i te ua i te huka—koia nei te take i hurihia ai te aroaro o to ratou hakui ki Raro-henga. Katahi ka ahua pai to ratou noho. Engari e noho tonu ana i roto i te atarau o te maramatanga o tenei ao i te mea kaore ano i tataia nga whetu, te marama, te ra hoki.

Ko te ingoa a Rua-tau mo tenei ao, koia tenei: I ki atu ki a Rangi-nui, ki a Papa-tua-nuku, "Tukua mai ta korua whanau ki waho nei taka ai. Ma ratou e kakekake i runga i a korua." Ka mea "Kaua hei kopia ki roto i a korua. Tukua mai ki waho nei, ki Tahora-nui-a-teu haereere ai ratou." Na, ka marama tatou koia ra ta Rua-tau ingoa mo te ao nei—ko Tahora-nui-a-Rua-tau. Na Hine-ti-tama ke tenei ingoa a Te Ao-tu-roa. I penei atu tona papa, i a Te Kuwatawata, ka mea a Te Kuwatawata ki a Hine-ti-tama, "E Kui! Hoki atu i kona, ka mutu Tai-ao, ko muri i a au nei ko Te Po-tè-kitea." Ka ki atu a Hine-ti-tama, "Tukua atu ahau kia kapua mai e au te Toi-ora o aku tamariki ki Te Ao-tu-roa nei." Na, ka marama tatou na Hine-ti-tama taua ingoa mo tenei ao i hua.

TE TATAI O NGA MEA KATOA I AHUAHUATIA.

Na, i muri o te pakanga a Whiro ratou ko ona taina, ko Tu-mata-uenga ma i tuhia ake nei e taua; ka whakatuturutia te tutu a nga Pou-tiri-ao ki nga kauwhanga o Rangi-nui, o Papa-tua-nuku, o Hine-moana, ka oti katoa tera taha te mahi.

Na, katahi ka whakaotia te noho o nga mea i te moana-nui, i nga wai o te tua-whenua, nga rakau, nga mea hei noho i reira, haunga hoki nga ngarara katoa, he kutukutu era no Papa—koia i kiia ai ko Te Whanau-a-Toro-huka era. Na, i puta mai te kupu a Rua-tau, a Rehua i konei, ki a Tane-matua, "Manaakitia te whanau a Toro-huka, a Muhumuhu, hei hoa mo koutou. He kino, he pai, taua whanau." Mo te ngarara taua kupu a nga Whatu-kura ra.

Koia nei nga mata-mua o nga mea katoa:—

1. Te wai moana e takoto nei i te ao, na te wai i ahuahu mai; ko te whenua tenei ka tipu nei, ka pakeke, ka moea nei e Rangi-nui.

2. Ko nga otaota riki e tiputipu nei te tu o ia ahua, o ia ahua.

3. Ko nga rakau katoa o ia ahua, o ia ahua, hei tupuni i te kiri o Papa, e takoto kau noa iho nei.

4. Ko nga ngarara o ia ahua, o ia ahua.

5. Ko nga kararehe, kuri nei, o ia ahua, o ia ahua.

6. Ko nga manu o ia ahua, o ia ahua, hei noho i nga mania i nga ururua o Papa-tua-nuku, i a Hine-moana hoki.

7. Ko te marama, ko te ra, ko nga whetu katoa. Ka oti enei ka tuturu te Ao-marama i konei, i tena wa.

8. Ko Hine-ahu-one, ko Hine-titama, ka taketake te tangata ki te Ao nei i konei.

Na enei, katoa mai o te tuatahi tae mai ki te tangata nei, e whakaahuatia ana i tona wa, i tona wa, e whakatipuria ana i tona wa, i tona wa; e hua ana i tona wa, i tona wa; e ora ana i tona wa, i tona wa. E tohua ana nga mea pera i tona wa, i tona wa—ahakoa he aha te mea; he wa to ratou e tohua ai, e whakanihoniho ai ranei. Na ka marama tatou, koia nei te ahua o nga mea katoa. Na, he uha ta nga mea katoa i whai tohua ai, ahakoa he aha te mea he hoa tona; kaore he mea i tu noa ko ia anake kaore he hoa; he hoa to nga mea penei.

UPOKO IV.

NA NEPIA POHUHU ENEI KORERO I RARO AKE NEI; I MURI O ENA KO ETAHI KORERO A TE MATOROHANGA.

Ko Te Ira-tangata—Ko nga mahi o etahi o nga atua—Etahi korero mo Te Ra, Te Marama, me nga Whetu—Te ahua o nga mea katoa—Te Hurianga o Papa ki raro.—Te Ahi-komau—Ko Whakaru-au-moko—Ko Whiro.

KA AHUAHUA TE IRA-TANGATA.

NA, te otinga o enei katoa i a Tāne-matua ratou ko ona tuakana i kiia ake nei, ka uiui ratou ki a ratou ano, "Me aha tatou e whakatipu uri ai tatou ki te Ao-marama nei?" Ka mea to ratou tuakana, a Uru-te-ngangana, "Me kimi te uha hei tango i to tatou ahua, hei whakatipu uri ki te Ao-marama nei." Ka mea etahi me tiki i nga uha o nga Rangi ngahuru-ma-rua, ara, ia :—

1. Te Apa-ruao	2. Te Apa-mata-ruai	3. Te Apa-tahurangi
4. Te Apa-rau-angiangi	5. Te Apa-kauwhanga-nui	6. Te Apa-ruhiruhi
7. Te Apa-matarua	8. Te Apa-kopuwai	9. Te Apa-kahurangi
10. Tohi-kura	11. Te Apa-turehu	

Koia nei aua Apa wahine o nga rangi ngahuru-ma-tahi. Ka mea a Uru-te-ngangana, "Mehemea ka tikina te uha ki reira, ka atua katoa ratou, o tatou uri katoa. Engari me tango tonu i a Papa-tua-nuku nei, kia kiia ai ano he uri ratou no Papa nei, o tatou uri." Ka whakaaetia i konei te kimi i te uha.

Na, ka wehewehe i konei te whanau nei ki te kimi i te uha—tokorua, tokorua. Ka haerea nga wahi katoa i a Papa-tua-nuku, i a Hine-moana, i nga wai ranei o uta, i roto ranei i nga otaota i nga rakau ranei. Pau katoa nga wahi katoa te hahau haere, kore rawa i arotau tetahi mea hei tango i te turanga o te uha, pera me nga uha o nga Apa wahine o nga Rangi-tuhaha. Ka huihui ratou katoa; kore rawa i kite he uha. Koia tenei ahua o te korero ka meatia penei na:—
'Ko té kitea.' 'Ko té rawea.' 'Ko té whiwhia.'

Koia nei te putake o tenei whakapapa i peneitia ai, kia mau ai i nga whakaaro o nga tohunga, te timatanga mai o te kimihanga i te uha.

3

I konei ka meatia kia tirohia me kore e puta i roto i nga uri a nga
mea katoa kua waiho nei hei noho i te ao nei.   Ka whakatohuatia nga
uha o ia mea, o ia mea, kia kitea pewhea te ahua o a ratou uri.   Ka
kitea nga mea pai, nga mea kino.   Te putanga mai o ta te ngarara he
hua : ara, he hua ; ka he ki te titiro atu, ka whakamutua ta tena.
Kia kaua hei taki atu ki etahi atu tena mea, a te hua.   Engari me
waiho i te ahua o tona tinana ano te ahua mo ona uri ake—ka tuturu
te hua ki te manu i konei.   Na, ka tuturu, kaore e kitea te uha hei
takiri i te Iho-tangata i konei.

Ka huihui ano ratou ki te wahi kotahi, ki Whare-kura, tatai ai i a
ratou ake mahara, hei titiro ma ratou.   Ka karanga mai a Ro-iho, a
Ro-ake a Hae-puru.   (Enei i aroha ki to ratou papa, ki a Rangi-nui,
i te wa i wehea ai to ratou papa i a Papa-tua-nuku ; a whai ana era i
a Rangi-nui i taua wa ; ara, i muri tata mai.)   Na, ka karanga iho
ratou ki a Tāne-matua, " E Tāne, e! He aha ta koutou e kimi na ? "
Ka karanga ake a Tāne, " E kimi ana i te ara ki te uha! Koia tenei
ta matou mahi."   Ka mea mai ratou, " Tikina ki te one i Kura-waka,
ki reira ahu mai ai.   Kei reira te uha e puhi ana, e tohu ana, he tapu
hoki te uha, he Iho-tangata hoki."

Na, katahi ratou ka haere, ka tae ki te one i Kura-waka.   Ka
ahua te koiwi, ka oti te tatai o te upoko, o nga ringa, o te tinana, o
nga waewae, o te tuara, o te aroaro; ka oti katoa te tatai o nga iwi;
ka mutu ta nga tuakana.   Katahi ka riro ko te tatai o nga kikokiko,
o nga uaua, o nga toto, o te hinu.   Ka oti tenei ka tukua ki a
Tāne-matua, mana te manawa ora e tuku ki te ponga-ihu, ki te waha,
ki nga taringa—ka oti tena.   Katahi ano ka pupu te manawa hau
tangata, ka matata nga kamo, ka titiro mai nga whatu, ka pupuha
mai te mamaoa o te waha, ka tihe mai te ihu, " Tiere mauri ora ki
taiao, he uriuri, he tangata, he uha."   Ka kawea ki runga i te tuahu i
Mauri-takina ki reira whakahoroa nga mahi katoa.

Na, e ki ana nga Ruanuku o te Whare-wānanga, o nga hekenga
iho o namata tuku iho, tuku iho ; he mea mahi a Hine-hauone ki
runga ki te puke o te whaea—o Tua-nuku—ki te one i Kura-waka.
He mea whakaupoko, whakaringaringa, whakawaewae ki reira,
whakapokohiwi, ko te manawa-ora, ko nga pukapuka ko nga takihi,
ko te ate, he mea tono enei ki a Io, na Tu-kapua, na Tiwhaia, na
Punaweko, na Hae-matua me etahi atu o ratou—he wahi ano na enei,
he wahi ano na etahi atu o ratou.   E takoto a koraha ana hoki te
tinana katoa.   No muri i huihuia ai ki te wahi kotahi ; katahi ka ata
tuhonohonoa aua wahi.   Ka oti ka kiia he tinana kotahi te tangata.
Na Rehua raua ko Io te mahara me te wairua i ora.

Na, ka oti nei a Hine-hau-one te whakaahua kia rite ki a ratou ano kaore he wahi i rere ke ko te aroaro anake i rere ke i o ratou, i te mea koia te ahua o te uha. Ka kiia me poka he ara wai ki reira ; ka pokaia, ka puare, ka tikarohia i te whatu o Tiwhaia hei whakatau mo te tatau o te puta o Hine-hau-one i konei. Ko nga huruhuru o Punaweko i hoatu hei uhi mo te puta kia ataahua ai—koia te huruhuru. Koia tenei te putake o te toi-ora o te tangata ki te Whai-ao, ki te Ao-tu-roa nei.

Ka oti a Hine, ka whakatangata ; ka tukua ki a Tāne-matua kia hikaia a Tiki-ahua ki roto i te puta o Hine-hau-one. Ka werohia ki nga taringa, koia te taturi o te taringa. Ka werohia ki nga karu, koia te torewai o te karu, o nga whatu. Ka werohia ki te pongare, koia te hupe, te kea. Ka werohia ki te waha, koia te huare, te mare. Ka werohia ki nga keke, koia te riko-werawera. Ka werohia ki nga tapatapa, koia te pumahu, te moharuru o nga kuha. Ka werohia ki te kumu, koia te paratea, te mahimahi o te kumu.

Ka ki mai nga tuakana, " Hikaia ki te ara wai mai o Hine, kei reira te awa karihi e puta mai ai te toi-ora o te puna o Hine ki taiao nei." I konei ka rere te takutaku a Tupai i te ure o Tāne-matua, koia tenei :—

Tenei au he tane, he tipua, E Hine, e i !
Tenei au he tama, he tipua nau, E Hine e i !
Tenei au he tahu, nahau, E Hine e i !
Tenei au he makau-nui, he makau-taupiri nau, E Hine e i !
Tamaua to tinana ki tenei tama,
Tamaua o mahara ki tenei tahu-ariki, ki a koe, E Hine e i !
Tamau i te pu, tamau i te weu
Tamaua te kanoi o Hine ki tenei tama,
Ki tenei tahu nahau, E Hine-one e i !
Nahau, nahaku he tawhito ki tenei tama Hine-one e i !
Whakapiri mai, whakapiri atu tenei tama ki tena Hine-one e i !
Ka tamaua i roto i tenei tama, ka tamaua ki waho
Ki tenei tama, E Hine-one e i !
Piripiri kīta, kīta tena hine, ki tenei tama, E Hine e i !
Wareware i te pu-wawa, wareware i te pu
Na nga tama ki a koe, E Hine-one e i !
Kei te pu o te kore, kei te pu o te Kore-té-whiwhia
Kei te pu o te Kore-té-rawea, ki ena tama, E Hine-one e i !
He tāutanga, he tahuritanga, he tirohanga,
He karipitanga no o whatu, no o mahara
Poko te whiwhia ko tenei tama anake E Hine-one e i !
Nau mai he wai taua, he kahu taua, he hoa taua,
He tungane, he tuahine taua,
He tahu piripiri taua, E Hine-one e i !

He tahu piri taua, he tahu koakoa taua,
Nahau, nahaku, E Hine-one e i!
Nawai te kore na, nahau, nawai te tau ke, nahau,
Nawai te mihi kore, nahau, nawai te tarawehi, nahau,
Nawai te tara-ongaonga, nahau
Nawai Te Kore-té-whiwhia, té Rawea
Ki Hine-one ki era tama, E Hine-one e i!
He hine tamaua i roto, tamaua i te mahara
Tamaua i o whatu, tamaua i to waha,
Tamaua i to tinana ki tenei tama nahau,
He tama aropiri, he tama-arotau,
He tama tuawhiawhi nau ko tenei tane,
Ko tenei Tāne-nui-a-rangi,
Ko tenei Tāne-matua nahau, E Hine e i!

Na, ko tenei karakia a Tupai he karakia whakapiri, honohono i
nga mahara me te tinana kia kotahi tonu he tane, ko ia anake; kaua
etahi tane ke atu i a ia, i a Tāne, i a Tāne-nui-a-rangi, i a Tāne-matua.
Ko tona ingoa o tona tamanga a Tāne ko tona ingoa o tona tuatanga
ki runga ki Maunga-nui, e Rehua, e Ruatau tetahi. Ko tona ingoa i
tukua ai ko ia hei matua mo nga mea katoa e Io i Te Toi-o-nga-rangi
tetahi. Ka mutu i konei, ka tuturu i konei tona whakau i a ia ki a
Hine hei wahine mana.

Na ka riro i konei i a Hae-puru te karakia kia whai uri a Hine-
hau-one i a Tāne-matua; koia tenei te karakia :—

E Hine! Tenei au te tau atu nei i taku mata,
He mata tipua, he mata na Io, he mata na nga atua
O runga, ki a koe E Hine e i!
I aua kia hahana i waho, kia hahana
I roto i te paepae ou karihi i te pae ahi,
Kia hahana i ou puapua, i roto to karihi
Kia hahana i o werewere, i roto o to karihi
Kia hahana i to kati-tohe, i roto o karihi,
Kia hahana i a Mauhī, i roto o karihi,
Kia hahana i a Maunene, i roto o karihi kati-tohe, e Tiki e i!

Na, ko tenei karakia he mea i te aroaro o Hine kia kaha te hiahia
mai ki tona hoariri, ki a Tiki-ahua.

Na, i konei ka riro ia a Ro-iho i a Ro-ake te karakia, mo Tāne ake
tenei karakia, kia kaha ai a Tāne ki te whakaira tangata ki roto i a
Hine. Koia tenei :—

Tāne-matua e i! i ahuahua mai Tiki-ahua
Mai Tiki-nui, Tiki-roa,
Ahua mai kia toro te ihiihi, kia toro te ahuahua
Kia toro te uaua, kia toro te akaaka-nui
Te akaaka tai-kaha o Tiki, E Tāne-matua e i!

Tenei to ara ko te pu o Hine-one, e Tiki e i!
Auaha ki roto ki te karihi o Hine-one,
Waerea i roto, waerea i te paepae-uri
Waerea i te puapua, waerea i te werewere,
Waerea i te kati-tohe, waerea i a mauhī
Tukia i roto he ngaokotanga, he tapuhitanga,
He kotamutanga nou, E Karihi, e Tiki e i!

I konei ka toia atu e Kārihi, ka toia atu ki runga i te paepae o
Mauhī, o Mau-kati patu ai a Tiki-nui, a Tiki-roa.   Ka mate i konei a
Tiki.   Ka toia mai e Kiri-pu-noa, e Kiri-pu-wai; ka makaia mai ki
waho o te paepae-katitohe ki konei, ka mate i a Waipipi, i a Wai-pae-
pae, i a Wai-puapua.   Ka kiia tenei matenga ko ' Te Matenga o Tiki
i te Wai-huri, i a Karihi.'

I te mea e karakiatia ana tenei karakia, he karakia tapu hoki
enei, e rua ; ka waiho hei karakia atahu-wahine, tāne ranei, kia piri ai
ki a raua, tenei karakia, to te tuatahi ra.   Ko to muri mai nei ka
waiho hei karakia whakato tamariki ma te tangata i nga wahine
puku-pa nei, kia hapu, kia whai uri ai—koia i tapu ai enei karakia.

I muri o enei karakia e rua, ka kawea ki runga i te Ahu-rewa pure
ai.   Ka mutu ka kawea ki te Wai-o-Tahurangi whakaruku ai.   No
kona ka tohia te ingoa ra a Hine-hau-one.   Ka oti ka kawea ki te
turuma o Whare-kura ki reira whakahoro ai i nga tapu, whakangau ai
ki te paepae o te turuma.   Ka mutu ka kawea ki roto o te whare i
mahia ai mo te uha i mua ake i a ratou i haere ra ki te kimi i te uha;
hoki mai ra ko ' Te Kore-té-whiwhia,' ko ' Te Kore-té-rawea,' te
mutunga o tera mahi o ratou.   Na, no reira i mahia ai taua whare nei,
a Hui-te-ananui, e Tane-matua raua ko Tangaroa-a-mua, hei whare
mo raua.   He whare whakairo katoa nga poupou, nga pito o nga heke,
nga wahi o nga kaho i puta ki waho i nga heke, me te tahū, me nga
heke ripi, nga maihi, te pae-kai-awha, tona pou-kai-awha me era atu
wahi katoa o te whare e tika ana kia whakairoa.

Katahi ka moea a Hine-hau-one ki roto i taua whare.   Ka hapu,
ka whanau, ka tapā i te ingoa o te tamaiti ko Hine-ti-tama te ingoa i
tuatia ai; tatao i muri ko Hine-manuhiri.

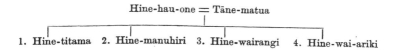

Na koia nei nga uri o Hine-hau-one i puta ki te ao nei.

Na, ka moe a Tāne-matua i a Hine-hau-one, ka puta :—

1. Hine-ti-tama	3. Hine-te-uira	5. Hine-wehe-rangi
2. Hine-ata-uira	4. Mihimihi-rangi	6. Hine-kapua
	7· Hine-wai-rito	

Hine-ti-tama = Tāne-matua (tona papa)

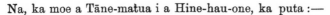

1. Hine-rau-wharangi	2. Hine-te-aho-rangi	3. Hine-rau-angiangi	4. Hine-manuhiri

Na, i konei ka kitea kua hono te tuarua o nga hononga o Papa ki te tira ara-rangi, koia tenei.

KO HINE-TITAMA, KO HINE-NUI-TE-PO.

Ko Hine-titama he tamahine na Tāne-nui-a-rangi raua ko Hine-hau-one, waiho tonu iho e Tāne hei wahine māna. Ka tae ki tetahi wa ka ui atu a Hine-titama ki a Tāne, "E Koro! Koai toku papa?" Ka ki atu a Tāne. "Patai atu ki nga poupou o te whare nei, o Hui-te-ana-nui." Katahi a Hine-titama ka mohio na Tāne i hanga a Hui-te-ana-nui raua ko te taina, ko Tupai. Ka mohio a Hine-titama ko Tāne tonu ia tona papa, e moe ra i a ia. Ka pa te pouri ki a ia, ka tangi. Ka tata ki te ata ka tupea e ia ona tamariki kia u te moe, ara, ka karakiatia. Ka karakiatia hoki e ia a Tāne kia kore e kaha ki te whai i a ia.

Ka haere a Hine-titama i te parae i Whiti-anaunau, ka whakamau atu ki Pou-tere-rangi. Ka tae a ia ki te whatitoka, i reira a Te Ku-watawata e noho ana. Ka ui mai, "E haere ana koe ki whea?" Ka ki atu a Hine, "Tukua atu au ki te angi!" Ka ki atu a Te Ku-watawata, "Hoki atu! Kei muri i a koe te Ao-marama me te toiora." Ka mea atu a Hine, "Tukua atu au ki te angi o Te Muri-wai-hou, hei kapu mai i te toiora o aku tamariki i te Ao-tu-roa nei."

Koia tenei te take i ora ai te wairua i hoki mai ai ki te ao nei haere ai. Ka whakaae a Te Ku-watawata ki te tuku i a Hine-titama kia haere ki Rarohenga. Katahi a Hine ka tahuri ki muri i a ia, ka kite i a Tāne, e tangi haere mai ana. Ka karanga atu a Hine, "Tāne e E hoki ki ta taua whanau, ka motuhia e au te aho o te ao ki a koe, ko te aho o te Pō ki au." Katahi ka hoaia e Hine te pona-whakahoro-kai ki te kakī o Tāne, "Waiho tenei hei tohu ki a koe, ki au." Ka huri a Hine-titama i konei ki roto ki Pou-tere-rangi ka heke i te angi ki Rarohenga.

Na, me whakamarama ahau i konei : Ko Hine-titama tona ingoa i a ia i tenei ao; ko Hine-nui-te-po tona ingoa i a ia e heke ra i te angi ki Rarohenga, ki te kainga i te papa, i a Whakaru-au-moko. I konei ka tuturu te au o te mate ki te Pō. Tuarua, ko te matenga i Te Pae-rangi. Ka rongo a Maui-tikitiki-o-Taranga kua tino tuturu te mate ki

TE KAUWAE-RUNGA. 39

te Pō i a Hine-nui-te-po, raua ko Whiro, ka ki a Maui mana e whaka-
mutu. Ka ki atu nga tuakana, "E kore e taea, kua oti te wehewehe
nga Pou-tiri-ao e Tāne, ki tana tatai, ki tana tatai, i te Rauru
ki a ia, ki a ia. Koia tera e pupuri mai ra i te taukati o te
tuāhu." Kaore a Maui i whakarongo. Ka ki atu ki a Tatahore
ki a Miro, ki a Tiwaiwaka, "Hara mai hei hoa moku." Ka
tango ratou i te ahua o te Karearea, ka heke i Taheke-roa, ka tae
ki te taumata i Te Kohurau, ka kitea mai e te whanau a Peketua, ka
hoki ki te korero atu ki a Hine-nui-te-po, "Ko te Ao-tu-roa, kei Te
Kohurau." Ka mohio a Hine-nui-te-po he taua tera mona. Ka ki
atu ki a Peketua, "Haere! Tangohia mai ki au nga toto o te taua
nei." No te taenga atu o Pekerau, ka rangona e Maui ki te haruru
me te tangi, ka pakia e ratou ko ona hoa ki o ratou paihau. Ka mate
a Pekerau i reira, ka rere te morehu ki a Hine-nui-te-po whakaatu ai
kua mate ratou. Kua aranga tenei matenga ko 'Paihau-ka-roha.'

Me whakaatu ake e au i konei: Te kupu a Hine i ki atu ra ki a
Tane, 'ko te aho o te ao ki a koe, ko te aho o te po ki a ia,' tona
tikanga, ko te ora o nga mea katoa i te ao ki a Tāne, ko te mate o nga
mea katoa i te ao me riro i a ia ki te po. Kati mo tenei. Ko te kupu
a Hine-titama ki a Tāne, 'E hoki ki ta taua whanau puritia te toiora
o a taua tamariki i te ao nei, ma huhu, ma haha e kawe ake ki au,
maku e kapu mai te toiora,' koia tera ko te wairua ka puritia mai e ia
hei mea ora ano; koia e kitea ai te wairua o te tangata e haere ana, e
korero ana, e whakaatu ana i nga tohu mate o te ao. Kati-tenei. Ko
te pona-whakahoro-kai a Hine-titama i ponaia ra ki te kakī o Tāne, mo
te hara o Tāne ki a ia tenei. Ka waiho nei ki runga i a Tāne me ona
uri anake. Ko te taha ki a ia kaore he pera. Koia te take kaore he
pona e mau ki te kakī o nga wahine, engari ki nga tane anake.

Ko te angi ki Rarohenga, ko te ara tena o nga wairua e heke ai ki
Rarohenga; ko Rarohenga, ko te Reinga taua wahi, he ingoa iti taua
wahi no Rarohenga. Kati tenei.

Na, me hoki atu te korero ki a Tawhiri-matea me tona whanau
katoa i haere ra ki te kawe i a Tāne-nui-a-rangi. Koia tenei taua
whanau; ara, to ratou whakapapa :—

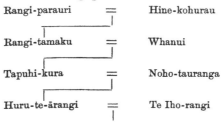

Rangi-parauri	=	Hine-kohurau
Rangi-tamaku	=	Whanui
Tapuhi-kura	=	Noho-tauranga
Huru-te-ārangi	=	Te Iho-rangi

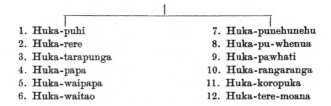

1. Huka-puhi	7. Huka-punehunehu
2. Huka-rere	8. Huka-pu-whenua
3. Huka-tarapunga	9. Huka-pawhati
4. Huka-papa	10. Huka-rangaranga
5. Huka-waipapa	11. Huka-koropuka
6. Huka-waitao	12. Huka-tere-moana

Ka mutu nga tamariki a Huru-te-ārangi i konei, a Te Iho-rangi hoki; he huka katoa enei; koia te putake mai o te huka e kite nei tatou.

Koia tenei te whanau a Tawhiri-matea i noho i a Parawera-nui ka puta mai nei ko tenei whanau :—

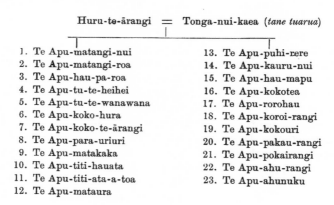

Huru-te-ārangi = Tonga-nui-kaea (*tane tuarua*)

1. Te Apu-matangi-nui	13. Te Apu-puhi-rere
2. Te Apu-matangi-roa	14. Te Apu-kauru-nui
3. Te Apu-hau-pa-roa	15. Te Apu-hau-mapu
4. Te Apu-tu-te-heihei	16. Te Apu-kokotea
5. Te Apu-tu-te-wanawana	17. Te Apu-rorohau
6. Te Apu-koko-hura	18. Te Apu-koroi-rangi
7. Te Apu-koko-te-ārangi	19. Te Apu-kokouri
8. Te Apu-para-uriuri	20. Te Apu-pakau-rangi
9. Te Apu-matakaka	21. Te Apu-pokairangi
10. Te Apu-titi-hauata	22. Te Apu-ahu-rangi
11. Te Apu-titi-ata-a-toa	23. Te Apu-ahunuku
12. Te Apu-mataura	

Koia tenei te whanau a Tawhiri-matea i noho i a Parawera-nui ka puta mai nei ko taua whanau.

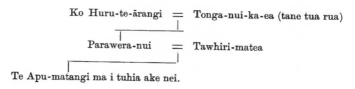

Ko Huru-te-ārangi = Tonga-nui-ka-ea (tane tua rua)

Parawera-nui = Tawhiri-matea

Te Apu-matangi ma i tuhia ake nei.

Koia nei te whanau nana nei a Tāne-nui-a-rangi i kawe ki te Ara-tiatia; ara, pokapu, ki te Toi-o-nga-rangi.   Ko tenei whanau, he hau katoa, he awhiowhio katoa, he ropu hau anake ratou katoa.

He mokopuna enei na Te Iho-rangi :—

1. Pāra.   2. Koiro   3. Tuna

Ko enei i heke iho i nga Rangi-tuhaha; e hara i te mea na Papa-tua-nuku enei i ahuahu; ara, i whakatipu.   Koia tenei nga hapu o Tuna :—

1. Ruahine
2. Kokopu-tuna
3. Tarehe
4. Karaerae

5. Pakarara
6. Mata-whero
7. Kopakopako
8. Mata-moe

9. Hau-mate
10. Tu-werewere
11. Riko
12. Tu-nokenoke

13. Tutuna   14 Kakaka.

Ka mutu nga hapu o Tuna i puta ki te Ao nei.

Kati, E nga iwi! E mohio ana koutou he mea tapu te whare-wānanga me ona mahi katoa, me ona tohunga me ona korero.   Kati, i te ra o te Pakeha he noa katoa nga mea katoa.   Koia ka ngarongaro nga whakapapa nei.   Kaore hoki matou e pai kia taka enei taonga ki te ringa o te Pakeha koi waiho hei taonga hoko moni ma ratou o tatou tipuna.   Ko to te Pakeha hoki tera e pai ai he moni.   Koia matou i kore ai e korero ki nga Minita, ki nga Pihopa.

Na, me hoki atu ta taua korero i naia nei ki etahi o nga putake mai, takiri mai ai kia whai-takiwa ake au ki te whakamahara haere ake i etahi o nga whakapapa o nga taurekareka nei.   Na, me takiri mai e taua i a :—

Uru-te-ngangana   =   Hine-tu-rama (w 1)

1. Kopu
4. Autahi
7. Pare-arau

2. Puanga
5. Matariki
8. Ika-roa

3. Tautoru
6. Whanui
9. Kai-tahi

Enei katoa he whetu, he mea tohatoha na Tāne ki te aroaro o to ratou papa, o Rangi-nui nei.   Na, ko te taina o Tongatonga, ko Mata-riki, i kawea tenei o ratou ki te Paeroa o Whanui hei tiaki i te whanau punga, koi tutea e nga tuakana, takataka ai ki raro nei.

Na Uru-te-ngangana   =   Iriiri-pua (w 2)

Ka kawhakina e Whiro taua wāhine i konei.   He wahine ataahua hoki a ia.   Ka riro te māna o te whakahaere atua i a Tăne, i a Tupai —enei he taina anake no Uru-te-ngangana, a Tu-mata-uenga hoki, a Tamakaka, a Kiwa, a Tangaroa, a Rongo-marae-roa.   Ka aranga i konei tenei whakatauki, 'He taina whakahoki-tipu, taina whakahira-hira; he potiki-kahiatoa!'

Ko Whiro-te-tipua, i pohehe ki a Iriiri-pua he wahine ke noa atu; kaore ia, ko tana tamahine tonu ïa—kaore ra ia i mohio ki a ia.   Na,

i konei, i tenei hara o Whiro, ka wehe a Uru-te-ngangana i a Whiro;
ka mau te rongo a Uru-te-ngangana ki a Tāne ratou ko ona tuakana
me tona taina. I muri o tenei ko te whawhai-atua i te Paerangi, ka
hinga nei a Whiro me ona hoa me ona măna katoa o tona taha atua, i
a Tāne ma katoa. Ka hinga tona măna i roto i nga mea katoa o
tenei ao; ka heke nei ratou ko ona hoa ki Raro-henga; ara, ki Te
Reinga; kei reira to ratou marae e ngaro nei; kei reira e whakatipu
pakanga mai ana ma nga uri o nga mea o ratou i tenei ao—tae atu ki
Rangi-nui, ki Rangi-tamaku ka mutu mai.

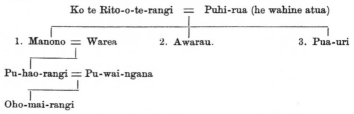

Na, koia nei nga atua nana a Tāne-nui-a-rangi i pure i Te
Awa-o-Rongo i Tikitiki-o-rangi, i a ia i haere ra ki te tiki i te
wānanga i Rangiatea i roto i te Rauroha i te pa o Io-matua, ratou ko
nga Whatukura, ko nga Marei-kura. Ko etahi o nga uri o Oho-mai-
rangi i heke iho ki te ao nei noho atua tonu, noho ariki tonu, i te ao
nei.

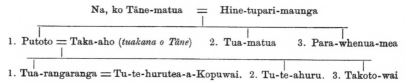

Ko Tua-rangaranga; Ko te taniwha tenei me ona ahua katoa i te
wai, i uta ranei, ahakoa he tipua i te wai, i uta ranei, i te rakau ranei,
i te kohatu ranei, i roto i te whenua ranei, i te takiwa ranei, koia
tenei to ratou putake mai; koia nei te take i whakaaranga ai te
taniwha, te tipua, ki te tangata, a, e noho atua ana hoki ia i te ao nei.
Ko Tu-te-ahunga i a Hine-peke. Ka puta i a raua :—

Kopu-wai	8. Torotoro-huka	15. Moko-nui
Tara-mamanga	Tara-huru	Te Ihiihi
Moko-huruhuru	Tipaera	Pekepekerau
Te Ngarara-whakawai	Te Autā	Tu-te-huru-tea
Kopeke	Puku-oneone	Tu-te-iho-rangi
Koro-puku	Waiara	Torohu
7. Torotoro-uru	14. Te Wanawana	21. Ngarara-hua-rau
	22. Pukupuku	

Tenei whanau he tinitini noa atu, kaore e taea te amiki ake. Koia tenei nga putake mai o te ngarara e kitea nei.

Na, ko Aho-rangi i a Mata-kupenga ; ka puta i a raua :—

1. Te Pungawerewere-katipō
2. Te Pungawerewere-papanui
3. Te Pungawerewere-torohuka
4. Te Pungawerewere-tukutuku
5. Te Pungawerewere-kapo-huru
6. Te Pungawerewere-papa-rangi
7. Te Pungawerewere-kahu-wai
8. Te Pungawerewere-papangu
9. Te Pungawerewere-papa-pango
10. Te Pungawerewere-toka-rakau

Ara ake ano pea etahi o taua momo-ngarara.

Na, ko Takoto-wai i a Tua-matua, ka puta i a raua :—

1. Raka-hore 3. Maka-tata 5. Karā 7. Kiripaka 9. Mauku-rangi
2. Maka-titi 4. Ranga-hua 6. Hua-a-tai 8. Te Ahi-turama 10. Te waihoro-pu

Me etahi atu o tenei whanau ; koia tenei te putake mai o te kowhatu, ara atu pea etahi o a ratou ingoa.

Na, ko Raka-hore i a Hine-maukuuku, koia te putake mai o te kowhatu, o te haupapa. Ko Rakahore i a Hine-waipipi, koia te putake mai o te haupapa i te wai nei, i roto i te whenua ranei.

Na, ko Maka-titi i a Hine-waipipi, ka puta i a raua :—(1) Te onepu rere. 2. Te Kirikiri-tatangi. 3. Te Powhatu one-kokopu e waiho ana hei whakaahuahu kumara ina tuahutia. 4. Te Kirikiri-onetea, he whakaauruuru etahi o enei, he ma, he pango, he whero me era atu ahua katoa o taua tu kirikiri, he ataahua ki te titiro iho.

Ko Makatata i a Hine-wai, kia puta i a raua ko :—

1. Pohatu-takataka
2. Pohatu-rauriki
3. Pohatu-haupapa-moana
4. Pohatu-whaka-eneene
5. Pohatu-niho-makurukuru
6. Pohatu-wairehu, huka-a-tai
7. Pohatu-ngatata-ngahorohoro, tetahi ingoa.

Ko Rangahua i a Tu-maunga, ka puta ko :—

1. Hine-tua-hoanga
2. Hine-tua-kirikiri
3. Hine-kiri-taratara
4. Hine-maheni
5. Hine-oneone
6. Hine-puehu
7. Hine-one-pipi

Ko Para-whenua-mea i a Kiwa ; nana te wai. Ko te wahine tua-tahi tenei a Kiwa, nana i hika mai te wai, koia i pupu mai ai te wai ka takoto hei moana. Ko tona hoa, ko Huru-te-ārangi i noho i a Iho-rangi, nana te :—

1. Te Huka-puhi
2. Te Huka-rere
3. Te Huka-papa
4. Te Huka-tarapunga
5. Huka-waitara
6. Huka-wai-tao
7. Huka-pu-whenua
8. Huka-haupapa-moana

Koia nei nga hoa a Kiwa, nana nga wai e takoto nei i te moana. I konei ka tapaia ko Hine-moana, ka noho ano i a Kiwa, koia e kiia nei ko 'Te Moana-nui-a-Kiwa.'

Na, ko enei mahi he mahi no ratou i mua ake o te wehenga o to ratou Papa i to ratou whaea hoki. Ko etahi o a ratou mahi no muri i taua wehenga i mahia ai e ratou. Ko etahi no muri i te pakanga i Te Paerangi, a Whiro raua ko Tu-mata-uenga. Ka mahia hoki e ratou, ka tino tuturu hoki nga Pou-tiri-ao ki tona turanga ki tona turanga tiaki ai, whakahaere ai i tana Kau-whanga, o Papu-tua-nuku, o Rangi-nui ranei.

Na, ka marama; i riro te wahine a Uru-te-ngangana i a Whiro-te-tipua. He tuatahi tenei no te wahine a tetahi tāne te riro i tetahi atu tāne. I konei ka kiia tenei kupu—' He wahine riro, he wahine pure-mu.' Me nga mahi pirangi ki te pakanga na Whiro anake enei mahi katoa i mahi, ko ia te kai-whakatipu o te kino ki waenganui i a ratou ko ona tuakana.

I muri o enei katoa ka tuturu te kino o Whiro ki ona tuakana ki ona teina i konei; koia tenei nga take i kino ai a Whiro :—

1. He riri mo te putaputanga mai ki waho i te awhi o a ratou matua.

2. He riri mo te ngaunga a te makariri, a te winiwini, a te hauwanawana i a ratou i waho i te awhi a o ratou matua.

3. Ko te whakaaro whakatakoto a Tāne kia wehea o ratou matua, a wehea ana i runga i taua whakaaro a Tāne raua ko Tupai.

4. Ko te poroporonga i nga peke o a ratou matua ki a 'Te Awhi-o-rangi' ki a 'Te Whiro-nui,' nga toki o Uru-te-ngangana i riro mai i a Tu-mata-kaka.

5. Ko te whakahihi ko Tāne anake hei roto i nga kupu karakia a Tupai me era atu o ratou e karakia ana, kaore o etahi o ratou ingoa e whakahuatia ana i roto i nga kupu karakia katoa—ko Tāne anake.

6. Kia anga he mea pure a Tāne, a Tupai ki runga i Maunga-nui e Rehua e Ruatau, nga Whatu-kura o Te Toi-o-nga-rangi, he whakaparau na Whiro-te-tupua i taua korero.

7. Ko te whakahihi o Tāne ki te ki ko Tāne-nui-a-rangi tona ingoa, ko Tupai-whakarongo-wānanga to Tupai, he ki na Whiro na raua ano i ki, koia ra he ingoa mo raua.

8. Ko te tohetohe o Tāne māna e tiki te wānanga i Te Toi-o-nga-rangi.

9. Ko te patupatunga i ana mokai, a riro herehere mai ana etahi i a ia, i a Tāne, i te hokinga iho i Te Toi-o-nga-rangi.

10. Ko te korenga o Tāne e whakaae kia riro i a raua ko Uru-te-
ngangana te tikanga o te whakahaere o nga kete e toru o te
wānanga me nga whatu-kura e rua, i homai nei e Io ki a
Tāne i Te Toi-o-nga-rangi i roto i te pa o Io-nui, i te Rauroha,
i roto o Rangi-atea, te whare o nga Whatu-kura, o nga
Marei-kura.
11. Ko te huringa i te aroaro o to ratou hakui, o Papa, ki Raro-
henga, me to ratou taina, a Whakaru-au-moko. Ko te mea
hoki tera o ratou e kai ana i te u o to ratou hakui.

Koia nei nga putake o te pakanga i pakanga ai a Whiro-te-tipua
ki a Tāne ma. Kati, kua marama i naia nei ko Te Paerangi tona tino
ingoa nui o tena matenga. I roto i tenei pakanga, tokorua, a Whiro,
a Tu-mata-uenga, he tino toa rawa atu mo te whakahaere pakanga.
Engari ko Tu-mata-uenga te tino toa rawa atu o raua. Koia te
whakatauki, "He uri toa no Tu-mata-uenga." Te rua o nga
whakatauki koia tenei, "Ko nga rakau o Tu-mata-uenga ou rakau."
Ko Tu-mata-kaka hoki tetahi o nga toa, ko te hoa whakahaere hoki
tera o Tu-mata-uenga.

Ko Tupai, ko Tu-mata-huki, ko Tu-kapua, ko nga tino tohunga
enei o te taha ki a Tāne-nui-a-rangi, i a ratou te ahi-tapu me nga
karakia turaki i a Whiro me tona taha katoa.

Na ko Ro-iho, ko Ro-ake ko Hae-puru ; ko enei i mau te rongo ki
a Tāne-nui-a-rangi me ana hoa, koia i poua ai ratou ki te kau-whanga
i rite ma ratou, i Tara-puhi, o Matangi-nui, o Matangi-naonao, o
Matangi-puhi, koia e pae mai ra i Tiritiri-o-Mahurangi.

Na, ko Tawhiri-matea, ko Tu-kapua, ko Te Iho-rangi, ko Tawhiri-
rangi ka tukua ki a ratou te kau-whanga o Tauru-rangi, koia ano tera
e whakawhana mai ra, e whakapuke mai ra e whakatutu mai-ao ra i
to ratou na marae i Tarapuhi, o Pakau-rangi-roharoha, koia ano e
tarahuru mai ra i te huapae o nga rangi.

Na, ko Te Mamaru, ko Te Mawake-nui, enei i wehea ki nga tupaki
o Rangi-nui, a Te Iho-rangi ano, i kiia ake i mua ake nei. Ta ratou
mahi he ata whakahaere i nga kapua o te rangi, hei tauarai i waenga-
nui o Rangi raua ko Papa, hei whakamarumaru i to ratou hakui.
He mea karanga na ratou i a Hine-moana, i a Hine-wai kia tukua
atu a Hine-makohu-rangi kia haere atu hei tupuni i to ratou papa,
hei whakamarumaru hoki i a Papa. Koia te kapua e tu nei ;
he werawera no Hine-moana, no Hine-wai, no Tua-nuku ano hoki ;
koia te kohu, koia te kapua, koia te ua.

Na, ko Te Ku-watawata, ko Te Akaaka-matua me etahi atu i tukua
enei ki te kau-whanga o Taheke-roa, ki reira mataki mai ai te

Aitanga-a-rangi, a Papa, me a raua mokopuna e heke nei ki Raro-henga, ki Te Muri-wai-hou. Ka whakaturia enei ki Pou-tere-rangi; ko Te Rake-pohutu-kawa te whare—ko te ingoa iti tenei ; ko te tino ingoa ïa, ko Hawaiki-nui. E wha nga whatitoka o tenei whare, kotahi kei te uru ki te tonga, kotahi kei te uru ki te marangai, kotahi kei te uru ki te rawhiti, kotahi kei te uru ki te mauru, ka wha ai nga whatitoka. I penei ai, e ki ana, ki te mate mai ki te tonga ka tomo ano i te whatitoka o te tonga ; pera i te rawhiti, i te mauru, i te marangai hoki. Kaore e pohehe noa te haere a nga wairua ki roto o taua whare. Ka uru ki roto katahi ka haere nga mea e aroha ana ki a Rangi-nui, ki nga Rangi-tuhaha ranei, ma te whatitoka ki te Rawhiti puta atu ai ki waho, ka haere i te Ara-tiatia ki nga Rangi-tuhaha. Ko nga mea e aroha ana ki to ratou whaea ka haere ki nga tupaki o Hine-moana noho mai ai. A ko nga mea e haere ki nga tihi o nga maunga ki reira noho mai ai. Ko nga mea i aroha ki a Whiro ka wehe enei ki Te Muri-wai-hou ki Raro-henga—ara, ki te Reinga ; ko nga wairua kino enei ka wehea ki Te Reinga. Ko nga wairua pai era ka haere ra i te Ara-tiatia ki nga Rangi-tuhaha.

Na, i mua ake i te hemonga o te tangata mate, i a ia e takoto mate ana, ka whaiti te hinu, ka whaiti te roro o te upoko, o nga iwi o te tinana, ki te manawa anake tiaki ai ; ka mimiti te wai o te tinana. o nga takihi, o te pukapuka—i konei ka haere te wairua ki te toro haere i nga whanaunga ; ka mutu ka haere ki Hawaiki. Ki te tukua e Te-Ku-watawata kia haere taua wairua ki te wahi i rite ai hei haerenga mona, katahi te tupapaku ka oti atu ki te mate. Ki te kore a Te Kuwatawata e whakaae, ka whakahokia mai ano ki tona tinana, kia ora ano ia i te ao nei ; kia rite ano te wahi i toe iho i a ia, katahi ano ka tuturu te hemo o te tupapaku i konei. Koia nei a Hawaiki— ko Hawaiki i kiia ai, ko te wahi tera i kiia ai te tangata ki te Pō— koia a Hawaiki.

Na, ko Tama-te-uira, ko Tu-mata-kaka me etahi atu o ratou nga kai-tiaki o tenei whanau :—

1. Hine-whaitiri-papa
2. Hine-muru-ahi
3. Te Hiko-tara-pae
4. Te Hiko-puawhe
5. Te Hiko-tara-wanawana
6. Te Hiko-pou-tiri-ao
7. Te Hiko-ahoaho
8. Te Hiko-puaho
9. Te Hiko-waineha
10. Te Hiko-tarewa

Me etahi atu o ratou. He mea kia ata haere kei mate nga mea o te tuawhenua nei, koia i tiakina ai enei ; he whanau kapa hoki enei, whakatoi hoki ki nga taina ki nga tuakana.

Ko Punaweko, ko Tane-te-hokahoka, ko Huru-manu, enei nga putake mai o te manu, ahakoa i te rangi, i te whenua ranei ; ko ratou nga pou o enei. Kati, kaore he take e tatau ai i nga ingoa o nga manu ; heoi ano, he manu o ia ahua, o ia ahua.

Na. Ki te ahu te whakahoro o te haere o Te Ra-kura, o Te Marama i whanake me a raua taina katoa ki te upoko o Rangi-nui, ko te Warutu-hoehoe tena. Ki te ahu mai ki nga waewae nei o Rangi-nui te haere, ko te Takurua-waipu tena. Ko te pito te rohe o to ratou matua, o to ratou tipuna ; koia ra te rohe o te hotoke, o te ngahuru. Kati ; ko te upoko o Rangi kei te marangai, ko nga waewae kei te tonga Parawera-nui—koia i kino ai te tonga.

Na, ko Tāne-nui-a-rangi me etahi o ratou he mea tohatoha haere ki roto i nga kauwhanga i tu ai nga Pou-tiri-ao i kiia ake nei. Ko te mahi a enei he haereere tonu i roto i nga kau-whanga o nga Rangituhaha; ko Te Toi-o-nga-rangi kaore e tomo atu enei Apa ki reira.

I te wa i hurihuri ai a Papa ki raro te aroaro takoto ai, ka hurihuri atu hoki a Whakaru-au-moko ki raro. E kai ana hoki i te u o te whaea i taua wa. Ka tae atu nei te tuakana, a Whiro-te-tipua me ona hoa, katahi ka whakatipuria mai te pakanga : Koia te mate uruta e mate nei te tangata. Na, na Whakaru-au-moko ko te putake tenei o te Rū, o te Puia, ko te ahi komau tena a Papa, e kiia nei e te tangata, " E Pa ! kia pai te komau i te ahi, hei ahi mo tatou i te ata."

Na, i te hinganga o Whiro ma i Te Pae-rangi ra, ka heke ra ki Rarohenga, ka mahue a Tu-te-aniwaniwa, to ratou whare. Ka mauria mai e Tupai, e Tangaroa, e Tu-mata-uenga nga toki nei, a ' Te Awhio-rangi ' a 'Te Whiro-nui,' me nga whatu-kura e rua i roto i taua whare e whata ana, ka mauria mai ki roto o Whare-kura whata ai aua whatu-kura me nga toki e rua. I hoki mai a Whiro ki te tiki mai, tae rawa mai kua riro mai ki roto i Whare-kura.

I te wa i poua ai a Te Rakura me nga taina ki tona aroaro, ki ta Rangi, haere ai ; ka puwerawera nga wai o Rangi-tamaku i a Te Rakura, ka kohu-waitia, ka retoretotia nga wai o reira ; ka heke mai etahi o nga ika o reira ki raro nei—koia tenei nga mea i heke mai :—

| 1. Tuna | 2. Pāra | 3. Ngoiro | 4. Tuere |
| 5. Mangō | 6. Piharau | 7. Inanga. | |

Koia tenei taua whanau i heke mai nei ki te whai i te wai-matao. No te roanga e noho ana, ka tahuri a Pāra, a Mangō, a Ngoiro, ki te kai i nga uri o Tuna, o Tuere, o Piharau, o Inanga hoki. Ka kino i konei ; ka hou a Tuna ki roto i te repo huna ai i a ia ; ka heke a Tuere ki te moana whakahawareware i a ia ; ka hou a Piharau ki raro o te haupapa kowhatu huna ai i a ia; ko Inanga i haere ki nga wahi păkihi kia kore ai e taea e Pāra, e Mangō, e Ngoiro. Ka mate kai enei, katahi ka haere ki waho o te moana noho ai—koia e noho na i te moana. Ko Pāra to te tuatahi i haere ai ki te moana; no muri mai ko Ngoiro ka haere atu ki waho i te moana; no muri rawa ko te Mangō, no ta raua tautohe ko te Tua-tara. E ki atu ana a te Mangō ki a Tua-tara, "Nau mai, haere taua ki te moana noho ai." Ka ki atu a Tua-tara ki a Mangō, "E noho taua i uta nei." Ka ki atu a Mangō. "Kaore! Haere taua ki te moana noho ai." He pera ta raua tautohetohe, a ka ki atu a Mangō, "Kati! E noho koe i uta na kia whakaetietia koe e te tangata." Ka ki atu a Tua-tara, "E pai ana tena! He măna noku tena; ka ora ano au. Tena ko koe, ka hutia mai koe ki te matau e rawa ai to waha, a ka takoto i runga i te waka, ka tukitukia to upoko na ki te patu-aruhe, ka rua anake, ka taurakina koe ki te rā, tauraki maro-toto." Ka wehe nga autaia nei i konei. Rite tonu te kupu a tetahi, a tetahi ki nga kupu i korerotia e raua.

Na, e korerotia ana e etahi tangata tetahi korero i totohe te Ra, me te Marama. E ki ana te Ra me haere raua i te awatea. Ki ana te Marama, me haere raua i te pō. Pakeke ana ta raua korero; ka mea tetahi, "Kati! haere koe i te pō, kia waiho ai koe hei turama umu-kai ma nga tangata." Ka mea te Marama, "A! Haere koe i te awatea kia waiho koe hei tauraki maro-toto wahine." E he ana te-nei korero, he korero purakau tenei. Ko tona hangaitanga o te korero, ko te korero a te Tua-tara raua ko te Mangō.

Ko te moko-kakariki, te kumukumu, te tuatara, ko tu-tangata-kino ko mokotiti-a-toa, ko moko-papa, ko mokamoka, te whē, te pepe, te purehurehu, me etahi atu ngarara pera te ahua, he uri na Peketua :—

Ko Peketua i a Mihamiha, ko taua whanau kua kiia ake nei.

Ko Rangi-tamaku i a Whanui, ka puta i a raua ko :—

1. Tawhai-tari	6. Makaeaea
2. Rangi-nui	7. Te Hangahanga
3. Moko-tuarangi	8. Tapuhi-kura (tuarua)
4. Rau-mahora	9. Whirourou
5. Ruhina-i-te-wawana	10. Puhirua

Kaore nei i ata tapeke ake te whanau nei te mahara ake. He toko-maha noa atu; kei nga aupaki o nga Rangi-tuhaha e takahoahoa ana ratou. Kaore o ratou uri i whakaputa mai ki tai-ao nei.

Ko Rangi-parauri i a Hine-kohurau; ka puta :—

1. Rangi-tamaku	3. Tapuhi-kura (tuatahi)
2. Paekawa	4. Te Aho-riki

E kiia ana he tokomaha taua whanau, kei te pera ano me era i kiia ake ra; hei nga tupaki o nga Rangi-tuhaha e toha ana.

Ko Tapuhikura (No. 1) i a Noho-tauranga:—

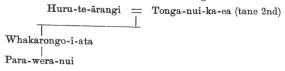

Huru-te-ārangi = Tonga-nui-ka-ea (tane 2nd)

Whakarongo-i-ata

Para-wera-nui

Huru-te-ārangi ano i a Te Iho-rangi (tane 1st).

1. Huka-puhi   5 Huka-waitara   9. Huka-pawhati
2. Huka-rere   6. Huka-waitao   10. Huka-rangaranga
3. Huka-papa   7. Huka-puwhenua   11. Huka-koropuka
4. Huka-tara-apunga   8. Huka-punehunehu   12. Huka-tere-moana

Na Te Iho-rangi enei tamariki katoa. Koia enei te ahua o nga uri o te whanau nei i whakapu i ta ratou noho i rnnga i nga tihi o Mahutonga e pae mai ra i te Tonga-para-wera-nui. Ko tona ahua kau e whiua ana mai nei e te whanau-puhi a Tawhiri-matea, kia tau ai te whatu o Pipiri i te upoko o te Marua-roa o te Hotoke, kia tukua ta Tairanga, ta Popo, ta Toro-huhu, ta Tara-pokaka, ta Pawhati, ta Tukerangaranga ki raro kia watea ai te tu a te waotu.

Ko Huru-te-ārangi i a Tonga-nui-ka-ea (tane 2), ka puta (1) Whakarongo-i-ata (2) Para-wera-nui i a Tawhiri-matea, kia puta:—

1. Te Apu-matangi-nui   13. Te Apu-puhi-rere
2. Te Apu-matangi-roa   14. Te Apu-kauru-nui
3. Te Apu-hauroa   15. Te Apu-hau-mapu
4. Te Apu-tu-te-heihei   16. Te Apu-kokotea
5. Te Apu-tu-te-wanawana   17. Te Apu-rorohau
6. Te Apu-koko-hura   18. Te Apu-koroi-rangi
7. Te Apu-kokotea-rangi   19. Te Apu-kokouri
8. Te Apu-parauriuri   20. Te Apu-pakau-rangi
9. Te Apu-matakaka   21. Te Apu-pokai-rangi
10. Te Apu-titi-hau-ata   22. Te Apu-ahurangi
11. Te Apu-titi-ata-atoa   23. Te Apu-ahunuku
12. Te Apu-mataura

Koia ena i runga ake nei, ko te whanau a Tawhiri-matea—he hau anake; he awhioawhio—koia te putake mai o te hau e pupuhi nei. E Ta! I he taku kianga atu ra, na Huru-te-a-rangi raua ko Tonga-nui-ka-ea; engari na tona tamahine, na Para-wera-nui, me whakahangai e koe.

Na, koia nei te whanau nana ra a Tāne i kawe i te ara-tiatia ki nga Rangi-tuhaha tae atu ki te Toi-o-nga-rangi. A na taua whanau ano i whakahoki iho i a ratou ko nga Whatu-kura o Te Toi-o-nga-rangi ki Whare-kura.

4

Ko Whakarongo-i-ata i heke atua iho tenei ki tenei ao nei, ka moe nei i a Haeata—koia tenei ona uri, he uri atua anake :—

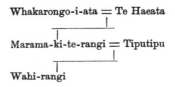

Na he kupu atu tenei ki a koe kia marama koe mo nga whatu o te Whanau-puhi i korerotia ake, ara, Tama-nui-te-rā, a Te Marama i whanake me o raua taina, nga whetu. Ko Rona, ko Te Ahu-rangi, ko Te Rangi-taupiri, nga Pou-tiri-ao. Kei a ratou e tauhere ana te Marama i whanake. Ka mea a Tāne-matua, "Tukua ki a Te Marama i whanake te tauhere o te timu o te pari mai o Hine-moana." Ka mea a Tupai, "Ko Tuahiwi-nui-a-Hine-moana hei tatai i nga tuatea kia ngawari ai te whakahoro mai ki tenei taha ki tera taha." Ka tono a Tupai ki a Tāne kia poua nga whetu hei tatai i Tuahiwi-nui-o-Hine-moana hei hoa mo te Marama i whanake—ka oti i konei.

Na kia marama ano koe : He wahi nga mea katoa no Papa raua ko Rangi-nui ; kaore he mea e taea te ki, no Papa anake, a no Rangi-nui anake, kua oti nga mea katoa i a raua me ta raua whanau te whakatau ki tāna wahi, ki tāna wahi, o ia ahua, i a Papa, i a Rangi hoki. Koia i na raua katoa ai nga mea katoa—nga Whetu, Te Marama, te Ra; he wahi ena no Papa raua ko Rangi. Pera kei nga Rangi-ngahuru-ma-tahi katoa me enei e kiia ake nei ; he Whetu, he Marama, he Ra. A he Pou-tiri-ao to ia Whetu, to ia Marama, to ia Ra, pau noa nga rangi ngahuru-ma-tahi nei. He ao hoki nga mea katoa, he wahi no Rangi no Papa i kiia ake nei. Ko te wai te kai whakatipu o nga mea katoa ; ki te kore te wai, te moana, kua hē nga mea katoa i nga Rangi, i nga Marama, i nga Ra. Na te wai i tipu ai nga mea katoa. Ki te kore te wai, kua hē nga mea katoa. Te hoa o te wai ko te Ra me te Marama me nga Whetu. Ko nga kapua, he kohu, he manaoa, he werawera no Papa. He mahana to nga mea katoa, he matao nga mea katoa, i tona ahua, i tona ahua. Na Tama-nui-te-ra me Tawhiri-matea i whakahoki iho nga kohu, nga kapua, hei ua ki te whenua nei ; hei rauhi i nga mea katoa i tona ahua, i tona ahua. E inu ana nga mea katoa i te wai : he wai to nga Whetu, to te Marama, to te Ra. Kati tenei.

Na, kia marama : Ko te hau, ko te wai, me nga kai, me te mahana hei whakaahua o nga mea katoa kia rere ke ; ahakoa rakau, otaota, ngarara, manu, ika i te wai maori, i te moana ranei, kowhatu, oneone— ko enei ki te whakaahua ke, e rere ke ai nga mea katoa, tona ahua, tona tipu ranei. Na reira he mate to nga mea katoa, ahakoa he aha te mea, i te whenua, i te wai, i te moana, i te Ra, i te Marama, i nga Whetu, i nga kapua, i nga kohu, i te ua, i nga hau ; he mate ano to ia mea i tona ahua i tona ahua ano ; te haere a nga mea katoa e haere ana, e tipu ana, e ora ana, i tona ahua, i tona ahua ano. Kaore i kotahi te ahua o te tipu, o te ora, o nga mea katoa.

Na, i te mea he wai nga mea katoa, he mahana hoki, he ora to nga mea katoa, he tipu. Na te whenua taua ahua o nga mea katoa, ko reira hoki te whare o nga mea katoa, a ko te rangi ano hoki ahakoa whakapaiki, no te mea he whare to nga mea katoa. Me te wairua, he whare tona i roto i nga mea katoa—kaore he mea i kore ai te wairua i tona ahua ano, i te mea kua whiwhi ra nga mea katoa ki tera ahua, he ahi to nga mea katoa, kia rite ano ki te ahua o nga mea katoa te taha o tona ahi o tona ahi.

Na i te mea kua pera nga mea katoa, i nga Rangi, i nga Marama, i nga Ra, i nga Whetu, i nga kapua, i te whenua ; ara, i nga Ao tini-tini whaioio o nga rangi, a, i te mea kua pera nei nga mea katoa, na reira he uha to nga mea katoa, he toa to nga mea katoa. Ki te kore he uha, he mea mate nga mea katoa—na te uha hoki nga mea katoa ; a na te wai ia nga mea katoa i whai ahua ai, i whai ora ai, i whai tipu ai. Ko te ahi te hoa o te wai, hei rauhi i nga mea katoa—ko te one-one ia hei whangai i a ratou katoa, i tona ahua. Ahakoa he kowhatu, na te oneone, na te wai, na te ahi ka whai ahua ai i tona ora ano, i tona tipu ano.

Na, i te mea kua pera te whakaaro o Io me nga Whatukura i te Ao, i te Pō ki te tatai i nga mahi ma nga mea katoa, ka waiho nga ropu Apa katoa hei kai-mahi, hei kai-tiaki, hei kai-whakahaere i nga mea katoa i nga rangi katoa, i nga kauwhanga katoa ; kua waiho hei kai-titiro i te ahua o nga mea katoa i roto i nga Marama, i nga Ra, o ia Whetu, o ia Rangi ; ko nga Rangi ia, nga-huru-ma-rua kua oti era te tauhere ki nga Marama ki nga Whetu. Ko te Ra ia, kei waho o nga mea katoa. Koia hoki te kai-pēhi o nga mea katoa ki raro i ia Ra i ia Ra ; he Ao, he marama, he Whetu ano o ratou. A, te upoko o nga mea katoa, i nga Whetu, i nga Marama, i nga Ra, ko nga Whatukura o Te Toi-o-nga-rangi-tuhaha, i te mea he kai-mahi nga Apa a nga Rangi-tuhaha. A he Pou-tiri-ao to nga mea katoa hei tiaki koi pokanoa te haere o nga mea katoa, koi taupatupatu, koi riri. No te mea he riri to nga mea katoa—he pai, he mauahara, he hae, he whakakake ; he rangatira nga mea katoa, i tona ahua i tona ahua, i tona turanga. I te mea e pera ana te ahua, he ariki to nga Apa tāne ; a ko nga Apa wahine ko nga Apa tāne o ratou ariki i tona ahua i tona turanga No konei he mea iti ano to nga mea katoa o ia ahua, he mea

kaha ano, he mea ngoikore, he mea hapa, he tika nga mea katoa. No
reira ka tika i konei ko nga Apa-Whatukura me nga Mareikura o nga
rangi hei ariki mo nga mea katoa i nga Rangi-tuhaha o nga rangi
ngahuru-ma-tahi tae mai ki a Tuanuku, tae atu ki Te Muri-wai-hou ki
Rarohenga o reira mea katoa.

A, i te mea nei kua pera nga mea katoa ka tika kia kiia ko ratou,
ko nga Whatukura, ko nga Marei-knra o Te Toi-o-nga-rangi, te ora o
nga mea katoa ; i te mea hoki ko ratou te ariki me te ora o nga mea
katoa. Ka tika i konei ko ratou—nga Whatu-kura, nga Marei-kura—
apiti atu ki nga Apa o nga Rangi-tuhaha, te kai-whakaahu i nga mea
katoa ahakoa he aha i roto i nga ao katoa, i nga rangi katoa i nga
kauwhanga katoa. Na, i te mea kua pera nei te ahua o nga Apa
katoa, ka whakamau nga whatu, nga taringa, ki a Io-matua, koia
hoki te taupoki o nga mea katoa, koia i waiho ai te toi-ariki, te toi-
rangi, te toi-urutapu, te toi-uruora. Enei e wha kua huihuia katoatia
ki a Io anake, i te mea ko Io te ariki. Kua tika kia kiia kei raro i a
ia nga Whatukura, nga Marei-kura, a kua riro nei ki raro i a ia era—
kua riro katoa nga Apa o nga rangi ki raro i a ia ; kua riro nga mahi
katoa ki raro i a ia me nga mea katoa.

Ka marama tenei na ko ia te Toi-uru-rangi i te mea ko ia te ora o
nga rangi, te tipu o nga rangi. Kati tenei : na te mea ko ia te Toi-
uru-tapu ka tapu nga mea katoa i a ia ; nana hoki nga mea katoa, no
reira i tapu aua mea, e kore tetahi mea e tapu ki te kahore he ariki,
na te ariki hoki i tapu ai nga mea i raro i tona mǎna. Kati, kua taka-
pautia nei nga mea katoa ki raro i a Io. Koia i tika ai te ki, ko
Io-matua ia, a, i te mea kua kiia a ia ko Io-matua, kei te matua te
uru-ora, ko te matua hoki te ora o nga mea katoa.

Na, i te mea kua riro nei i a ia enei e wha i kiia ake nei, kaore he
mea i toe atu hei mahi ma tetahi Apa, ma tetahi Pou-tiri-ao, ma tetahi
atua ke ranei. Na konei ka whaiti katoa nga mea ki tona aroaro i
roto i nga rangi ngahuru-ma-rua me nga Ao tinitini whaioio o roto i
nga rangi katoa e kiia nei. Ka marama i konei, kaore he mea i rere
ki waho ; kei roto katoa i a Io-matua nga mea katoa. He wairua to
nga mea katoa i tona ahua i tona ahua o ia mea o ia mea, kotahi ia te
matua o nga mea katoa, kotahi te atua o nga mea katoa, kotahi te
ariki, kotahi te wairua—na konei ka kotahi nga mea katoa, he mea
whanau i a Io-taketake ; ka taketake nga mea katoa i konei—kaore
he atua, he ariki hei whakarere ke i tetahi mea.

Kati enei i konei o aku whakamarama, ma to tuakana papa ia e
whakatepe—ma Te Matorohanga raua ko Paratene Te Okawhare. Ki
te rereke ake ta raua i enei e toha nei au ki a koe, e pai ana ; kaua

koe e awangawanga. Koia tena, kei a raua te ahi-komau o te Whare-wānanga i pahure ake i toku. E Ta! kia mau i a koe enei, kaua e taka i a koe ki te tangata ke; waiho hei manawa mau, me a taua mokopuna me o iramutu. Kua oti i a au te whakamahara ki a koe enei kupu aku. Kati, kua pau i a au nga mea kei au. Ki te mea kei te toe ano ki au etahi, waiho hei ō moku—ka pau nga kai o roto i te tangata ko ia ano hei papa. Waihoki ko matou ano hei papa mo tenei mahi e mahia nei; ka tutira ta matou haere, ina hoki ka puare te whare, he kainga mahue.

Na, i konei ka tino mutu nga korero a Nepia Pohuhu Nga-ika i te 23 Aperira, 1865, i Nga-umu-tawa, o Mahitaone, o Wairarapa.

TE HURIANGA I A PAPA.

(NA TE MATOROHANGA ENEI KORERO I RARO NEI.)

Ko Rangi i a Papa-tuanuku. Ko Whakaru-au-moko e kai ana tenei tamaiti a Papa i tona u. Ka wehea nei a Rangi raua ko Papa i tona whanau, ko ta raua tamaiti whakamutunga tenei. I muri iho i te wehenga i a Rangi raua ko Papa, ka titiro a Tāne raua ko Paia ki te nui o te aroha o Papa ki a Rangi, kaore e ata tau ana; ko te mahi a nga waewae he hokai tonu, huri atu, huri mai te tinana. Ka whakaaro a Tāne raua ko Paia me etahi o a raua tuakana, kia hurihia te aroaro o to ratou hakui ki raro ki Te Muriwai-hou ki Rarohenga, kia mutu ai te kite o Papa i a Ranginui. Ka ki atu a Paia ki a Tāne, " Kei te kainga au e te aroha ki to taua taina, ki a Whakaru-au-moko. Me tango mai ra to taua taina i te poho o tona hakui ki a taua noho ai." Ka mea atu a Tāne, " Kaore e taea e taua; waiho atu he whakawerawera i te poho o to tatou hakui." Ka rite te whakaae o ratou katoa kia hurihuri te aroaro o Papa-tua-nuku ki raro. Ka karanga a Paia ki nga tuakana, " Kati! Ka pena koutou me hoatu he ahi mo to tatou taina." Ka whakaae a Tamakaka, ka hoatu te ahi-komau ki to ratou taina, i makaia ki roto ki te hou-ama, katahi ka hurihia to ratou hakui me to ratou taina ki Rarohenga.

Na, me whakamarama e au te Ahi-komau. Ko tena ahi, no te makanga i te ahi ki roto ki te hon-ama ka kiia he Ahi-komau. Ki te haere te tangata i te ope haere, ka tikina te tī maroke, me te tokitoki (titoki) maroke, he kopaka matai ranei. Ka tapahia kia penei tonu me au te roa o nga tutanga, ka kawea ki te taha o te pukepuke, ka karia te rua, penei me te awa nei, ka whakatakoto ai ko te tokitoki ki te tuatahi; ko te tī me hono mai ki runga o te tokitoki, ko te pito ki runga o te hiwi kia ara ki runga, kia tō nga turi te hohonu o te awa, te pito ki runge o te hiwi. Ko te pito ki raro o te awa kia tō nga hope te hohonu, kia kotahi te kau te mataratanga mai i te tokitoki o te awa,

me waiho he koroputa kia ahua tahinga ki raro, koi heke te wai ki roto
i te awa. Me maka te ngarehu ki te pito ki runga o te tī, katahi ka
whakapipi ki te kohatu a runga o te tokitoki me te tī, katahi ka hoatu
he one-uku, ka tapuke katoa te awa. Ka kiia i konei tenei ahi he
Ahi-komau. Ahakoa haere i te ope, haere i te ope-taua ranei, ka roko-
hanga mai e koe, e kā tonu ana te ahi-komau.

(Ka mea a Ripeka Ihaka, " Hei aha te koroputa me nga kohatu ? "
Ko Moihi, " Ki te wera te kohatu ka mau tonu te mahana ka kore e
tohauku te tokitoki me te tī. Ko te koroputa hei putanga mo te hau-
angi ki roto. Ki te kore te koroputa hei ara mo te hau-angi ki roto
ka mate tena Ahi-komau. Waihoki ki te kore te pongare o te ihu e
puare kua kore te hau-angi hei ora mo te tangata.")

Ka hurihia nei a Papa raua ko tana potiki ki Raro-henga; koia i
takoto tutangatanga ai a Papa i a ia e takoto nei—takoto ke nga kuha,
takoto ke nga peke, takoto ke te tinana, takoto ke te upoko. Ka tipu a
Whakaru-au-moko hei tangata, ara, he atua ia. Kua kiia ake ra e au,
i hono te taha atua ki te taha oneone, i noho nei a Rangi i a Papa, ka
puta a raua uri he uri atua katoa, kaore ano he ira tangata i tena wa.
Kia noho rawa a Tāne i a Hine-hau-one ka puta ko Hine-titama anake,
katahi ano te ira tangata i ira tangata ai. Na Io-matangaro te toto, te
hinu, na Tawhiri-matea te pukapuka, i homai ki a Paia. Na te Apa-
whatukura ko te mahara. Ka kiia i konei te ingoa mo tena ko
Rua-i-te-hiringa, a Rua-i-te-pukenga, a Rua-i-te-mahara, a Rua-i-te-
wānanga, ka toru enei, kotahi no Te Toi-o-nga-rangi, kotahi no nga
Apangahuru-matahi, kua korerotia e au i nga Rangi-tu-haha ngahuru-
matahi. Kotahi no Papa-tua-nuku, ka huihuia enei e toru kia kotahi,
ka makaia ki roto ki te wai, ka tu te ira-tangata i konei. He whaka-
ahuru ta Papa-tua-nuku, koia i whakairotia ai a Hine-hau-one ki te
one i Kura-waka, hei whare mo te wai, mo te toto, mo te hinu, mo te
hau-angi. Ka kiia i konei, kua mau te uha. Kati i konei taku
whakamaramatanga.

Ko nga kainga i noho ai a Whakaru-au-moko ratou ko tona
whanau :—

1. Huru-atea	5. Whetuki	9. Mauri-oho
2. Wai-kapuka	6. Te Oiroa	10. Te Pupuha-o-te-rangi
3. Marua-roa	7. Toko-tu-ki-te-rangi	11. Marua-nuku
4. Te Ngaiere-i-waho	8. Te Puha-o-Rarohenga	12. Te Momi-nuku

Koia tenei nga kainga o Whakaru-au-moko, i komautia ai te ahi, i
hoatu ra e Tupai ki a ia i roto i te hou-ama, katahi ka kiia te ingoa o
taua ahi, ko ' Te Ahi-tahito.'

Ka mate ra a Hine-titama i te mahunu, i te pawera, ka kawkakina
e te whakama, i te ara i Whiti-anaunau ki roto o Pou-tere-rangi kua

oti nei te korero. Ko Hine-titama i te Ao nei, ko Hine-nui-te-po, i a ia ka heke ra i runga i te Aka-o-te-angi ki Rarohenga; rokohanga atu a Whakaru-au-moko e noho ana i ona kainga ko tona kotahi anake; ka moe a Hine-nui-te-po i a Whakaru-au-moko, ko a raua tamariki tenei :—

1. Takataka-huri-rangi	8. Pou-turu-makina	15. Moko-iwaiwa
2. Kauahi	9. Whakarau-awhea	16. Moko-ihu-tonga
3. Ruaroa	10. Whakarau-angiangi	17. Puhoro-nuku
4. Rua-māhu-nui	11. Maru-mutu	18. Tua-rangaranga
5. Takataka-huri-atea	12. Maru-hauata	19. Te Oinui
6. Ruaeneene	13. Horonga-i-whaoa	20. Te Oirangi
7. Rua-huna	14. Kawerau-awha	21. Aneane-whenua

Ka mutu nga tamariki a raua i whakaaria mai ki au i roto i nga whare, koia tenei te whanau katoa a Whakaru-au-moko; ko nga pou mataki tenei o te aroaro o to ratou tipuna o Papa-tua-nuku (tetahi whakahua) ko Papa-matua-te-kore (tetahi ingoa).

Kia mate a Whiro-te-tipua me ona hoa i Te Paerangi, ka heke i te ara i Taheke-roa ki Te Muriwai, ki Raro-henga; ka tae ki te kainga i a Whakaru-au-moko raua ko Hine-nui-te-po, ki nga kainga i kiia ake ra. Ka tipu te whakaaro i a Whiro ki a Whakaru-au-moko, kia kotahi ta raua whakaaro ki te takitaki i te mate o to raua hakui me to raua hakoro. Ka whakaae a Whakaru-au-moko; ka mea a Whiro kia tikina mai ki runga nei ki te Ao-tu-roa pakanga ai ki a Tāne me ona tuakana. Ka ki atu a Whakaru-au-moko, "No runga koutou; haere ki runga ta koutou pakanga. No raro nei au, hei raro nei au whakatipu i taku pakanga." Ka ui atu a Whiro, "Kei whea hei rakau mau?" Ka ki atu a Whakaru-au-moko, "Maku e tiki i roto i a Puna-te-waro; kei reira te Ahi-komau."

Koia tenei te putake o te puia, o te rū, o Hine-tuoi, e ngaoko nei i te whenua me te moana—o reira mai taua pakanga tae mai ki naia nei. Ka kiia i konei te ingoa tuatoru o te Ahi-komau, ko 'Te Ahi-tahito' ko te 'Ahi-tipua' a Whakaru-au-moko e horo nei i te whenua, i te kohatu i te rakau, i te tangata me nga mea katoa na Tāne ratou ko ona tuakana i hanga.

Ka ea te mate o nga matua i Te Rangi-tau-ngawha, i wehea ra a Rangi raua ko Papa.

Ko Whiro me ona hoa ka mau te pakanga ki Tahuaroa, ka poua ki reira ko 'Maiki-nui,' ko 'Maiki-roa,' ka ikiia i konei nga mea katoa i a ia, te wai, te toto, te hinu, te hau-angi.

Ki roto ki Hawaiki-nui ka marō te au o te mate i te ara ki Taheke-roa; ka u te pakanga i konei a Whiro ratou ko ona hoa, o reira mai, e tae mai ki tenei ra, kaore ano i mau te rongo o te pakanga o Whaka-ru-au-moko raua ko Whiro.

UPOKO V.

Nga Pō o Rarohenga—Te Tatai-aro-rangi—Ka tataia nga whetu ki a Rangi-
nui, e Tāne—Nga ra o te Marama—Nga Kete, me nga Whatu o te wānanga.

NGA PO.

KUA oti i a au te korero nga Pō ki a koutou. E rua nga wahanga
o nga Pō. Ko te tuatahi : No te takatutanga o te whanau a
Rangi raua ko Papa, e puta ai ratou ki waho i te awhi a o ratou matua
ki te whaiao, ki te ao-marama. Kati kua oti tera.

Ko nga Pō tuarua : Kia haere a Hine-nui-te-pō i te angi i roto o
Pou-tere-rangi, ka riro nga Pō tuarua te whakamau ki Rarohenga.
No reira ka waiho te pō hei ara hekenga mo te whai-ao nei ki Raro-
henga. Koia i kiia ai era pō ko Te Pō-tē-kitea, ko Te Pō-tē-whaia,
ko Te Pō-tē-wheau, ki te Po-tangotango, ki te Pō-tē-whawha, ki
Rarohenga. Ko enei Pō, na Te Kuwatawata i takapau i roto o Pou-
tere-rangi. Ka mutu te haere tinana o te tangata ki Rarohenga, kua
korerotia i te hokinga mai o Mataaho raua ko Niwareka.* Ko enei Pō
katoa kua oti te whakamau ki runga ki a tatou wahine i a ratou e
whakaputa nei i te ira-tangata ki te ao ; kua oti e au tenei. No reira,
ki te waiho e te tangata he putake mo tana whakapapa auā Pō e hē
ana. Tuarua ; e kite ana koutou, hokowhitu te whanau a Rangi raua
ko Papa ; ko etahi o taua whanau he ira-atua te putanga ki te ao, ko
etahi he ira-tangata te putanga ki te ao, ko etahi e tatai kohatu,
ngarara. Me whakapoto e au ; kaore he mea kotahi o te whanau a
Rangi raua ko Papa i kore he putanga ki te Ao-turoa. Kua korerotia
te wehenga i taua whanau ki nga Pou-tiri-ao o nga Rangi-tuhaha
ngahuru-ma-tahi me o ratou Kauwhanga tae mai ki a Papa-tuanuku-
matua-te-kore. Kua oti te whakamarama aua Pou-tiri-ao, kaore he
mea i kore he mahi ; kei te mahi te Pō, kei te mahi te Ao. Ko te Pō
kua tukua ki te Aitanga a Pekerau me te ira-atua ; ko te Ao kua
waiho ki te ira-tangata.

---

* Ka kitea nga korero o Mataaho raua ko Niwareka kei te Upoko VI.

TE TATAI ARO-RANGI.

(Na Te Matorohanga enei.)

Na, ka poua e Tāne ko ona tuakana ki te tuara o to ratou papa noho ai, tae mai ki te aroaro, koia tenei:—

1. Uru-te-ngangana.   2. Roiho.   3. Roake.

Ko nga kai noho tenei o roto o Pou-tiri-ao; ko te whare tena nana i pupuri nga kaupeka o te tau. Na reira hoki i tika ai te Tatai-aro-rangi o te whanau Puhi-ariki; ara, ki a koe, ki te Pakeha, he marama-taka ko Te Tatai-aro-rangi; ko te tatai tera o te ra, o te marama me nga whetu.

Ko etahi o te whanau a Rangi-nui raua ko Papa-tuanuku kei roto i nga kauwhanga e takahi ana, kei nga Rangi-tuhaha ngahuru-ma-tahi e tatai ana i te Tatai-aro-rangi o te Ao-rangi-puaroa. Koia i pai ai te haere o te ra raua ko te marama-i-whanake, me o raua taina, nga whetu tatai o te tau, me nga whetu-punga i takoto ai i Te Ika-o-te-rangi, i te Tuahiwi-nui-o-Rangi. I whakamarama ai au i tenei wahi kei kawhakina koutou e te hau o nga korero a te tangata, e ki ana he tohunga ratou no roto i te Whare-wānanga. A, e hara nei ratou i o roto i te Whare-wānanga—e mohiotia ai nga tangata o roto i te Whare-wānanga, o te Whare-maire.

Na, ka poua e Tāne-matua, ko Raka-maomao, ko Kaukau, ko Haepuru hei tauhere mai i nga tupaki nui o Rangi-nui-a-tamaku, hei takanga hoki mo te whanau-turangi, hei piki mo nga Whatukura, mo nga Marei-kura, mo nga Rahni-kura, mo nga Ruao, me etahi atu o aua Apa kua korerotia ake. Koia enei aua piki:—

Hakuai, Tapu-turangi, Koreke-rangi, Takāhi-kare, Kaukau-rangi, Kura-a-rangi, Rakorakoa (ara, he Amokura).

Na, enei manu he manu tapu katoa, ko a ratou humaeko he piki no nga Whatukura, no nga Marei-kura, no nga Ruao, no nga Rahui-kura —no nga Apa kua korerotia ake.

Na, ko e toru o nga manu nei kaore i korerotia e au; ko aua manu i riro herehere mai i a Tawhaki, he whakatipu i nga piki o tona wahine, o Maikuku-makaka—koia enei:—

Kotuku, Huia, Koekoeā (ara, te Wharauroa).

He mea tuku hei whakaatu ki nga marae o Papa-tuanuku, he whakaatu i te matahi o te tau i te Orongo-nui o te Ngahuru-tu-hoehoe, ka mutu te mahi i whakamaua ki tera o aua manu-tapu.

He mokopuna enei na Te Iho-rangi:—

Para   Ngoiro   Tuna   Tuere

Na, e marama ana i poua a Te Iho-rangi hei Pou-tiri-ao mo te Kauwhanga-nui o Rangi-nui, o Tuanuku ratou ko ona hoa hei pupuri i nga tupuni o to ratou papa—o Rangi-nui. I a ia i reira ka tukua ona mokopuna ki roto ki te awa o Waihau haereere ai.

Na, e marama ana kua tataia a te Ra-kura me ona taina ki runga ki to ratou tipuna, ki a Rangi-nui. I te kaha o te werawera o te Ra-kura ka pua nga wai o te Kauwhanga. Ka paoa e Matuku-whakapu a Pāra ratou ko nga taina, i te mea kua papaku nga wai. Ka waiho tenei take hei take hekenga iho mo Pāra ratou ko ona taina ki raro nei ki a Papa-tuanuku noho ai.

I tutaki i a Tawhaki i a raua ko te tuakana ko Karihi i haere ra i te Ahurangi i te Ara-tukutuku, ka mate ra te tuakana; ka kake a Tawhaki i te Ara-tukutuku, ka tae ki te taumata i Tahu-rangi ka tutaki i a Pāra ratou ko ona taina e heke iho ana ki a Papa-tuanuku nei. Ka ui atu a Tawhaki, " He aha i mahue ai a runga nei i a koutou ? " Ka ki atu a Pāra, " Kua pakihi nga wai, kua pua hoki, ka paoa matou e Matuku-whakapu. E heke atu aua ki a Papa-tuanuku. Kei te pewhea a reira ? " Ko Tawhaki: " Haere ! Kei te pai a raro." Ka haere a Tawhaki tae rawa atu i te taumata i te pae-angiangi, ka tutaki i a Matuku-whakapu raua ko Pakura ; ka ui atu a Tawhaki, " E ahu atu ana korua ki whea ? " Ko Matuku : " E ahu atu ana ki raro na ki te wahi hau-angi matao ; kua mate matou i runga nei, i a Tama-nui-te-rā, kaore he wai tahi." Ka titiro atu a Tawhaki ki a Pakura, ka karanga atu, " Kua pahore to rae, kei te heke te toto." Ka karanga mai a Matuku, " E hara, he ngutungutu na raua ko Tama-i-waho mo te kainga a Pakura i tona puna-kakahi, ka horea e Tama-i-waho te kiri o te rae." Ka haere atu a Tawhaki ki te kainga i te tipuna, i a Whaitiri.

Na, i konei e noho ana te whanau a Rangi raua ko Papa, ko te wa i puta ai ratou ki waho i te awhi o a ratou matua, tae noa ki te pakanga i Te Paerangi, tae noa ki te wehenga o nga Pou-tiri-ao kua kiia ake nei. E noho ana ratou i roto i te maramatanga taruaitu (atarangi ki tetahi whakahua). Ko te take i pera ai, kaore he Ra, kaore he Marama, kaore he Whetu, kahore he kapua. (Ka patai atu a Pene, " E Moi ! nohea ia nga kapua i heke mai ra a Tāne ratou ko Rehua, ko Ruatau ? " Ka mea a Moihi, " E, no Tiritiri-o-matangi nga kapua tuatahi ; ka tae iho ki Rangi-naonao-ariki ki Rangi-te-wiwini ; ka pena haere tonu tae noa ki Rangi-tamaku raua ko Papa. No te tokonga a Tāne koia e tu nei.)

KA TATAIA E TANE A RANGI-NUI KI NGA WHETU.

I konei ka ki atu a Tāne kia tikina te whanau-ariki (whanau puhi ki tetahi whakahua) i runga o Maunganui e taka ana, i tataitia e Tāne ratou ko nga tuakana ki roto ki Rangi-tukia. A, kaore e rawe te noho a te whanau ra i reira, he pokutikuti, he matawai no nga whatu. Engari me kawe ki te poho o to ratou hakoro—o Rangi-nui—tatai ai kia marama ai hoki a Tua-nuku. Ka ui atu a Kewa ki a Tāne-matua, "Kei a wai i runga o Maunganui, te whanau nei." Ka ki atu a Tāne, "Kei a Whiro-taringa-waru, kei a Tongatonga, kei a Ikaroa, kei roto o Rangi-tukia e whata ana."

Na, ka tae a Kewa ki Maunganui ka korero atu ki a Tongatonga, "I poroporoakina mai te whanau nei ki a te whanau nei, kia kawea atu kia tataia ki te aroaro o to ratou tipuna ko reira ratou taka ai, hei whakatau i te aroaro o Rangi-nui-a-tamaku." Ka whakaae nga kai-tiaki o te whanau nei—ko ratou hoki nga kai-whangai.

Na ka haere a Tongatonga ki runga o Maunga-nui, raua ko Kewa. Titiro iho ai e harakoa ana i te one i Te Rehuroa, e rehia ana ratou ko nga taina. Ka karangatia iho kia piki ake ki runga o Maunga-nui. Ko to ratou haere e rou haere ake ai. Ko te take i penei ai, he whatu anake, kaore he tinana. Ka tae ake ki to ratou marae ki Takapau-rangi ka ngaro ki roto i ta ratou whare ki Rangi-tukia. Ka mau a Taringa-waru, a Tawhirirangi, a Te Ikaroa, a Tongatonga ki nga kete e wha hei kete mo te whanau nei :—

1. Ko Rauru-rangi te kete i a Te Ra-kura.
2. Ko Te Kauwhanga te kete i a Te Marama.
3. Ko te kete i whaoina ai a Autahi ko ana taina. Koia tenei ratou :—

1. Autahi	5. Matariki	9. Whakaahu
2. Puanga	6. Tautoru	10. Puaroa
3. Kopu	7. Whanui	11. Tawera
4. Parearau	8. Tautahi-o-rongo	12. Te Ikaroa

Ka mutu ratou. Ko Puaroa e kiia ana ko Rereahiahi tetahi ona ingoa, ko tona wa ano tera e haere ai ia, ka tae ki te pae o te Rakura ka whakapuao te ata, ka kiia i tena wa a Puaroa ko Kopū. Ka rere mai i te mea ka tuhera te haeata ka kiia tona ingoa tuatoru ko Tawera. Kotahi ano ïa te whetu nei. Ko te whetu tenei i tukua ki a ia te tutohu i nga kaupeka i tika ai te poroporoaki mai a Ruatapu ki a Paikea i te 'Whiri-purei-ata.' "Nau mai haere! E tae ki uta kei a Wehi-nui-o-mamao māna e whakaatu mai te tau. Tirohia ki te kumi-kumi o te potiki a Parauri, o te koko (tūi) ngahuru-marua, popo roroa o te Takurua, tena au te haere atu ra." Kati me whakapoto ake tenei wahi, koia tenei nga tai o Ruatapu i mate ai te tangata i runga i a Papa-tuanuku.   Ko nga mea i whakaae ki te poroporoaki a Ruatapu i ora ki runga ki ie tihi o Hikurangi, ko nga mea kaore i whakaae i mate katoa.   Taihoa e whakatutuki.

Ko te kete-Rauroha te kete o te whanau-riki o te whanau-punga i whaowhina ai ki roto—ko te wha o nga kite ïa.   Na, ka utaina te whanau nei ki runga ki te waka, ki a ' Uruao,' koia e tauira i te paewai o te rangi taua waka hei tiaki i te whanau-riki i te whanau-punga, koi pākia e nga tuakana ka takataka iho.   Ka waiho ko Tama-rereti hei tiaki i to ratou waka.

Na, i konei ka kawea te whanau nei ki   e aroaro o to ratou tipuna, o Rangi-nui tatai iho ai kia marama ai te a ·oaro o to ratou tipuna, kia marama ai hoki a Papa-tuanuku.   Ka toı oa a Te Ikaroa, a Rongo-mai-taha-rangi, a Rongo-mai-taha-nui hei ʋhakatakoto i te ara matua me ona kaupeka hei ara mo te whanau nei] oi tutuki ki a ratou.   Ko Ikaroa, ki a ia te ara matua hei tiaki i te wʜanau-riki me te whanau-punga.   Ka kiia te ingoa tuarua i reira ko Te Ika-roa-o-te-rangi ; ka makaia ko Rongo-mai-taha-rangi ki te tahı matau o te Ika-roa tu ai hei tiaki i a te Ra-kura ; ko Rongo-mai-tal ı-nui ki te taha maui hei tiaki i a Autahi ratou ko nga taina.

Ko te Marama-i-whanake ka tukua tera ki muri ki a te Ra-kura ratou ko nga taina.   Katahi ka tirohia e te whanau a Tua-nuku—kaore i pai te haere a te whanau nei, i matapouri a te Marama-i-whanake me te whanau-riki me te whanau-punga.   Katahi ka wehea to ratou tuakana ki te upoko o Rangi tu ai, ko te Marama-i-whanake me nga taina ki te kopu.   Ka whakaatatia e te whanau o Tua-nuku, kaore i tau ; nga take i kore ai e tau he kotahi tonu, he awatea anake, ka pukai noa iho te whanau a Tua-nuku.   Katahi ka whitikia, ko to ratou tuakana ko te Ra-kura, a, ka kawea ki te tuara o to ratou papa, a Rangi, tu ai.   Ko te Marama-i-whanake ratou ko nga taina ki te poho o Rangi tatai ai.   Katahi ka whakaata ano te whanau a Tua-nuku ki te tu a te Ra-kura ki te pito o to ratou papa—o Rangi-nui, ko te Marama-i-whanake me nga taina ki te tuara, ma te tuakana e piki ma te hope o to ratou papa, ma te Marama-i-whanake me o raua taina e whai i muri i o raua taina, katahi ano ka wehe a te Ra-kura me ·nga taina.

Katahi ano ka kitea ko te po, me te ao, ka kiia he Ao-marama te haere ra o te Ra-kura, ko te Ao-marama-roa.   Ko te take i pera ai, kaore hoki he po i te wa i riro ai i a te Marama me ona taina te po.   Ka kiia taua po ko te Po-nui, ko te Po-roa, ko te Po-tamaku.   Kati, no te tuatoru o nga tataitanga katahi ano ka wehe te po me te maramatanga, ka kiia he po, he po.   Ka kiia te maramatanga he Ao-marama.

Kati taku whakamaramatanga i konei; he tino kaupapa roa taku korero mo tenei wahi; ara, mo ia whetu mo ia whetu me tana mahi. Ko te Rakura kei te matahi o te tau, ka haere ia i te Marua-roa ki te upoko o te tipuna, ka tae ki nga pakihiwi o te tipuna ka hoki ki te hikumutu o te tipuna, ka mutu. Ka kiia te hikumutu, ko te Marua-roa o te Takurua, ka kiia te Marua-roa ki te pakihiwi, ko te Marua-roa-o-te-Orongonui, ara, he Raumati; he Makariri te hikumutu.

NGA RA O TE MARAMA.

1. He Whiro	7. He Tamatea-turua	13. He Atua
2. He Tirea	8. He Tamatea-tutoru	14. He Ohua
3. He Hoata	9. He Tamatea-tuwha	15. He Oturu
4. He Oue	10. He Huna	16. He Rakaunui
5. He Okoro	11. He Ari	17. Rakau-matohi
6. He Tamatea-tutahi	12. He Mawharu	18. Takirau

Ka mutu nga po kai, he wa ano ka whakatete a Matohi i a ia ki konei hei 19.

19. He Oike *	23. He Tangaroa-a-mua	27. He Otane
20. He Korekore-tutahi	24. He Tangaroa-a-roto	28. He Orongonui
21. He Korekore-turua	25. He Tangaroa-kiokio	29. He Mauri
		(he maurea ranei)
22. He Korekore-tutoru	26. Kiokio	30. He Mutu-whenua
piri-ki-nga-Tangaroa		

Na i konei kia marama: Ko te Matohi me Tangaroa-whakapau, e whakatete aua raua ki a raua; he wa ka uru ko te Matohi, he wa ka uru ko Tangaroa-whakapau. Ki te uru ko Tangaroa-whakapau ka whakatoa nga Tangaroa, ka mate te ika i uta, ka mate koki te ika ki te moana. Ki te uru a Matohi ki roto hi te tatai ka rere a Tangaroa-whakapau ki waho, ka whakarauriki te moana i kona, ara, ka tepetepe, ka anga te uru o te ika ki waho; pera hoki a uta, ka anga te uru o te ika ki roto ki a Hine-i-te-huhi, ki a Hine-i-te-repo; ma Te Ihorangi rawa e pana ki waho katahi ka hoki ki te awa nui; pera ano ki te moana, ma nga Tamatea e ā ki uta te retoreto-moana, ara ma te hau. Koia i kiia ai he Tamatea-ngana, he Tamatea-kai-ariki, Tamatea-whakapaú, Tamatea-aio. Ka mutu nga Tamatea i konei. Ko nga ra kino tenei o roto i te kaupeka o te marama, e kore te ihu o te waka e ahu ki waho, he mataku i a Rua-māhu-tonga i a Para-wera-nui, i a Tonga-huruhuru, i a Tonga-taupuru, i a Te Aputahi-a-Pawa.

---

* He Rīpiia ki te pakeha.

Ko nga tautiti tenei o Te Aputahi-a-Pawa:—

1. Ko te matahi o te tau	Ko Mei tenei
2. Te rua ko Pipiri	Hurae
3. Te Marua-roa	Akuhata
4. Te Toru	Hepetema
5. Te Wha	Oketopa
5. Te rima	Nowema
7. Te Ono	Tihema
8. Te Whitu	Hanuere
9. Te Waru (te kau ma-rima nga ra o Hanuere e pau i o Pepuere)	
10. Te iwa	Maehe tae noa ki a Aperira. Ka kiia tenei wa ko Te Ngahuru-kai-paenga

11. ⎰ Ka kiia enei e rua ko Te Ngahuru-tu-hoahoa, tona ingoa nui ko Pou-tu-
12. ⎱ te-rangi. Ka mutu te Ngahuru i konei, ka whakangaro ki roto ki a Mei, ka whakanihoniho te purapura i a ia.

NGA KETE O NGA WANANGA.

Ko nga kite tenei o nga wānanga me nga whatu e rua i mauria mai ra e Tāne i te Toi-o-nga-rangi :—

1. Ko te Huka-a-tai, ko te Rehu-tai. Enei e rua he kohatu-rangi ; hei whatu mo nga kete o te wānanga ; ko Whaka-awhi-rangi te kete i whaoina ai, ko te Aho-tiritiri te aho i tuia ai.

2. Ko te Uruuru-tipua te wānanga, ko Wahi-rangi te kite, ko te aho tui ko Pipi-wai.

3. Ko te Uruuru-tahito te wānanga, ko te Ruruku-o-te-rangi te kite, ko te aho tui ko te Whiwhi-o-te-rangi.

4. Ko te kete Uruuru-matua te wānanga, ko Whanui te kete, ko te aho tui, ko te Tuhi-o-rongotau.

5. Ko te kawe i waha iho ai te wānanga me nga Whatu-kura, ko Whiti-rau ki etahi, ko Kawerau ki etahi. Kati, i whakatuturutia i roto i te Ra-wheoro, i te whare o Rangi-uia o Te Aitanga-a-Hauiti ko Whiti-rau te ingoa tuturu.

UPOKO VI.

(NA TE MATOROHANGA ENEI I RARO NEI.)

Māui, raua ko Hine-nui-te-po—Waiharo-rangi—Te Hīnga a Maui-tikitiki-o-Taranga—Te Hurihanga i a Mataaho—Mataora raua ko Niwareka.

MAUI RAUA KO HINE-NUI-TE-PO.

KA hoki te korero i naia nei ki te matenga o Pekerau i te Paihau-ka-roha.

Ka tonoa e Hine-nui-te-po ki te putaanga i te Huriwai Tini-o-Poto. Ka tae a Māui ma ki reira ka paoa te upoko e Poto, me nga waewae; papaki rawa ake a Māui, ka puta a Poto; ka kawea nga toto o Māui—o te upoko, o nga waewae, ki a Hine-nui-te-po i Kautere-rangi e noho ana mai i roto i te pa o te papa, o Whakaru-au-moko, i Rangi riri. Ka parua e Hine-nui-te-po nga toto o Māui ki runga ki te tomokanga o te whatitoka o Potaka-rongorongo, ka makaia enei kupu ki reira :—

Na wai te whare? Na Hine-nui-te-po!
Ko te whare tu-one-kura, i roto o Ngana-te-irihia,
Ko te whare tu-one-kura o Hine-nui-te-po
O roto o Ngana-te-wareware. Kowai te whare?
Ko taku whare, ko Po-taka-rongorongo!

Ka mutu ana kupu ka takapautia e Hine-nui-te-po ki te paepae o te tatau a Rua-i-te-wareware, a Rua-rautoka, a Rua-i-rokia, ki te Pu-mahara-kore. Ka mutu te hirihiri a Hine-nui-te-po i konei; ka hoki ki te tua-rongo takoto mai ai. Ka taka te ahuru mowai, ka rokia e te moe; he kohera anake nga kuha. Ka tae atu a Māui ma, titiro atu ai e takoto ana mai i te tua-rongo o Po-taka-rongorongo—e tuhera ana mai nga kuha. Ka tango a Māui ki te ahua o te kiore, ka ui atu ki nga hoa, " E pehea ana ki ta koutou titiro?" Ka ki atu a Tatahore, " Kei te kino! kei te titi ke; koi oho!" Ka tango a Māui i te ahua o te ngarara—he noke. Ka ki atu a Tiwaiwaka, " Ka oho i nga tara a te Marama-i-whanake!" Ka tango a Māui ki te Moko-huruhuru, ka ore haere i te marae. Ka kata nga hoa ka ki atu, " Engari tena!" Ka ki atu a Māui, " Kati! Taku kupu ki a korua kia tae rawa au ki te hikahika o Hine-nui-te-po, koi kata korua. Kia tae rawa au ki te manawa ngau ai, kia mate ai i a tatou; ki te kite korua e auta ana, tikarohia nga whatu." Ka ki atu nga hoa, " E pai ana!" Ka ki atu a Māui ki nga hoa, "Koi kata korua ki au." Ka haere a Māui i te ahua o te noke, ka tomo i te Paepae-o-Tiki, ka taka ki roto ki a Puapua ka kotata nga raho o Hine-nui-te-po, ka kata a Tatahore, ka rere a Tiwaiwaka ki te marae tuone ai. Ka oho te mauri Ao-marama o Hine-nui-te po i konei, ka rongo i a Moko-huruhuru e ore ana, katahi ano ka rere mai a Mokakati, ka natia te kaki, ka mate a Māui i konei. Ka aranga tenei matenga i konei ko 'Wai-kumia,' ko 'Wai-harorangi.'

Kati taku whakamarama i konei; kaore i motu te aho o te po i a Māui. Ko Māui anake te tangata i whakatau kia mutu te au o te mate ki te po.

(Ka mea a Pirika-po, "E Ta! nau noa pea i ki he noke? Tena ano pea tona hangaitanga." Ko Moihi: "Kaore! Ko tona hangaitanga tonutanga tera. Mau hoki e titiro, e puku na te upoko o te noke i te natinga a Mokakati i te kaki i mate ai a Māui. Ki te tutaki koe i a Tiwaiwaka, kaore ia e kore te kata ki a koe me te tuone.)

WAI-HARORANGI.

. . . . Titiro atu ki a Mahuika ; i roto i nga matikuku e whakapua mai ana taua ahi-koman. Na Māui-tikitiki-o-Taranga i whakangiha ka kitea. I mate ra a Māui, i Tahu-kumia, i Wai-kumia, i Tahu-rangi. He mea karanga na Māui ki ona tipuna, ki a Te Iho-rangi, ki a Tawhiri-matea kia unuhia te puru o Mahutonga, ka mate ia i te Ahi-toro, i te Ahi-turangi. Ka tukua ko te huka i te tuatahi—kaore i mate ; ka tukua ko te ua katahi ano ka mate. Mate rawa ake kua hunua a Māui e te ahi a Mahuika. Tona ahua tuatahi he Ruru, ka hou ke ki ro ngahere whakaruru i a ia, ka taka ia a Mahuika i runga ka mahue tena; ka tango a Māui ki te Karearea ; kaore, ko taua ahua ano, takoto tonu i roto o te Wao-o-Tane. Ka tango a Māui ki te Kāhu katahi ka whakaangi ki runga, no te mea i te angitanga ka karanga nei a Māui ki a Te Iho-rangi raua ko Tawhiri-matea, ka ora a Māui i konei. Ka kiia tena matenga o Māui ko Wai-haro-rangi ko Te Mata-whiti-o-tu, koia e mau na i te Kāhu, i te Karearea, i te Ruru, te hunanga o te ahi—pākākā tonu iho nga huruhuru.

TE HIINGA A MAUI-TIKITIKI-A-TARANGA.

I te 6 o Maehe, 1860, ka mea mai a Te Matorohanga, "Me whakapapa e au te tahu o Māui i te tuatahi :—

Ko Mahuika ka moe i a Muri-ranga-whenua, kia puta :—

1. Māui-mua   2. Māui-roto   3. Māui-taha   4. Māui-pae
5. Māui-tikitiki-o-Taranga

Na! He maha nga korero mo nga Māui nei; engari me taki tatou ko Māui-tikitiki-o-Taranga kia wawe te tae ake ki te patai mai. Na ka marama, koia nei aua Māui nei.

I tetahi wa, ka haere nga tangata ki te hī ika ma ratou. Ka mea a Māui-mua ki ona taina, ki a Māui-taha, ki a Māui-pae, ki a Māui-tikitiki, " E Tama ma! Haere koutou ki te hī ika ma tatou." Ka whakaae nga taina, a ka mea atu a Māui-mua ki a Pokopoko, ki a Hou, ki a Moka, " Haere whakapaia nga aho me nga matau, ka whakapaia hoki te waka, ko . . . . . . " Ka mea atu a Māui-taha, " Ko Māui-tikitiki me noho. He tangata maminga hoki, koi mamingatia matou i a ia." Ka mea a Māui-tikitiki, " E kore au e noho!" He nui te tautohetohe a raua i reira. Ka mea a Māui-mua, " Waiho to koutou taina kia haere ana." Katahi ka tukua a Māui-tikitiki. Ka mānu te waka nei ki te moana-waipu.

Ka au atu ki waho, ka karanga nga tuakana ki a Hou, "Tukua te punga o te waka." Ka mea a Māui-tikitiki, " He aha te ika o konei? Neke atu ki waho!" Ka neke atu te waka ki waho, ka roa e hoe ana ka karanga ano a Māui-taha, "E Hou! ka aua atu ki waho." Ka mea a Māui-tikitiki, " He ranga a konei!" Ka tuku e ia i tona aho me te mahē; kaore i hohonu; ka mea a Māui, "Titiro! He papaku; he ranga. He ika riki te ika o tenei wahi." Ka hoe ano te waka nei ki waho noa atu. Ka mea a Māni-tikitiki, "Kati i konei; tukua te punga." Katahi ka tukua e Hou te punga; ka timata te rere o nga aho ki te moana; ka karanga atu a Māui-tikitiki ki nga tuakana kia homai he monnu ma tāna matau?" Ka karanga atu a Māui-tikitiki ki a Hou, ki a Pokopoko, ki a Moka, " Homai he mounu mo taku matau!" Karanga mai ratou, "Kaore e ranea mo tau me a matou." Heoi, kua pa te pouri ki a Māui, katahi ka mea atu ki ona hoa, "Ka hua ra au i karanga atu ai ki a koutou ka pena mai na koutou."

Katahi a Māui ha takiri i tona matau i roto i tona rahu; ka kite atu nga hoa, e, he iwi tangata te matau a tangata ra, he kauwae tangata; ka whakamaua ki runga i tona aho. Ko tona matau, ko te kauwae tonu o tona tipuna, o Muri-ranga-whenua. Ko tona aho ko . . . . . . Ka mau tona matau, ka mau te mahē, ko ' Te Whatu-a-Kiwa' te ingoa; ka heke te matau, ka mau ki tukera whenua. Ka mau tona ika, ka hutia ki runga—kore rawa i taea ake e ia. Ka karanga a Māui-tikitiki ki a Pokopoko, ki a Moka, ki a Hou, " Haere mai hei huti ake i taku ika." Ka karanga mai nga tuakana, "Tukua atu to ika; ka mate tatou!" Ka mea atu a Māui-tikitiki, " E kore te ika o te kauwae o to tatou tipuna, o Muri-ranga-whenua e tukua e au."

Katahi ka tahuri ratou katoa ki te huti ake i te ika.　No te eanga ki
runga koia tenei, ko Aotea-roa e takoto nei taua ika a Māui-tikitiki.
　Ka mea nga tuakana kia kotikotia te ika; ka mea a Māui-tikitiki.
"Ata waiho te ika na kia takoto ana, kia mataotao ka kotikoti ai."
Kaore i whakarongo mai nga tuakana me o ratou hoa ; ka rere ki te
kotikoti haere i taua ika.　Koia i kino ai te takoto o te ika nei—e tu nei
nga pae-maunga.　Mehemea i kore te takatakahia e nga tuakana, e
kore e penei te takoto o taua ika nei.
　Na, ko te rua o nga korero mo tenei take, e kiia ana he mea moto
na Māui i tona ihu ; ka puta mai te toto, ka pania e ia ki runga i tona
matau, koia ra te mounu o tona matau i hīia ai te motu nei.
　Na, ka marama mai koutou ki te takoto mai o tenei korero i naia
nei.　Ko tenei korero, tona hangaitanga koia tenei :—

TE HURIHANGA I A MATAAHO.

　E rongo ana koutou i tenei tangata, i a Mataaho.　I te wa i a
Mataaho raua ko Maui ma, ka puta te whakaaro o Io-nui kia tonoa
mai a Ruatau raua ko Aitu-paoa ki a Mataaho, hei whakaatu mai, ka
tukua nga matapuna a Kiwa, a Tawhiri-matea, a Te Iho-rangi, kia
takapautia a Papa-tuanuku ki raro ki Te Muri-wai-hou.　I muri o tena
ma Mataaho raua ko Whakaru-ai-moko e tohatoha a Papa-tuanuku
kia wehe ke te upoko kia wehe ke nga peke, kia wehe ke nga kaokao,
kia wehe ke nga waewae.　Ko te take o tenei whakaaro o Io-nui, he
pouri nona mo te pakanga a Whiro-te-tupua raua ko te taina ko
Tu-mata-uenga i te Pae-rangi, i wehe ai te whanau a Rangi-nui raua
ko Papa-tuanuku, e pakanga nei, mai i reira tae mai ki naia nei.　Kaore
ano i mau te rongo i waenganui i a Tāne-nui-a-rangi raua ko Whiro-
te-tupua—koia a 'Maikiroa' e takoto nei i waenganui i a raua me o
raua tuakana.　Koia a Taheke-roa, te ara o te mate e heke nei ki te Pō,
ka wheau atu ki te Po-tiwha, ki te Po-kerekere, ki Raro-henga, e iki
nei i te tangata i te rakau i nga mea katoa o te ao.　Koia nga mea
katoa i takoto kino ai te ao nei.
　Na, ka marama mai koutou ki te take o te whakaaro o Io-tikitiki-
o-rangi i poroaki mai ai ki a Mataaho raua ko Whakaru-au-moko, ka
peratia te ahua mo Papa-tuanuku i taua wa.　Koia 'Te Hurihanga i
a Mataaho' e rongo nei tatou.　Ko Mataaho, ko Whakaru-au-moko
ko nga tangata era i a raua te mana o te rū, o te puia; i a Ta-whiri-
matea te mana o te hau ; i a Iho-rangi te mana o te ua; na ko Kiwa,
ko ia te tangata hei whakawhaiti i nga wai kia whaiti te noho, te
haere ; hei tohatoha ki ta raua na wahi e pai ai hei nohoanga mo te
wai.　Ko enei tangata ko Tawhiri-matea ko Te Iho-rangi ko Kiwa, ko
Whakaru-au-moko, ko Mataaho, nga kai whakahaere katoa o te ua,

o te huka, o te wai, o te moana, o te rū, o te puia, o te kohu hoki. Ka mutu nga mana i tukua e Io-te-wānanga ki a ratou.

Na, ka whakahaerea e nga tokorima ra kua kiia ake nei; ka mahi taua whakahau a Io-taketake—koia 'Te Hurihanga i a Mata-aho,' e kiia nei, e rongo nei tatou. Ka marama mai koutou ki te ahua o taua korero; koia nei te take i tutangatanga ai te ao. Ka mutu tena wehenga o te korero nei.

Na, i runga i te tutangatanga a nga tokorima nei ka mea a Māui, "Waiho taku ika i a au; hei kainga moku me oku tuakana me a matou tamariki." Ko te taunaha tena i takoto mo tenei wahi, ka waiho i runga i te taunaha a Māui; ka mau te ingoa o Maui-tikitiki i runga i tenei motu tae noa ki naia nei. Kua rite te kupu a Māui; e noho nei tatou—nga uri o aua Māui i kiia ake nei. Nga tangata katoa e noho nei i runga o tenei motu puta noa ki tena motu, tae atu ki Hawaiki, he uri katoa na aua Māui.

Na, ko te korero mo te hīnga a Maui-tikitiki i korerotia ake ra e au he mea hī; he korero tera no te Takurua he korero na nga tangata o waho i te whare-wānanga—e hara i te korero whakaheke iho no roto i te whare-wānanga.

Kati taku whakamarama mo Māui i naia nei; kaua koutou hei neke atu i tenei e korero nei au. Ina aku hoa e whakarongo nei ki enei korero aku.

MATAORA RAUA KO NIWAREKA.

Ka noho a Whakaru-au-moko i a Hine-nui-te-po :—*

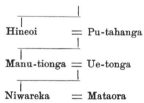

Ka whanake a Niwareka ki tenei ao; he ope Turehu; rokohanga mai a Mataora e moe ana i roto i tona whare, i 'Te Rara-o-te-rangi.' Ka tahuri taua ope ki te takaro ki a Mataora; koia nei a ratou kupu e tohetohe ana ratou ki a ratou—ko etahi e ki ana he tangata; ko etahi e ki ana he Apa, ko etahi e ki ana he Mata-ruai, ko etahi e ki ana he Poporo-kewa; ko etahi e ki ana he Ru-ao; ko etahi e ki ana he tāne. Ka mea a Niwareka, "Taku nei tāne!" I nga Turehu e tautohe ana,

* Ara, ko Hine-titama tona ingoa tuatahi.

ka puta a Mataora ki waho o tona whare matakitaki ai i taua iwi; ka mea atu, "He uha ranei koutou?" Ka mea mai ratou, "He tāne ranei koe?" Ka tupou atu te kumu o Mataora; katahi ka whakahoro te kata a te Turehu, ka mea etahi, "He toa!" Ka mea etahi, "He tāne!"

Katahi a Mataora ka karanga atu ki te ope Turehu, "Hara mai ki roto i taku whare kia hoatu e au he kai ma koutou." Ka whakaae nga Turehu, ka mea, me noho ratou ki waho, me hoatu he kai ma ratou. Ka haere a Mataora ki te tiki kai i roto i te whatarangi, he kai mo ana manuhiri. Ka tu ki te aroaro o nga Turehu. Ko taua kai he kai maoa. Ka mea nga Turehu, "He pai ranei?" Ka mea etahi, "He pirau!" Ka ki atu a Mataora, "Kaore! Kei te pai." Ka kai a Mataora, ka titiro mai nga Turehu; ka rere mai etahi ki te whewhera i te waha o Mataora, ka karanga, "E! He kutai!" Ka karanga etahi, "E! He pirau!" Ka mohio a Mataora, kaore e kai i te mea maoa, taua iwi; ka haere ki te nanao i tona puna-ika, he maraua te ika. Katahi ano ka kai te ope Turehu nei.

Ka titiro atu a Mataora kotahi te wahine pai rawa o roto o taua ope. Ka mutu te kai, ka tango a Mataora ki tona maipi, ka tuone ki te ope Turehu. Ka mutu a Mataora te tuone, ka tau ki raro; ka whakatika te ope Turehu ki te haka ki a Mataora. I a ratou e haka ana ka rere mai tetahi o nga wahine Turehu ki mua i te matua waihape haere ai, toiha haere ai, me te karanga,

"Haere Niwareka, Niwareka."

Pera katoa te ope Turehu te karanga. Ko ta ratou haka he pupuri ai i nga ringa o etahi, ka peke-rangi haere; ko etahi ka tomotomo haere i waenganui o nga mea e puripuri ana nga ringa, me te karanga haere tonu, "Niwareka, Niwareka." Ka mutu te haka a te iwi nei.

To ratou ahua, he kiri-tea, ko o ratou makawe he uru-kehu-korito; he pai te whakatipu, he ta-kokau. Ko nga kahu he rimurimu moana, i nga aroaro anake e rapaki ana. Ko nga makawe o nga mahunga tae ana ki nga pito te roroa—engari he uru nui.

Ka tono a Mataora kia homai tetahi o aua wahine māna. Ka patai mai ratou, "Ko tehea o ratou he wahine mau?" Ka tohu a Mataora ki te mea pai o ratou—tupono tonu taua tohu āna ki te tamahine a Ue-tonga raua ko Manu-tionga—ko te wahine tera i puta mai ra ki mua o te haka waihape ai.

Ka moe raua. He roa te wa i moe ai raua, ka ui atu a Mataora "Kowai to ingoa?" Ka ki atu taua wahine Turehu ra, "Ko Niwareka. He wahine ariki au na Ue-tonga; no Rarohenga."

Ka roa, ka hae a Mataora ki a Tau-toru—ki tona tuakana ; ka mea kei te pirangi a Tau-toru ki tona wahine. Ka patua a Niwa-reka e Mataora ; ka oma a Niwareka ki Rarohenga, ki te kainga i nga tipuna me nga matua. Ka pa te pouri ki a Mataora, ka tangi ki tona wahine.

Ko nga moko o tenei ao, ko nga poniania, ko nga ngu, ko nga tiwhana, ko nga pihere—ka mutu nga moko tane. Ko nga moko o te wahine he ripeka i te rae kotahi, i nga paparinga e rua. Ko tetahi moko o te wahine he poniania i te pongare o te ihu. Kaore te pu-kauae me nga ngutu. No naia noa nei te pu-kauae me nga ngutu ; he mea whakairo ki runga ki te tahā, ka mohiotia. Ko te moko o tera wa he tuhi ki te pukepoto, ki te horu ; ko nga kiri-manauri he mea tuhi ki te uku ma, ki te horu. Ko nga whakairo o nga whare he kowaiwai, ara he hopara-makaurangi tetahi whakahua, he mea tuhi ki te horu, ki te uku ma, he ngarehu te hoa ; ka mutu nga whakairo o mua, tuatahi tonu. Ka marama mai koutou ki te ahua o te moko o mua.

I konei ka haere a Mataora ki te kimi i tona wahine. Ka tae ki Tahua-roa i Irihia, ki te kainga i a Te Ku-watawata i roto o Pou-tere-rangi, e noho ana ratou ko ona hoa. Nga ingoa o tenei whare, te tua-tahi ko Wharekura, te tuarua ko Rake-pohutukawa, te tuatoru ko Hawaiki-o-maruaroa—ka mutu ona ingoa. Te ingoa tuatahi o tenei wahi ko Rangi-tatau, tuarua ko Tahua-roa. Kia hinga te taua a Whiro-te-tipua i Te Paerangi i a Tu-mata-uenga raua ko Tama-kaka, ka heke nga morehu me Whiro ki te Muriwai-hou, ki Raro-henga, ka kiia te ingoa tuatoru, ko Taheke-roa, kua oti ra te korero ki a koutou. E wha nga tatau o tenei whare, kotahi kei te tonga, kotahi kei te mauru, kotahi kei te rawhiti, kotahi kei te marangai. Ko nga hau tera i marara ai te whanau a Rangi raua ko Papa, me ta ratou noho ki runga i to ratou hakui, a Papa-tua-nuku, i a Papa-matua-kore tetahi whakahua. No reira, ki te mate te tangata ki te tonga ka hoki ano ia ki te tatau o te tonga—pera katoa nga tatau.

Ko te wa tenei i kiia ai ko Hawaiki-nui, ko te haerenga o nga wairua ma reira ki Taheke-roa. Kua whakaatu ano au, e rua nga wahanga ki roto i tenei whare ; ko te wehenga e aroha ana ki a Papa-tuanuku ka haere i te ara ki Tahake-roa ki Raro-henga ; ko te wehenga e aroha ana ki a Ranginui ka haere ma te tatau o te rawhiti, ma te Ara-tiatia. Ka tuturu i konei te ingoa o tenei whare o Wharekura, ko Hawaiki-nui. Kati taku whakamarama i konei.

Ka tae nei a Mataora ki Pou-tere-rangi, ka ui atu ki a Te Ku-wata-wata, "Kaore ranei koe i kite wahine i tika mai ma konei ? " Ka ui

atu a Te Ku-watawata, "He aha te tohu?" Ka ki atu a Mataora,
"He ihu-rakau, he huru-korito te mahunga," Ka ki atu a Te Ku-
watawata. "A! Tenei kua taha noa atu; e tangi haere ana!" Ka ki
atu a Mataora, "E kore ranei au e tae ki reira?" Ka ki atu a Te
Ku-watawata, "Ka tae noa atu koe." Katahi ka huakina te tatau o
te Angi-nuku ki te Pō ki Rarohenga. Ka heke a Mataora ka tae ki te
pu o te pikitanga; ka tutaki i a Tiwaiwaka, ka ui atu, "Kei te aha
anake te tangata o raro nei?" Ka ki atu a Tiwaiwaka, "Kei te
tuāhu kumara etahi, kei te hanga whare etahi, kei te hi ika etahi, kei
te ta moko etahi, kei te tukutuku pakau etahi, kei te ta potaka etahi."
Ka ui atu a Mataora, "Kaore koe i kite wahine i tika mai ma konei?"
Ka ki atu a Tiwaiwaka, "Kua taha; e pupuhi ana nga whatu, e
tautau ana nga ngutu!"

Ka haere a Mataora, ka tae ki te wharau, ki te kainga o Ue-tonga.
Whanatu ai e tā moko ana a Ue-tonga; e noho ana te tangata. Ka
tau a Mataora ki raro noho ai, matakitaki atu ai. Titiro atu ia e heke
ana te toto; ka karanga atu ia, "Kei te hē ta koutou na tā moko!
Kaore e pena ana ta runga tā moko." Ka ki atu a Ue-tonga, "Ko ta
raro nei tā moko tenei; kei te he ano a runga. Ko tena ta moko ki
raro nei ka kiia he kawaiwai." Ka ki atu a Mataora, "He hopara-
makaurangi ki runga." Ka ki atu a Ue-tonga, "Ko tena moko, kia
ara te whare ka kiia he hopara-makaurangi tena tuhi; ki te tukua te
moko ki runga i te tangata ka kiia he tuhi tena moko." Ka ki atu a
Mataora, "He whakairo ki a matou nei." Ka rere mai te ringa o
Ue-tonga ki te miri i te kanohi o Mataora—kua ma nga moko! Ka
katakata te iwi ra; ka karanga atu a Ue-tonga, "E runga! E runga!
kei te hē tonu ki te whakairo." Na, kua ma; "He tuhi tena. Ko te
whakairo ki a matou nei kei nga wahine tetahi peka o tena ingoa."
Ka whakaatu mai a Ue-tonga i tona kahu e mau ana te taniko, ka
karanga atu, "Ko te peka tenei ki nga wahine; ko te peka ki nga
tāne" (ka tango ia ki tona maipi, ka karanga atu ki a Mataora) "koia
nei te whakairo, he mea whakairo ki runga ki te rakau; ki te tae koe
ki taku whare ka kite koe i te whakairo. Ko tena moko i a koe na,
he tuhi."

Ka karanga atu a Mataora ki a Ue-tonga, "Kua kino aku moko i
a koe! Me tahuri mai koe ki te tā i a au." Ka ki atu a Ue-tonga,
"E pai ana! Takoto ki raro." Ka karanga a Ue-tonga ki nga
tangata tuhi kia tuhia a Mataora. Ka oti te tuhi ka tau a Ue-tonga
ki te taha o Mataora me nga uhi; ka timata te tā i a ia; ka nui te
mamae me te tangi. Katahi ka waiata i tana waiata:—

Niwareka e ngaro nei, kei whea koe?
Kia whakaputa mai Niwareka, Niwareka!
Nau au i kukume iho mai ki raro nei,
Niwareka! Niwareka! e kai nei te aroha,
Niwareka! Niwareka! here pu rawa koe i au.
Niwareka! Niwareka! waiho taua i te ao,
Niwareka! Niwareka! wehea i te po i a taua,
Niwareka! Niwareka! whakaoti rangi e i.

Ka rongo atu te taina—a Ue-kuru—ka haere ka oma ki Taranaki; i reira a Niwareka e whatu ana i te kahu o Ue-tonga, i a 'Te Raupapa-nui,' i roto i a Aroarotea, i te whare o Ue-tonga. Ka ki atu a Ue-kuru ki te tuakana, "Kei ko tetahi tangata e tāia ana ki te moko; he tangata ataahua; i a ia e tāia ana, ka tangi me te waiata, ko nga kupu o tāna waiata, e whakahua ana ki to ingoa." Ka karanga mai nga hoa wahine o Niwareka, "Haere tatou kia kite." Ka tae atu a Niwareka me ona hoa ki te marae tā-moko, ka riri mai a Ue-tonga, "I haere mai koutou ki te aha?" Ka ki atu a Niwareka ki te papa, "Ki te tiki mai i te manuhiri ki te kainga; ina e tuohu nei!" Ka ki atu a Niwareka ki te taina, ki a Ue-kuru, "Tikina atu! Arahina ake ki te kainga."

Ka arahina a Mataora; ka tae ki raro o te Pohutukawa, kua oti te whariki mai. Ka pa te powhiri a Niwareka me ona hoa wahine, me te whakamate ano ki te ahua o Mataora. Ka mea atu ki ona hoa, "Ko te ahua o te haere ko Mataora, ko te ahua o te kahu noku ano!" Ka tau a Mataora ki runga i te whariki, ka ui atu a Niwareka, "Ko Mataora koe?" Ka tungou atu a Mataora, me te kapokapo atu nga ringa ki a Niwareka. Ka mohio atu a Niwareka ko Mataora tenei; ka tangi ia ki a Mataora; kakata ana te mahi a te kauri!

Ka roa e noho ana a Mataora i reira ka tae te rongo ki Ranga-ahu, ko Mataora kei Taranaki e noho ana. Ka hara mai a Te Whirirau—he taina tera no Mataaho i mate i te whawhai i Hangarau—taihoa ra e whakamarama i tauapakanga. Kaore a Mataora i whakaae ki te korero a te taina kia haere raua ki Ranga-ahu. He tikanga na Rarohenga, ka tae te Aroaro-waimate o te tupapaku e takoto mate ana i runga nei, ki nga whanaunga i Rarohenga, ka hara mai nga wairua ki te tiki mai i te mea e tata ana te hemo, ki te whakahoki ranei i te wairua o te tupapaku ki roto i tona whare, ara, i te tinana o te tupapaku. Ki te pera te whakaaro a nga wairua o Rarohenga e kore tena tupapaku e mate. Engari mehemea he tango ta ratou i te wairua o te tupapaku e kore taua tupapaku e ora. Engari kia rite rawa nga ra o tona whanautanga tae noa ki te ra i

taka ai te iho·o te pito ka mutu i reira nga ra poroporoaki ma te
wairua o te tupapaku ki ona whanaunga i tenei ao, katahi ano te
wairua o te tangata mate o tenei ao ka huri te aroaro ki Whare-kura,
ara, ki Hawaiki-nui. Ka haere te ope wairua i hara mai ra ki te tiki
mai i a ia, ki te arahi ki roto i Whare-kura; ka tae ki reira ka purea
e nga Pou-tiri-ao o Whare-kura; kei reira ka tukua kia haere i te
ara-whanui o Tāne ranei, ki Rarohenga, i te ara o te Toi-hua-rewa
ranei ki nga Rangi-tu-haha. Ki te riro te wairua ki Rarohenga ma
nga wairua ano o reira ia e arahi ki reira. Ki te oti ki nga Rangi-
tuhaha ma nga wairua o reira ia e arahi ma te Toi-hua-rewa.

Ka ki atu a Mataora ki a Niwareka, "Me hoki taua ki Te Ao-
turoa." Ka ki atu a Niwareka, "Kei te kino te whakahaere a runga.
Waiho taua i raro nei, kia raupapa ai nga whakahaere."

Mataora: "Ma taua tera e ata whakahaere!"

Niwareka: "E kore au e whakaae noa otu. Engari me whakaatu
e au ki toku papa me oku tungane to take kia hoki taua."

Mataora: "Kei i a taua ano a taua nei take. Kaua e whakaaturia
e koe ki to papa, ki o tungane."

Niwareka: "Kua rongo hoki a runga, kua rongo hoki a raro nei.
Me waiho i taku te tikanga mo taua."

Ka korero a Niwareka ki tona papa, ki ona tungane, me ona taina,
i te take o te haramai o Mataora, he whakahoki i a ia ki te Ao-turoa.
Ka ki atu a Ue-tonga, "Mataora! E whakaaro ana pea koe, ki te
hoki ki runga?"

Mataora: "Ae! Maua ko Niwareka."

Ue-tonga: "E hoki E Mataora! Waiho a Niwareka. He mahi
pea na runga, te patu wahine?"

Ka mate a Mataora i te whakamā. Ka karanga atu a Tauwehe,
tungane o Niwareka, "Mataora! Waiho atu te Ao-turoa, te whare o
te kino. Ina hoki, ka rupeke a runga ki raro nei, na te patu, na te
kino. Waiho taua i raro nei. Motuhia a runga me ana mahi kino;
motuhia a raro nei me ana mahi pai."

('E Ta ma! He roa te kaupapa o te korero nei; e kore e taea e
au te whakawhaiti, kei ki mai etahi tangata, he kore matauranga
noku.'

Ka ki atu a Ihaka, 'Koai hoki tena hei ki atu ki a koe; ka mutu
tonu hoki pea i a koutou ko o hoa, ko Paratene, ko Nepia.'

Ko Te Matorohanga: "E Ta ma! Ko ro-whare ano a ro-whare.
Ko waho ano a waho. E kore e taea e koutou te whakawhaiti nga
iwi o nga motu e rua nei kia kotahi te ara-matua, 'he putake aka,
maha ona kawekawe; he putake korero he maha ona mararatanga.'")

Ka ki atu a Mataora ki a Tau-wehe, "Ka waiho e au nga whakahaere o Rarohenga nei moku ki te Ao-turoa." Ka karanga atu a Ue-tonga ki a Mataora, "Mataora! Kaua hei tuaruatia te rongo kino o runga ki raro nei. Me titiro koe, tauwehe a runga me te po me ana mahi, tauwehe a raro nei he Ao-marama me ana mahi."

Titiro mai nga kupu a Ue-tonga : Ko te Ao-turoa nei, kei konei anake nga mahi kino, me te po hoki ; to Rarohenga, kaore he mahi kino o reira ; kaore hoki he po, he ao-marama anake, he mahi pai anake. Koia te take o nga wairua katoa, timata mai i a Hine-ahu-one me ona uri katoa, tae mai ki a tatou nei, kaore ano tetahi kia kotahi kia hoki mai ki konei noho ai.

Ka whakaetia e Niwareka e Tauwehe raua ko te papa kia hoki mai raua ki te Ao-turoa nei. Ka mea a Ue-tonga, "Mataora! Naumai! E hoki ki tai-ao koi tuarua mai nga mahi o te Ao-turoa ki konei." Ka mea a Mataora, "Titiro mai ki oku moko ; ka pa he moko tuhi e taea te horoi ; ko tenei, he moko-whakangao nau, e mau atu nei—e kore e taea te horoi. Ko tenei ao ki a au me o konei mahi." Ka mutu nga kupu poroporoaki a Ue-tonga raua ko Mataora, ka takoto te kahu o Ue-tonga ki a Mataora, ko 'Te Rangi-haupapa.'

Me whakaoti e au te korero mo te kahu nei. I takoto tenei kahu ki roto ki Pou-tere-rangi—koia nei te mahi kāhu a te wahine e kite nei tatou. Ko te tatua, ko 'Te Ruruku-o-te-rangi' i kapititia ki a 'Te Rangi-hau-papa,' ka waiho hei tauira mo nga tatua e mahia ana. No reira enei taonga e rua. E kore hoki e tika kia kore tetahi. He paroha hoki to mua kakahu, ma te tatua e ruru, ka kauawhi ai—kaore i te penei me to te Pakeha nei, he pukoro.

Te tauira tuatahi o 'Te Rangi-hau-papa' na Niwareka ano i mahi ; i takoto ki a Hine-rau-wharangi, tamahine a Hine-titama. E kiia ana tenei kahu ko Rena, te kahu a Ue-nuku i ta raua whawhai ko Whena, i te Moana-wai-pu, i Waikokopu, i mate a Whena i a ia ano, ka patu ki te ihu ka patu ki te tā. Koia a Iwi-katea : ko te ingoa nui o tenei pakanga ko te Ra-to-rua ; ka ea te mate o nga tamariki o Ue-nuku i konei.

Na, ka hoki ake a Mataora raua ko Niwareka ki te Ao-tu-roa nei. Ka tae mai ki Pou-tere-rangi ki te pu o te pikitanga, i reira a Tiwai-waka e noho ana. Ko ia hoki te kai-tiaki o te pu-o-te-pikitanga. Ka ui atu a Tiwaiwaka ki a Mataora, "E haere ana koe ki whea?" Ko Mataora, "E hoki ana ki te Ao-turoa." Ko Tiwaiwaka, "E hoki! Kei te akaaka taiao ; hei te Orongo-nui ka hoki mai ai." Ka ui atu a Mataora, "He aha te kaupeka?" Ko Tiwaiwaka, "Hei te kaupeka o Tatau-uru-ora."

Ka hoki a Mataora raua ko Niwareka ki Taranaki. No te taenga ki te Orongo-nui o te kaupeka o te tau i a Tatau-uru-ora, ka haere a Mataora raua ko Niwareka, ka tae ki te pu-o-te-pikitanga ka ki atu a Tiwaiwaka, "Mauria atu to taua potiki hei arahi atu i a koe—a Popoia raua ko Peka." Na, kake ake a Mataora raua ko Niwareka me Popoia raua ko Peka, ka tae atu ki te taumata i Pou-tea, rokohanga atu e noho mai ana a te Patatai i reira. Ka ui atu a te Patatai, "Mataora! E haere ana koe ki whea?" Ko Mataora, "Ki taiao!" Ko Patatai, "Mauria atu taku potiki ki taiao; kia makohakoha ai tona haereere. Mau e manaaki iho. Waiho e koe i te poti o te matapihi he nohoanga mona. E ta, E Peka! to iramutu." Ka ui atu a Mataora, "Akuanei haraua ai e te aitanga a Tāne!" Ko Patatai, "Waiho i te tuāhu i te turuma he kainga mona. Ko Popoia raua ko Peka e maka ki te po kia kore e haraua e te aitanga a Tāne."

Ko te take tenei o te Ruru raua ko te Pekapeka e kore e haere i te awatea, hei te po anake. E toru enei manu, te Ruru, te Pekapeka, te Miromiro, a ki te uru tetahi o enei manu ki roto ki te nohoanga tangata, e whakaatu ana i te aitua kei roto i taua whare. Ki te uru a te Patatai raua ko Tiwaiwaka—tetahi ranei o raua—ki roto ki te whare nohoanga tangata e whakaatu ana he aitua kei roto i taua whare. Ko te putake tenei i whanake ai te Patatai raua ko te Tiwaiwaka ki te toro i to raua whanau i kiia ake ra. Ka tonoa nei e Māui a te Patatai raua ko Tiwaiwaka me Tatahore hei hoa māna ki te patu i a Hine-nui-te-po, kua oti ra te korero.

Kati, ka maro te tira o Mataora raua ko Niwareka ki taiao. Ka tae ki roto ki Pou-tere-rangi, i reira a Te Ku-watawata me ona hoa e noho mai ana. Ka ui atu a Te Ku-watawata, "Mataora! He aha anake nga taonga o raro i a koe?" Ko Mataora, "Ko nga mahi o runga nei kei te po e takaahu ana. Ko nga mahi o raro kei te Ao-turama e taka ana. Kotia te po ki runga nei, kotia te Ao-marama ki raro. Te rua o nga taonga he moko-whakatara (he moko whakairo rakau tenei) he moko-whakangao (he moko-tangata tenei), he whakairo-paepae-roa; me te whanau a Tiwaiwaka raua ko Patatai. Tenei te haere nei i a maua." Ka karanga a Te Ku-watawata ki a Niwareka, "He aha te porukuruku i runga i to tuara na?" Ka karanga a Mataora, "E hara, he karukaru no maua."

Ka puta atu a Mataora raua ko Niwareka ki te whatitoka o Pou-tere-rangi, ka karanga atu a Te Ku-watawata, "Mataora! Ka tohia i te pu, i te weu, i te more. E kore te tatau o Pou-tere-rangi e tuhera ki taiao. Engari i te po ka wheau anake, ki Rarohenga. Ka tohia te tinana ki runga nei, ko te wairua anake māna e takahi o runga, a raro." Ka ui atu a Mataora, "He aha ra te take?" Ka ki atu a

Te Ku-watawata, "Ko te 'Rangi-hau-papa' kei a koe. He aha koe i titaha ai?" Katahi a Niwareka ka tango i a 'Te Rangi-hau-papa' ki waho o tona porukuruku. Ka karanga atu ki a Te Ku-watawata, "Ko 'Te Rangi-hau-papa' tenei. Waiho i te pu, i te weu, i te more i Pou-tere-rangi takoto ai hei kahu mo taiao, mo Rarohenga." Ka mutu nga kupu a Niwareka, ka karanga atu a Te Ku-watawata, "Tawhia, tamaua ki te pu, ki te weu, ki te more. E kore a 'Te Rangi-hau-papa' e hoki ki Rarohenga, waiho hei tauira i te Ao-turoa." Ka mutu nga kupu.

Ka whakamarama au ki a koutou i nga kupu a Te Ku-watawata ki a Mataora raua ko Niwareka : 'Ka tohia te pu, i te weu, i te more;' tona tikanga ko te tatau o Pou-tere-rangi i te 'Ara-whanui a Tāne'; e kore e takahia e te tinana tangata, engari ma te wairua anake e takahi, tenei ao tae noa ki Rarohenga. Kati tena. Mo Niwareka; ko 'Te Rangi-hau-papa' ka tuturu ki roto o Pou-tere-rangi hei tauira ki te Ao-turoa nei anake. E kore ano e hoki atu hei tauira ki Rarohenga. Ko te tauira tenei a nga wahine katoa i taea ai te whatu kakahu, te taniko. Na Niwareka ano i mahi te tuarua o 'Te Rangi-haupapa,' kua oti ake ra te korero.

Me hoki ano to tatou korero ki a Mataora. Ka riro mai i a ia te peka o te wānanga o Rarohenga, ka mahia te whare-tuahi o Mataora, ko Poririta te ingoa. Ka hui te mahi a te tangata ki te matakitaki i nga moko o Mataora; ka ki atu a Tu-tangata ki a Mataora, "Ka taea ranei au e koe te tā, he moko pena me ou na?" Ka ki atu a Mataora, "Ka taea!" Katahi ka tāia a Tu-tangata e Mataora. No te otinga o nga moko āna ka titiro nga tangata ki nga moko, ka karanga atu ki a Tu-tangata, "E Tu! Kei te pewa te tiwhana, ko te pihere kei te ngu : ka kino o moko." Ka waiho hei roanga mo te ingoa o Tu-tangata, ko Tu-tangata-kino.

O muri o tenei ka taia a Maru, a Ue-kaihau; katahi ano ka kite i te purotu o te hanga nei, o te kauri. Ka tae ki Awarau te rongo, ki Tonga-nui, ki Rangiatea, ki Hui-te-rangiora—enei he ingoa motu, kei Tawhiti—ka tonoa mai he karere kia haere atu a Mataora ki Irihia, ki te kainga i a Nuku-wahi-rangi, kia kite ratou i a Mataora me ona moko. Ko nga moko ona, ko nga poniania o te ihu, me nga pihere, me nga ngu, me nga tiwhana; ka mutu mai nga moko i riro mai i a Mataora o Rarohenga mai. Na runga nei i whakatutuki nga moko, he mea whakairo ki runga ki te tekoteko e Nuku-te-aio raua ko Rua-i-te-pupuke, i whakaputa te whakairo ki te ao. Ka tāia i konei a Huru-waru te tangata o Te Pipi-o-te-rangi. Ka titiro atu a Te Pipi-o-te-rangi kua pai nga moko o taua tangata. Ka ki atu, "Ko Moko-huruhuru he ingoa mou."

Ko nga moko o Niwareka, e rua i te rae i nga paparinga; kaore te pukauae me nga ngutu i reira.   Ki a Tiwhana-a-rangi ka taia a Ruhiruhi, katahi ano te ngutu.   Ko te pukauae o te wahine no tenei motu, he mea tauira ki runga ki te tahā-wai, ka taia ki runga ki a Iranui e Kahukuranui, na Kahu-kura-kotare i tuhi.

Ka mutu taku korero whakamarama mo te moko.   Kaore i marama i a au te putake mai o te rape; he kore tonu kaore i korerotia.

Ka mutu i konei " Te Kauwae-runga."

THE LORE OF THE WHARE-WĀNANGA.

TRANSLATION

OF

PART I.—TE KAUWAE-RUNGA

OR

'THINGS CELESTIAL.'

THE WHARE-WANANGA

OR HOUSE OF TEACHING OR LEARNING; THE MAORI COLLEGE.

CHAPTER I.

Introduction—The ancient houses of teaching—The Whare-wānanga, and its methods—The Pō, or ages, or æons of darkness—The months, etc.—The Whare-maire—The Whare-porukuruku.

[THE following is the teaching of Moihi Te Matorohanga (who will be referred to in the future as 'the Sage'), of Wai-rarapa, East Coast of New Zealand, on the subject of the Maori College, in which the young lads who shewed a disposition towards learning, and had been observed to be accomplished in telling stories, etc., were taught by the old Priests (or *Tohungas*) all that tended towards making them accomplished in the higher knowledge that was necessary to the chiefs and priests.

This teaching was divided into two branches as follows:—

1. Te Kauwae-runga   2. Te Kauwae-raro

(the simple translation of which is, the upper-jaw, and the lower-jaw). These branches were also sometimes designated, Te Kauhanga-runga, and Te Kauhanga-raro.* The expressions had a clear meaning to the Maoris, the first representing everything pertaining to the gods, the heavens, the origin of all things, the creation of man, the science of astronomy, and the record of time, etc. The second (Te Kauwae-raro) deals with the history, properly so called, of the people, their genealogies, migrations, the *tapu*, and all knowledge pertaining to terrestrial matters. We may thus say that the first represents 'Celestial things,' the second 'Terrestrial things'; though, as will be seen, the distinction is not always adhered to.

---

* The meaning of these two terms is not quite clear, but Kauhanga was the name given to the imaginary plane separating the various heavens from each other, and in that sense they are approximate to the meaning of the upper and lower planes.

In order to a clear understanding of the Sage's teaching in
reference to the Whare-wānanga, it is necessary to know a good deal of
his other teachings—which follows after this chapter—on the Kauwae-
runga. So far as possible the notes will aid in this.

The meaning of the words Whare-wānanga is somewhat difficult to
express shortly in English ; but probably the nearest meaning is, the
' house of learning,' or ' house of teaching,' with the understanding
that the higher learning is meant—in some cases esoteric learning.
Whare, of course, is a house, a building.* *Wānanga*, means the
higher and sacred knowledge, and to recite that knowledge—it is, in
fact, very similar to the meaning of *Veda* in the Sanskrit, as used in
the name of the Hindu sacred books, the Rig-veda-Samhita.†

In some parts the Whare-wānanga is called Whare-kura (where
Kura has the same meaning as wānanga) and Whare-maire. But it
will be seen later on that the Sage makes a considerable distinction
between the first and the last, and rarely mentions the second, though
that name is well-known to many tribes ; and the late Mr. John White
in his "Ancient History of the Maori," Vol. I., has described the
Maori College under the name of Whare-kura.

The Whare-wānanga was an extremely sacred institution, as will
be seen by the Sage's description. Some of the tribes have preserved
the principal names of these institutions right away from the original
Fatherland—indeed, even from the Heavens themselves—down to
their extinction in the middle of the nineteenth century. The Sage
gives the following succession of houses used by his ancestors ; but it
does not profess to be a perfect list—only the more important being
mentioned :—

1. Matangi-reia. This was the original of all the Whare-
   wānanga, and the pattern from which subsequent ones were
   built, and from whence came all knowledge, brought from
   the twelfth heaven—Te Toi-o-nga-rangi—by the god Tāne-
   matua ; this was the temple of the Supreme God Io. It is
   said to have been situated in the Sun's path in the heavens,
   the name itself having that meaning.

---

* In Maori, that is ; for in Rarotonga it has also a collective or plural meaning,
as *e are ariki*, the chiefs, or collection of chiefs ; *e are atua*, the company of gods,
etc.

† See Prof. A. A. Macdonell's ' A History of Sanskrit Literature,' p. 29. This
is not a philological work, or we might, perhaps, be able to show that *Wānanga* and
Veda come from the same root.

2. Rangi-atea. This was another temple in the twelfth heaven, where were deposited the *whatu-kura* on the *Ahu-rewa*, or altar, the *whatu-kura* being the sacred stones connected with the teaching, and were in charge of the male and female guardian spirits (Whata-kura and Marei-kura *) at that part of the twelfth heaven which was the *marae*, or court yard, or plaza of Rangiatea, named Rau-roha. Rauroha means a wide space, as of the heavens. Rangi-atea, describes the complete absence of cloud in the skies. The Sage declared this to be " the teaching of the Whare-wānanga, and must not be questioned."

3. Tawhiri-rangi. This was the temple—not necessarily a Whare-wānanga—in which the spirits of mankind, who were deemed worthy to ascend to the presence of Io, the Supreme God in the twelfth heaven, were purified before their admittance into that heaven. It was situated in the first heaven, below the summit (probably), the entrance to which, was named Pu-motomoto, and opened downward into space. The door of departure of the spirits upwards to Io from this heaven was named Uru-rangi. [Entering-heaven.]

4. Whakamoe-ariki, was a sacred house (probably) in the twelfth heaven, where dwelt the minor gods, Rua-tau, Aitu-pawa, Rehua, and the spiritual beings named Te Tini-o-Pono-aua (the Pono-aua tribe), who were the servants of the Apas, or messengers of the gods.† The three first named were the guardians of the heavenly treasures, and, from their association with Io, the Supreme God, were considered to rank above the other gods.

5. Whare-kura, was a temple situated in Rangi-tamaku, or the first above the lowest heaven (according to one description), and which served as the prototype of the terrestrial temples ; from it succeeding temples took their generic name of Whare-kura. In this place were suspended the (emblems of the) teaching of Tāne, together with the *whatu* or sacred stones brought down by him from the twelfth heaven. The

* Whatu-kura is applied both to the male guardian spirits and to the sacred stones.

† It is said that it was from this temple, a sacred stone called a *papa-tatau* (or inscribed tablet) was brought to New Zealand by Manaia, Te Ha-tauira and others, and deposited in a house built at Oakura, nine miles south of New Plymouth. See " Taranaki Coast," p. 156. This, however, is not derived from the Sage's teaching.

teacher in this house was Uru-te-ngangana (also Nuku-te-aio and Rua-i-te-pukenga).

[In another place, the Sage states that the second temple named Whare-kura was situated " at Te Hono-i-wairua (the gathering place of spirits) at Tawhiti-pa-mamao (the Father-land) in the spot where the teaching of the Whare-wānanga originated," (i.e., where man was first taught the doctrines brought down from Heaven by Tāne) "and where were created the land, the great ocean, the forests, the plants of the land, the fish of the sea, according to their kinds, the birds of each kind, the reptiles whether of the land or the sea, and over which temple presided the ancestor Uru-te-ngangana" (who was one of the gods).] It rather seems as if some con-fusion exists as to whether or not there were two temples of this name.

6. Tangi-te-wiwini, was another temple situated in the ancient Fatherland of Irihia, at Tawhiti-pa-mamao, at Te Hono-i-wairua. It is also said another temple, named Te Rangi-tapu, at Kaupeka nui, was built in the ancient Fatherland of Irihia, or Hawaiki-nui.

7. Wharau-rangi, was another temple built in Irihia; the teacher was Maui-mua,* assisted by others. From the fact of Maui-mua being the priest, it is probable this temple was built after the first migrations of the people from the Fatherland—the name Irihia probably covering more than one country.

8. Takapau-rangi. In this house Taka-waerangi and others were the teachers, but it is not stated where it was situated, but, probably in some of the lands the people resided in for more or less lengthy periods on their migrations from Irihia, or Hawaiki-nui, to the islands of the Pacific.

9. Te Mahu-rangi, in which house Uenuku-rangi was the prin-cipal teacher, besides others—no locality stated, but Uenuku-rangi flourished about thirty-seven generations ago (or, say, in the eleventh century), and, if so, the people probably were then in the Hawaiian Islands,† for this branch of the Maori

---

* Maui-mua was the elder of the five brothers Maui, the youngest being the Solar hero, Maui-potiki.

† There is a doubt at present about this Uenuku, for though one of that name is shown as above at thirty-seven generations back, there is another Uenuku, who is sometimes called Rangi, who flourished twenty-four generations ago, when the people were in Tahiti.

people seem to have come to the Southern Pacific viâ those islands.

10. Te Kau-whanga-nui. In this house Te Pae-whenua was the chief teacher. It is not stated where the building was situated, but it probably was in Tahiti.

11. Te Hauhunga-roa, was the house, and Timu-whakairihia was the teacher, and, as he certainly lived in Tahiti or the adjacent islands, we may safely say it was in use about the twelfth or thirteenth century.

12. Te Kohu-rau. This *whare-wānanga* was a cave (or had a cave attached to the building) and the teaching under Whare-patari was removed from number eleven to this place. The date would be about the beginning of the fourteenth century. There is a place with the same name in the Maori Hades.

13. The same place as above, but Te Rongo-patahi, Rua-wharo, and Tupai were the teachers. Under these three priests the sacred stones, emblems of the gods, the sacred axes, and other paraphernalia pertaining to the temple, were brought to New Zealand in *circa* 1350, in the ' Takitimu ' canoe.

14. Te Rawheoro, was the house, and Hinganga-roa the teacher. This house was built at Uawa (or Tologa Bay, twenty miles north of Gisborne, East Coast, New Zealand). The house, or, more probably one named after it, was in use up to the middle of the nineteenth century.

15 and 16. The Sage enters no names; he probably was not certain about them, or had forgotten.

17. Maunga-wharau, some thirty miles south of Napier; Taewa was the priest, who also had a *whare-marie* there (see *infra* as to description of latter). Taewa (or properly Taiwha) flourished about eighteen generations ago, and was said to be the most learned man of his time.

18. Ira, a *whare-wānanga* at Uawa.

19. Whariki-awatea, a house built at Okawa, Omāhu, near Hastings, over which Te Haku-rangi presided and taught.

20. Nga-mahanga, in which Nuku-tama-roro taught.

21. Te Poho-o-Hinepae, Te Iho-o-te-rangi being the teacher.

22.   at Nuku-taurua, Te Mahia peninsula, but the teachers names are not given. It was used as lately as 1840, if not later.*

---

* In ' Journal Polynesian Society,' Vol. IX., p. 229, will be found a similar list of Whare-marie known to the Nga-Rauru people of the West Coast, Cook's Straits. They are, however, quite a different tribe to that of the Sage's, and had their own teachings.

It was in these temples, colleges, or houses of learning, that the priests of old taught the young men of their particular tribes, with the constant admonition never to depart from what they learned, nor to allow other subjects than those taught by the tribal priests to be introduced into the Colleges. The Sage states that youths from other tribes might be taught therein; in which probability he means the series of tribes of the East Coast who all, more or less, are related to the descendants of the crew of the "Takitimu" canoe that came here about 1350, and also to the original *tangata-whenua* people, about whom we shall learn later. It would seem from the difference in the teachings found in other tribes that this is so.

It is to be noted that all the teachings of the Sage on the subject of the Whare-wānanga are here brought under one heading in the translation, though the sources of the information are to be found scattered through his various teachings (in Maori) in other parts which will follow this. We may now leave the Sage to tell his own story. He died in 1884, aged about eighty years.]

IN February, 1865, Rei, addressing Te Matorohanga said, "O Moi! Explain to us about the Whare-wānanga and its teachings." The Sage replied, "What of the Whare-wānanga indeed! It is similar to the [teaching of the modern] church; do not we wash ourselves in the pots used for cooking [nowadays]?"[1]

Attention! O Sirs! Listen!: There was no one universal system of teaching in the Whare-wānanga. Each tribe had its own priests, its own college, and its own methods. From tribe to tribe this was so; the teaching was diverted from the true teaching by the self-conceit of the priests which allowed of departure from their own doctrines to those of other Whare-wānanga. My word to you is: Hold steadfastly to our teaching: leave out of consideration that of other [tribes]. Let their descendants adhere to their teaching, and you to ours; so that if you err, it was we [your relatives] who declared it unto you [and you are not responsible]; and if you are in the right, it is we who shall leave to you this valuable property [and should have the credit thereof]. The omissions in our discourse, you will be able to adjust, whether it be of the foundations of knowledge or that which proceeds from it. The omissions in my teaching, or innovations, the variations, the interruptions, or divergence from the main argument or

1. The Sage here deplores the abrogation of all *tapu*, and illustrates his meaning by calling attention to the fact that men's sacred heads are now washed in the same utensils in which food has been cooked or placed—a most shocking thing under the old regîme, and entirely distructive of the *tapu*.

true story, Paratene Te Okawhare[2] and Nepia Pohuhu[3] will be able to supply. Their teaching is the same [as mine]—one of them can adjust this. My wish was, if Te Ura had consented, there should have been only one house of teaching for all of us together; in that case there would have been no trouble, for one of us would have laid down the main line of teaching [and discourse thereon], whilst two would have listened in case of any divergence, and one of them would supplement it, or in case of the 'solution of continuity' the other would cause the discourse to flow again,[4] and to become reaffixed to the root of the subject, or supply any omissions. It was thus in the Whare-wānanga—not less than three teachers took part, not counting the many other *tohungas* (or priests) present. In this way all went properly. The *tauira* (or pupils)[5] are not here considered, for unto them was poured out the properties (teaching) in the basket-of-knowledge.[6] Their business was to listen, and to firmly fix in their hearts, in their very roots and origins, all they are taught, with also the strong desire to retain it all.

The Whare-wānanga is for use by those young men who are considered by their tribe to be suitable for learning; who are intelligent and alert, and display perseverance in learning what is taught them. It is those [alone] who are allowed to enter the Whare-wānanga. They have to undergo a preliminary teaching amongst their own tribe before entering. The house of teaching is for such cases, and for all tribes—not for a single tribe or for one or two only.

Now, in constructing the Whare-wānanga let the site be outside the palisaded *pa*, and away from the village, or the food-cultivations, or the bird-preserves, or canoe-landing places, or distant from paths where men pass. This was done because the Whare-wānanga was a *whare-tapu*—a sacred house—and the sacredness extended to the *ahurewa*, or altar, the *marae*, or court, and the latrines; together with all those who took part in teaching and learning—all were extremely *tapu*. In case

2. This was one of the old priests of Wairarapa.
3. Nepia Pohuhu's teaching we shall have largely to draw on later.
4. *Whakarewa* is the word used, i.e., to float. But it also means to cause the uprising of a war-party ready to start on the war-trail, a meaning not found in the Dictionaries. This is the origin of the name Whakarewa at Rotorua.
5. The pupils are here referred to as *tauira-horomata*. Tauira is the ordinary word for pupil. But, *horomata*, is the name for a very small quantity of food—generally *aruhe*, or fern root—given to the pupils just before the teaching commenced, to cause their minds to become absorbed in the subjects taught, known emblematically as Tu-horo-mata.
6. *Kete-wānanga* = basket of knowledge, used emblematically as the subject taught. It is difficult to find an English equivalent; syllabus is something like it.

the dedication *karakias* [prayers, incantations, etc.] only covered as far as the *paepae-awha*,[7] it would not render the house sufficiently *tapu*; a house trodden by the feet of [ordinary] men [in such case] would not have sufficient *māna* [prestige, power, etc.]. Nothing that took place within the house during the teaching might be disclosed—it was sacred. The whole of the *marae* is *tapu*, as well as all belonging to a properly constituted Whare-wānanga.

The sleeping houses, cooking houses, store houses of every kind, together with the cooks must all be outside the sacred *marae*; and only those who are officiating in the Whare-wānanga (or Whare-maire, as some call it) may enter therein. No one from outside may enter either the *marae* or the house, lest they be stricken with *mumutu*[8] (or as some call it *take-whenua*). No woman who has cohabited with a man may cook food for the staff, or even enter the *marae*; the season being that she has a bloody flux [and is hence impure].[9]

The following is the course adopted in the construction of the Whare-wānanga: The foundation of the house must be carefully cleared and swept. This done, a commencement is made with the *poutua-rongo*, or rearmost pillar, then the *pou-toko-manawa*, or central pillar, and lastly the pillar by the door. These three pillars are kept to their proper height by the *aho-tatai*, or cord stretched from rear to front; the rear pillar is four fingers breadth lower than the centre one, and the latter the same below the top of the front pillar. It is the same with the floor of the house, the rear must be four fingers breadth below the front [and, adds the Scribe, the width of the building must be four fingers breadth greater in front than in rear, and the opening of the doorway four fingers wider on the inside of the jambs than outside. This is supposed to allow smoke to escape, and the dimensions have been decided on from experience. All measurements are always made inside the house. For particulars of an an ordinary Maori house see ' Journal Polynesian Society,' Vol. V., p. 145, and they do not differ much from a Whare-wānanga, which averaged about forty feet long by twenty feet wide, and fifteen to twenty feet high].

7. The *paepae-awha* is the squared and carved log which extends from side to side of the house inside the front gable ; it is about two feet high, and over which people step into the open porch of the house. Outside this is the *marae* or court, or plaza, where, in ordinary villages, meetings, ceremonies, etc., are held.

8. This is leprosy, otherwise called *ngerengere* or *take-whenua* (which is the original term). It is called *mumutu* because the fingers drop off, whence the word.

9. The Scribe states that only those women who never have *menses* are ever allowed within the *marae*.

In the process of building, before placing the rearmost pillars in the ground, there are deposited in the hole three *whatus*,[10] of which Rakai-ora [emblematical for a green lizard] is the first; or if none are at hand, then the 'son of Pekerau,' a *tuatara*.[11] If that could not be procured, the 'son of Arawaru,'[12] the *karearea* [or sparrow-hawk] was used [all these things have to be collected before the home is started, otherwise it would be a *whare-aitua*, or house of ill omen—says the Scribe]. Before placing them the whole, the three *whatus* were brought in a *kete* (basket), and a mat laid down in the middle of the *kauwhanga*, or passage down the centre of the house, when the second priest seized the *tuatara*, and the third priest placed them on the mat. After this the last priest repeated a *karakia*, or prayer, to *whakanoho*, or place the *whatus* in position on the mat. Two of the *whatus* are then placed in the hole, the *karearea* remaining. The green lizard and the *tuatara* having been buried, the post is placed in position, and when it is upright, the 'son of Arawaru' [see note twelve] is put by the first priest on top of the rearmost pillar, between it and the ridge pole. He

10. The *whatu* is some object buried at the foot of the pillar to ensure sanctity and prestige. In a high-chief's building this was often a slave who was made to squat in the hole embracing the pillar, and then buried alive. This was also done in the case of some of the main posts of the fortified *pas.*—See 'Journal Polynesian Society,' Vol. XX., p. 15. It was suggested in the Introduction to these Chapters, that the Angami tribes of Assam, India, were a belated branch of the Polynesian people. This ceremony of placing a *whatu* at the base of the main post of a house was known to them as well as the Maoris, as the following extract from Vol. XX., No. 2, 1909—of "Folk Lore" will show—Mrs. T. C. Hodson therein says: "The head man of a large and powerful village on the frontier state of Manipur was engaged in building himself a new house, and to strengthen it seized this man—a Naga—and forcibly cut off a lock of his hair, which had to be buried underneath the main post of the house. In olden times the head would have been put there, but by a refinement of some native theologian a lock of hair was held to be as good as a whole head." The Angami people are a branch of the Nagas and live just north of Manipur.

11. A large lizard, twelve to eighteen inches long, *Sphenodon punctatus*, which, although now only found on the off islands, was common on the mainland formerly.—See 'Journal Polynesian Society,' Vol. XX., p. 40.

12. The *Whanau a Te Arawaru raua ko Kau-mahi* (the family of Arawaru and Kau-mahi) were numerous; they consist of several of the bivalve shell-fish. Their names are given by the Sage in another part of his teaching as follows.—Te Pipi-toretore, Te Pipi-taiawa, Te Pipi-pokai, Te Pipi-rapaki, Te Pipi-koura, Te Pipi-awanga, Te Pipi-koroputa, Te Pipi-tuangi, Te Pipi-peraro, Te Pipi-kapeo and Tairaki—some, if not all, of which are emblematical names. The story is that a war once took place between the *Pipi* (bivalve) family and the *Kuku* (mussel) family at Waiharu, and the former drove the latter to the *One-tahua*, or beach between the tides.

then commences his *karakia*, whilst all pull out a few hairs from their top-knots and place them on top of the *karearea*.   The priest who has placed the *whatus*, then fills in the first of the earth, and after that other priests proceed with the work of building the house, by starting at the right hand corner of the walls.   This concludes the ceremonious part connected with the building of the house.

After the house is finished it is closed.   Let me explain this further: At daylight the digging of the holes for the three pillars is started, with the ceremonies already described.   When the three pillars have been firmly rammed, the ridge pole is placed in position ; all must be finished before the sun rises above the horizon ; after that the other work goes on.   No woman is allowed in any part of this building [whilst it is building, or at any other time].   The day before the opening of the house, the priests alone are allowed within, in order to consecrate it, and to place some small *whatus*, or stones [see note forty-one], at the rearmost pillar ; these stones are to be fed to the pupils who are to be taught the *wānanga* (or syllabus).   This part of the house is called the Ahurewa, or (most) sacred spot or altar.[13]   Let this be quite clear : The *tuāhu* (or ordinary altar) is outside—not in the house.   There are two (proper) sites for the *tuāhu*, one near the latrine,[14] one by side of a tomb—those are the only proper sites.   The reason of this is lest (the *tuāhus*) should be desecrated by the approach of food, or by food being suspended near them.[15]   I have heard of *tuāhus* being placed in other spots.   This is correct; but in that case they are used only for the *uruurn-tapu* [where witchcraft is taught, or where the umbilical cord, and hair when cut, is deposited], or as places where offerings are made to the gods, purification after touching a dead body, or removal of the *tapu* from anyone, etc.

In case the two stones mentioned above cannot be procured [or in

13. The *Ahurewa* was a most sacred altar at the back part of the house, near the *pou-tuaronyo*.   In front of it was laid a woven mat that had been made sacred. This covered the *whatu-kuras*, or sacred stones.—See *infra*.   The *Ahurewa* was also the spot where the priests kept their sacred clothing worn during the teaching, and there also was deposited the *ipu-tapu*, or sacred vessel, in which 'holy water' was kept, which was offered to the gods by throwing a few drops over the left shoulder.

14. It is strange how sacred a place the latrine is in all Maori ceremonies ; we shall frequently find mention of it as this narrative progresses.   The *Tuāhu* of the Whare-wananga, says the Scribe, was the right-hand post of the rail, usually carved, where people sit to ease themselves.

15. It has already been mentioned that food contaminates or abrogates the *tapu* of all sacred places or things.

some other cases] eleven stones [16] of *huka-a-tai*,[17] or of *rehu*, are substituted and four are placed on each side of the Ahurewa, and three at the *takuahi*, or fireplace of the house.[18] The reason they are so placed is that these stones are common ones, carefully sunk in the ground as seats for the pupils when the College is opened, and then the priests recite their *karakias* from those stones at the *takuahi* [fireplace], or from the *kauwhanga* or passage of the house. The eight stones near the rearmost pillar, are used when the college breaks up in the month of Tapere-wai (September), and the session ends. The three stones at the *takuahi* are called ' Te Rongo-taketake [19] of Rongo-marae-roa' [or the abiding-place-of-Rongo-marae-roa—god of all cultivated foods], and the eight stones are called 'Nga-whatu-matāki.'

[Just before the final ceremony of 'breaking up' (I am informed by the Scribe) the pupils were told to stand on the mat, already referred to which was placed just in front of the Ahurewa, or altar, under which mat the Whatu-kura (or Stones of Knowledge) were placed; and then all the priests gathered round them and placed their hands on the pupils heads, at the same time repeating an invocation to

16. Probably this number represents the eleven heavens, exclusive of the twelfth, sacred to the Supreme God Io.

17. Huka-a-tai = Sea-foam, or like sea-foam. It was explained to me by the Scribe, that this is not a common stone found on the surface of the earth. Originally it was believed to have been brought from the heavens, and was the material out of which the Whatu-kura-a-Tane and the Whatu-kura-a-Tangaroa were made—see description of these later on. *Rehu* is sea-foam.

18. Takuahi. The ordinary fire-place of a Maori home is situated near the middle of the floor, and is a shallow hole with a flat stone on each of its four sides. In the ancient temple named Hawaiki (from which all subsequent places of that name derive their origin) there were four *takuahi*, one opposite each door, but in the centre of the temple, the doors being opposite the four cardinal directions ; it was by these the spirits entered from the four points of the compass, and it was in this temple spirits of the dead separated—some to the Supreme God Io, others to the evil spirit, and fallen god Whiro. See later on. The Scribe says these stones were about nine inches high, and the pupils who have passed a good examination are placed on the right-hand stones, those who have to come up again on the left. Each stone has a different name, as mentioned below.

19. Rongo-taketake, is a form of peace-making between hostile tribes, in which the war-gods of the opposing parties are supposed to be present, and through their priests, confirm and consent to such peace. It was the most enduring form of peace of all. In the Ure-wera country it is known as the 'Tatau-pou-namu' or 'Jadeite-door,' presumably meaning that the peace was as enduring as a door made of that material—not, however, that this valuable substance was ever used for such a purpose—the expression was allegorical. Rongo-taketake as used here implies that the knowledge gained by the pupils will last ; he will never forget.

ensure the permanence of what the pupils had learned. The Whatu-kura were sacred stones, and the Sage says in another place that they were white, or, failing them, sometimes of basalt of a reddish brownish color.] That is all about these stones.

On the closing of the College, those taught by the priests were taken to the *paepae*, or bar, of the *turuma*, or latrine of the precincts, to remove from them the state of *tapu* induced by their sojourn in the College; and there the pupils bit the *paepae*, or bar.[20] After this all proceeded forth from the *marae* in a state of nudity; their usual clothes were deposited in the houses outside the *marae*. The clothes worn whilst in the Whare-wānanga were returned to that building by the priests [and deposited at the Ahurewa, or altar].[21] This course was pursued every day whilst the teaching lasted. On the day of final departure from the precincts of the sacred *marae*, the priests took from the pupils a lock of their hair, the dirt of the feet, the spital, the perspiration from under the arms or between the thighs, and carried them to the rearmost pillar of the house and their buried them. All of this was done for fear that any such parts should be used in bewitching, or be a means by which the pupils were made to disclose any of the teachings they had acquired.[22] After all this the pupils were taken to the water and ducked therein [as a cleansing from the *tapu*; there was near every village a *wai-tapu*, or sacred water, used in many ceremonies].

But before the final departure of the classes from the sacred *marae* of the Whare-wānanga, they all stood in rank within the veranda (or porch) of the house, facing outwards. The door and the window[23] were both closed; and the pupils were confined by the *paepae-awha*

20. This ceremony is often referred to in Maori history. The act of simulated biting is said to induce the 'hardening,' or remembrance of the teaching. It is also said to shew the determination of the pupil to adhere to the teaching, a form of declaration that they were equal to anything, however repulsive, in order to show their proficiency.

21. The clothing consisted of a short flax kilt, called a *pekerangi*—so called from the fact that when not in use and hung out to air, they were placed on the *pekerangi*, or outside palisade of the *pa*.

22. As a matter of fact, all but the *koukou*, or what may be called a scalp-lock, was close clipped or shaven in both men and boys, whether being taught or not. It was considered highly advantageous if the wizard could procure any part of the victim he intended to bewitch, over which to say his incantations, and hence the care exercised, as described above.

23. The window, in all houses, was on the right of the door as one entered, and within the door on the left hand side was the place of honour for guests in an ordinary house. Both door and window were closed by sliding pannels.

[see note 7], or threshold of the porch, whilst the priests stood in the *marae* in order to address the pupils, the speeches being made by two of them. The addresses were, firstly, in the nature of commendation for good behaviour; secondly, exhortations to be careful how they carried themselves, and to guard what they had been taught; thirdly, a statement of the month in which they should return [to complete their courses]. This ended they marched, the priests leading, to the bounds of the *marae*, where they stood facing the direction of the door of the house; and then one of the priests taking a *kaunoti*[24] made a sacred fire, whilst another priest recited a *karakia*. The reason of this proceeding was: if the sacred fire burnt, then Pu-oro-rangi or Rangi-whakarara sounded: the former being the rolling or rumbling thunder, the latter sharp claps of thunder. Only two claps would be heard.[25] It was then that the pupils discarded their sacred garments and went forth from the *marae*, and only returned in the month that had been fixed for further teaching.

[Each day the lessons commenced at daylight, after the priests had said a prayer, and ended at *pou-tu-maro*, or high noon; no teaching was carried on after that, for it was against Maori custom, says the Sage in another place.]

Now, when the Whare-wānanga is opened for a session by the priests and pupils, when all are assembled within, the door is closed, and the following *karakia* is recited:—

Here am I with an ardent desire, a perseverance equal to thine, O Ruatau![26]
Give to these pupils, to these acolytes [all knowledge]
I close the door of this my house, like
Te Rangi-kaupapa, door of the Tawhiri-rangi[27]

24. Kaunoti, is the dry stick laid on the ground and on to which the pointed *kaurimarima* is briskly rubbed to procure fire—the common Polynesian method. In travelling these dried sticks (of certain woods only, in which Māui had placed the 'seeds of fire'), were carried suspended round the neck to keep them dry, and thus by contact with the body they became *tapu*—so says the Scribe, but I think the *ahi tapu* means rather a sacred fire, especially generated in connection with various ceremonies.

25. Of course we unbelieving White people cannot exactly swallow this. There is probably some esoteric meaning here not explained.

26. Ruatau, Aitu-Pawa, and Rehua were of the minor gods, guardians of the treasures of the uppermost heavens where Io dwelt. As we shall see in Chapter III., they are heavenly priests, to whom Io delegated the power of consecration, to purify Tāne on this ascent to the highest heaven.

27. Tawhiri-rangi, see number three in the list of Whare-wānanga *ante.* Te Rangi-kaupapa is the name of its door. The reciter asks that the door of the college may be as closely shut as that of the heavenly house, so that nothing may be heard of the teaching outside.

That opens up through the plane of Te Toi-o-nga-rangi, [2] [8]
O Pawa [2] [6] eh ! shut close Tauru-nui [the main entrance],
And Tauru-ata-mai of Whare-kura, [2] [9]
Cover, cover up thy way, cover the cracks,
The apertures, the tiny cracks, with the door of . . . . .

(Here he mentions the name of the particular house of teaching in which they were.)

By thy ardent learner, by thy acolyte, O Rehua ! and Ruatau ! [2] [6]

The house is then purified by the priest by the following recitation ; he stands at the rearmost pillar in the midst of the eight stones, those placed as already referred to ; he waits until the first rays of the sun appear in the sky, and then commences as follows :—

[In this, and following *karakias*, I have attempted, with the aid of the Scribe, to render these exceedingly difficult, cryptic and elliptical compositions, in a form from which a slight understanding of the meaning may be gathered, with, however, very little satisfactory result. No one who has not tried it knows how difficult it is to render this class of composition into understandable English.]

By the occult powers of the dark, of the light, ages—
Such powers as thou, O Rongo-marae-roa ! [3] [0] can exert.
Be fruitful, be plentiful, give the great and enduring power to remove
  all evil—
The inherent original power, unto me, unto this one.

Here the priest strikes the rearmost pillar of the house with his hand, and continues his *karakia* thus :—

Be fruitful thy knowledge as also thy love of it,
Be fruitful as the learned high priests of old,
Be fruitful thy memory, as the all-knowing gods,
Be fruitful of all things outside, as far as the thoughts may extend,
Be fruitful of knowledge of the Sacred Heavens—
Of the Heavens where first arose the priests,
To the distant Heavens, to those divided from the uppermost Heavens
                    O Io—e !

Disclose thy way, with the ancient and erudite,
The way of the gods, O Io-the-origin-of-all-things !

28. Te Toi-o-nga-rangi, the Twelfth Heaven, abode of Io and his immediate servitors.
29. Whare-kura, see number five of the list quoted above. Tauru-ata-mai, means to exclude all evil. The reciter appears to address these learned gods to inspire the pupil with understanding, and so to close up the place of teaching that no extraneous matters should divert the attention of the pupils, etc.
30. Rongo-marae-roa, god of peace.

Cause to descend without and beyond—
To descend within these pupils; these sons;
[That their memories may acquire the support of the gods]
The ancient learning, the occult learning,
        By thee, O Io—e!

Grow, grow, as young sprouts, shooting up like spreading leaves
The ardent desire towards thee, O Tāne-the-life-giving! 31
Descend [thy spirit] into thy offspring, O Tāne! O Rua-tau! 32
Inform [their minds with the spirit] of Tāne-the-all-knowing-of-Heaven 31
With a matured memory, a god's memory, with thoughts of thy ascent, 33
[Hold all within] they god-like memory.
Be fixed, hold fast, at the back of your strenuous desire—
Firmly affix to the inception of thought, thy ardent wishes,
To the ancient origin of thy offspring, O Pai! 34 O Tāne!

Enter deeply, enter to the very origins,
Into the very foundations of all knowledge,
        O Io-the-hidden-face—e!
Gather as in a great and lengthy net, in the inner recesses of the ears,
As also in the desire, and perseverance, of these thy offspring, thy sons.
Descend on them thy memory, thy knowledge,
Rest within the heart, within the roots of origin;
        O Io-the-learned! O Io-the-determined!
        O Io-the-self-created!

This prayer of the priest ends here. This invocation is to purify the house and make it very *tapu*; to call on the gods to exert their god-like powers; on the Pou-tiri-ao [or guardian spirits, gods 35] and their powers; on the Apas [or messengers of the gods 35]; on the company of male gods; to make the ears and the understanding of the pupils receptive, and also to confirm and strengthen in their minds the matters taught in their presence.

When the Whare-wānanga is opened to the pupils, the first thing taught is that of the *uruuru-matua*. After all that course has been explained, then follows the branch called *uruuru-tipua*, and then finally the *uruuru-tawhito*. [These are the three divisions, or syllabus, into which the knowledge was divided. An explanation of them will be found in Chapter III.] When all these branches have been explained, it ends the teaching of the Kauwae-runga [or Celestial things], as taught to the young men.

31. Tāne, god number sixty-eight.
32. Ruatau, one of the guardians of the heavenly treasures.
33. For Tāne's ascent into Heaven see Chapter III.
34. Paia, one of the gods.
35. See hereafter as to these things.

After this the priest, or priests, stand forth, and enquire of the pupils which of the three branches of knowledge for that day the pupils desire to be taught. When this is settled, they are divided into classes, and those who desire to be taught the *uruuru-tawhito* [or third division] are taught first; on another day will be explained the *uru-uru-tipua* [second class]. The third is occupied in the teaching of the *uruuru-matua* [first class]. And thus it continues until the end of the months appointed for this purpose.

[The Scribe explains, that these three classes are not taught in the same house, but in separate buildings adjacent to the main Whare-wānanga. It is here the pupils are taught by a priest told off for the purpose, the special branch the former have selected. The branch of knowledge called *uruuru-tawhito* is taught in the main building. Having passed in that subject the pupil passes to the other branches, and thus all acquire some knowledge of the branches. Before the end of the Session an examination is held by the priests, by cross-examining the pupils on the subjects they have learned. It is thus seen who are proficient, and these, in the final ceremony, are placed on the stones at the right-hand side of the rearmost pillar, whilst those less proficient, and who have to go through a second course, are placed on the left-hand stones, a process which causes these latter pupils much sorrow and trouble. Those who turn out to be dunces are placed on the stones by the fireplace. Hence arised the questions of old days, " Where were you purified?" (or passed, in this case.) If the one questioned has passed well, he replies, " By the side of the rearmost pillar, on such and such a stone"—for each of these stones had a name. It is thus known that the pupil passed a good examination. The lock of hair taken from the pupil, as described above, was buried under the stone alongside of which the pupil stood.]

Again, the three 'baskets of knowledge are opened,' and those parts appropriate to the Kauwae-raro [or Terrestrial things] are brought forth [disclosed]. The proceedings are similar to those in the teaching of the Kauwae-runga [Celestial things]; but in this second division are taught [the origin] of the 'spark of life' unto 'The Ao-marama' [World-of-light];[36] that is, the genealogical descent from the twelve heavens,[37] down to Papa-tua-nuku [the Earth, the Earth-mother] from whom [through Tāne] was Hine-hau-one [the first woman] made. Papa-tua-nuku and Rangi-tuhaha were conjoined, and we now live

36. That is, everyday life of this terrestrial world.
37. The Sage here makes use of the expression Rangi-tuhaha, which is a comprehensive term including all the heavens.

beneath the shade [or shelter] of the Kauwae-runga and the Kauwae-raro. This is outside of that branch of the subject, that developed to Whakaru-ai-moko, Hine-nui-te-po and Whiro-te-tipua, [38] in Te Muri-wai-hou and Rarohenga. [39]

There were seven enterings [courses of lectures] in the Whare-wānanga each year; there were never more and never less. At the end of the last series the basket, in which the *whatus*—stones—which are given to the young men to swallow, was taken down from the rearmost pillar, where it hung, as has been explained. Some of the small stones are collected by the priests and then deposited in the recepticle of the two *whatus* that have been mentioned. These stones are in appearance, a *rehu* [white, like mist? chalcedony]; a *huka-a-tai* [white, like sea-foam]; a *para-karaka* [reddish, or golden in colour, like the drupes of the *karaka* tree], or quartz pebbles, that is, a *hua-kuru*, [40] which is green in colour. These are all suspended in a basket at the rearmost pillar of the house. The priests take out the stones and place them in the pupils mouths, one to each. [41] The pupils are seated on the floor of the house—these pupils were those who had been taught the subjects pertaining to the *uruuru-matua*; those taught the other two subjects were placed on the four stones of the rearmost pillar, and then part of the incantation abstracted from that of Tupai [42] was recited, the first

38. These three are gods of the underworld, about which we shall learn later on.

39. Names for the underworld or Hades.

40. The name *hua-kuru* is interesting ; it means 'fruit of the bread-fruit-tree.' and is possibly so called because the stones used in some former habitat bore the appearance of the green bread-fruit, which, of course does not grow in New Zealand, though common all over the warmer parts of Polynesia.

41. The Scribe tells me that during this ceremony of stone-swallowing, one of the larger stones deposited at the rearest pillar was elevated on a kind of stool, called a *pou-turu*, and in the centre of this stone was a circular hole, over which the pupil places his left hand, the right hand resting on the shoulder of the priest, who, then taking one of the small pebbles in his mouth, recites a *karakia* ; after which he places the stone in the mouth of the pupil, who swallows it. This pebble is after-wards recovered, and always retained by the pupil. In cases where he has to recite any of the matter taught in the College, he places this stone in his mouth whilst speaking. It is then called a *kohatu-mataki*, or *puaroa* ; and the belief is that by its means the full recollection of all he has learned in the College comes back to him. One of these stones I saw, was a little piece of chalcedony, about the size of a walnut, and had probably been a Moa gizzard stone.

42. Tupai was one of those who accompanied the god Tāne to the uppermost Heaven when he went to obtain the three ' baskets ' of knowledge. It was also the name of one of the priests that came in the ' Takitimu ' canoe to New Zealand *circa* 1350.

priest, who directed the teaching, commenced it, and he who finally ended the teaching took up [*kapo*⁴³] the recitation which is as follows :—

> Cause to descend, outside, beyond
>> [On these pupils, the power of retaining the acquired knowledge,
>> Let their understanding be accute and far seeing]
>
> Cause to enter into these offspring, these sons,
> The ancient prized knowledge, the esoteric learning, O Io—e !

When the end of this part of the prayer is reached where the invocation [to the Supreme God Io] comes in, the pupil must swallow the stone, and immediately after the priest continues his prayer. This is it :—

> Be received, be possessed, be it affixed,
> This esoteric knowledge ; be firm in thy thoughts, nor deviate,
> From the powerful, the ancient, the god-like knowledge,
> Be fixed in thy root and origin ; affixed thy constant attention,
> Firm be thy inspiration, thy ardent desire,
> Within the roots, and rootlets of thy thoughts.
> May it grow, the fullness of this knowledge—
> This ancient knowledge, this original learning,
> And be like thine, O Io-omnierudite e, i !
> Let ardent desire direct from thee, O Io-all-knowing ! be his.
> May thy inspiration grow [equal to thine], O Ruatau-e !
> And to that of Tāne and of Paia-who-acquired-all-knowledge—
> And to Tangaroa [god of ocean] and Tawhiri-matea [god of strong winds]
> In the beating and the trembling of the heart.
> Hold firm, for ever, with desire towards the ways of Tu [the god of war]
> May he draw forth the abundant knowledge.
> And entwine in his desires, the ways of Rongo [the god of peace]
> Let them combine with matured inspiration.
> Be effective, the sanctifying meal of Tu-horo-mata,⁴⁴
> And full advantage be taken of the teaching, by these sons,
> For they are thy offspring, that desire thee, O Io-the-all-father e !

43. Many of these *karakias* had to be recited without a break to take breath ; a solution of its continuity destroyed its efficacy. When the first priest's breath was exhausted, another one would *kapo*, or take up the strain, and carry it on without break to the end. Such is what the Sage refers to. It is well-known that the old Hindu priests acted in a similar manner to these Polynesians, in ancient days, and, that according to them, to be effective the prayers (*mantras*) must be completed in one breath.

44. See note five, *ante*.

Then is the thunder of Uruao [45] resounded. Those taught in the Whare-wānanga now go forth [the Session is ended]. In the month of Tikaka-muturangi [April] they all return together with others who are desirous [of learning].

The following are the months of the year :—

Ahuahu-mataroa	} Devoted to gathering in the crops	January [46]
Te Iho-nui		February
Putoki-nui-o-tau		March
Tikaka-muturangi	Teaching commences	April
Uru-whenua		May
Ao-nui		June
Te Aho-turuturu		July
Te Iho-matua		August
Tapere-wai		September
Tatau-uru-tahi	} The planting months	October
Tatau-uru-ora		November
Akaaka-nui		December

These are all the names of the months [*kaupeka*]; that is, the *marama* [moons]; there are other names given by other priests to these months [which are more generally used].

The ' properties ' [teaching] in the ' baskets ' called *uruuru-tipua* and *uruuru-tahito* contain also the *karakia makutu* [witchcraft spells] and other spells for destroying growing food or annulling the proceedings connected therewith, desired by [evil-minded] men; as well as all matters that may be desired for the well-being of man, or the tribes. But these [evil] works are not approved or taught in the Wharewānanga; this [evil] branch of knowledge is only taught in the depths of the forest, by the side of a stream, or on the lower side of the *turuma* [or latrine]. [The same priests taught *Makutu*, as those of the Whare-wānanga, but in a different place]. This is done to avoid the presence of man. After the sun has disappeared beneath the horizon, and before it appears in the morning, the teaching ends [i.e., it is taught at

45. Uruao, the ' Cloud Piercer ' : but the name is also that of the first canoe built by these people in the Fatherland, of which Tama-rereti was commander, and as we shall see, in it he explored some countries to the east—probably Indonesia. This canoe, Te Waka-a-Tama-rereti, is now represented in the Heavens by the constellation Scorpio. Uruao above means a single clap of thunder. The Scribe says that the first canoe built by these people was copied from the constellation. This Celestial vessel is supposed to be laden with many of the smaller stars, which sometimes fall out, and are then known as meteors.

46. Though the months here start with January, the Maori year really begins with the rising of the constellation Matariki [the Pleiades] at sunset at the first new moon in June. Other priests say the year commenced with the rising of the star Puanga (Rigel) ; about this much might be said, but this is not the place.

night]. But let my explanation of this subject end; for my knowledge does not include this branch of the properties of those ' baskets '; that is, we three, Pohuhu, Okawhare and myself.   I have, however, seen two men, named Whinu and Te Maka, fed with excrement[47]; those men were taught at Nuku-taurua [Te Mahia Peninsula, East Coast, New Zealand], below the latrine of Kai-uku.[48]   It was from that teaching they derived their [evil] name for that kind of work.   They obtained the powerful spells, named "Taru-aitu," "Tunawhea," "Tuarowhea," "Maiki-nui," and "Maiki-roa."[49]   This evil work ends in *huhu* and *haha* [emaciation and shortness of breath]—they—the spells—are what gives force to man-killing.   But enough of this; let those who have been initiated into this work explain the foundation of it and its methods.

O Sir!   My word to you is this: Do not take up this branch of knowledge; it is the occupation of plebeans.   All the evil teachings contained in the [branches of knowledge called] *uruuru-tipua* and *uruuru-tawhito*,[50] spring from Whiro [god of Hades, of evil] who descended by the Taheke-roa [the long-rapid], by which way the current of death takes men to Hades.   Hence, never consent to those doctrines—it means affliction both to the body and to the mind.   Rather adhere to the life-giving ritual of man, and of food.   Enough of my teaching on this subject; adhere to Rongo-marae-roa [the god of peace] to bring to you the branch [of the ceremonies and arts connected with the] knowledge of the ocean; the branch that was given to Lady-ocean and to Para-whenua-mea[51]; they will respond to appeals.   All things

47. This statement will no doubt cause surprise and disgust.   But it was one of the ordeals that a pupil under instruction in the art of witchcraft had to pass through, as showing his readiness to undertake any of the other and severe ordeals, before he became proficient in the art.   There is a Maori expression, *he tangata kai tutae* (a man who would eat excrement), implying that such a one would face any difficulty in order to accomplish his end—a man who would fight to the death to secure victory for his side.

48. Kaiuku, a name given to a *pa* at Te Mahia on account of a notable siege in which the inhabitants were reduced to eating clay—which is the meaning of the word.   See "Maori Wars of the Nineteenth Century," p 328 (2nd Edition, 1910).

49. These spells were supposed to be all powerful in witchcraft.   An example of their (supposed) effect is well illustrated in the story of "Mahu and Taewa," 'Journal Polynesian Society.' Vol. VII., p. 127.   A very much more complete account of these incidents, in which the several ordeals are described, will be published later.   Different forms of affliction are also known by the above emblematical names.

50. These will be explained in Chapter III.

51. Para-whenua-mea, emblematical for one of the gods of the 'Deluge.'   The word is also used to represent the effacement of nature due to the flood.   Para-whenua-mea is connected also with the Hawaiian godess of volcanoes, Pele.

[gods, etc.] will be responsive if properly appealed to by appropriate ritual and prayer.

The proper time for carrying on the proceedings in connection with the two 'baskets' referred to above [i.e., the evil branches of knowledge] commences in the month Aho-turuturu [July] and ends with Iho-matua [August],[52] it is never longer than that. The reason why this is so, is that the great 'war of the gods,' named Te Pae-rangi, between Whiro-te-tipua and Tu-mata-uenga and others, commenced in July and ended in August.[53] It was then that Whiro [god of death and evil] was defeated, and expelled by Tāne and his brethren to the Muriwai-hou at Rarohenga [Hades], and to the following [summary of] names :—Hawaiki-nui [Great Hawaiki], Hawaiki-roa [Long Hawaiki], Hawaiki-taketake [The original Hawaiki], Puhi-aitu [Death], Puhi-rakerake [where Spirits separate], Te Piere-nuku [where Spirits ascend to Heaven], Te Toi-o-te-reinga [the Uppermost Hades], Angiangi-tu [out of Sight above], Angiangi-raro [out of Sight to Hades], Whakaoti-nuku [beyond Earthly influences], Hou-turu and Hou-motu [absolutely divided off from Earthly life].[54]

THE PO, OR AGES, ÆONS OF DARKNESS.

Now, hence are recited [or quoted] the *pos* [or nights, ages, æons] of Tua-nuku [the Earth-mother] and of Rangi-nui [the great Heaven-father], in the periods called Whetuki, Whekoki, Maru-aitu. When these were assigned to the stem [the origin, the root, to the exact spot] of Mahu-tonga [the home of the winds], of Para-wera-nui [the fierce westerly gales] and to Tahu-makaka-nui [the heavy westerly gales], to the east and north-east. These were [otherwise called] Paepae-té-irihia, -té kakea, Oi-nuku, Oi-roa; and then ended the *pos* of that branch [of cosmogony]—they were as follows :—

1. Te Po-tamaku [the age smoothed off]
2. Te Po-kakarauri [the age of extreme darkness]
3. Te Po-aoao-nui [the age of great dawn]
4. Te Po-uriuri [the age of deep black darkness]

52. This statement must not be confounded with a previous one, where it is said that the Session lasts from April to October; the Sage is here referring to the months in which witchcraft is taught.

53. This great division of the gods, known as 'The War of Pae-rangi,' will be fully described in Chapter III.

54. Such are the meanings given by the Scribe. They are no doubt emblematical names used by the priests to recall certain events or circumstances to their minds. We shall come across others of a similar nature later on.

5. Te Po-kerikeri [the age of darkness]

6. Te Po-tiwhatiwha⁵⁵ [the age of gloom]

Now, it must be understood that these *po* [æons] were assigned to Pou-tere-rangi [to the entrance to Hades] to sweep away the misfortunes of the long-standing world down to Rarohenga [Hades], and where Te Kuwatawata and his companions are stationed—as will be explained. [See Chapter III.]

Some of these *po* have been separated off to our woman-kind [i.e., the menstrous periods]. Another division of these *po* were assigned to Te Marama-i-whanake,⁵⁶ and its younger brethren [the stars], which has already been explained [under the names of the months]. They are:—

1. Te Marama-i-whanake [the waxing moon]

2. Te Marama-i-roa [the lengthened moon]

3. Te Marama-i-whiro [dark night of the moon]

4. Te Marama-whakaata [moon with faint light]

5. Te Marama-waha-roa [great mouthed moon]

6. Te Marama-atua [the moon of the fifteenth day]

7. Te Marama-mutu-whenua [the last days of moon]⁵⁷

Enough of my explanation of its names. These are the *po*, or nights:—

1. Te Po-taruaitu [the night with light faintly seen]

2. Te Po-whatu-ao [the night with the eye of light]

3. Te Po-atarau [the night of moonlight]

4. Te Po-para-uriuri [the night with fragments of blackness]

5. Te Po-turu [the night confirmed]

6. Te Po-whiro [the night of darkness before new moon]⁵⁸

---

55. It is difficult to explain in English (or even to understand) the ideas conveyed by the expressions in the above paragraphs; but approximately the words express the various ages or æons of cosmical darkness, during which the Sky-father adhered closely to the Mother-earth, and during which, and due to which, the gods were conceived and born. Many other recitations give ten as the number of æons prior to the coming forth of the gods to the light of the world. These æons seem to be personified, endowed with semi-personal and material characteristics, as the next paragraph shows. The Scribe says they are the names of the *po* (nights, ages, &c.) of the Reinga, or Hades, where no light is ever seen—it is always thus. But compare the story of Mataora given in Chapter VI., which seems to contradict this.

56. The rising or waxing moon, an expression the Sage often employs for the moon.

57. The Scribe states that this division of the lunar month, is the ancient division into four-day periods.

58. These are other names for division of the month according to brightness of the moon.

Here end the *pos* assigned to 'The Waxing Moon' [i.e., the Moon generally]; and hence were separated the Moon and its elder brother [the Sun], and 'The ridge-of-Lady-ocean'[59] was fixed as a termination [a sphere of influence?] in this world; these are 'Te Moana-waipu' [the deep ocean] and Te Moana-tarahau [? rough ocean].

This is also an explanation: Whakaahu, a star [Castor, in the constellation Gemini] was appointed [or set up] at Te Hono-i-wairua[60] in Hawaiki. I have already explained that there were four doors in the temple of Whare-kura,[61] one road [into which] the *ara-matua*, or main way was to the south, at one end, another to the *rawhiti* or east. It was there that Whakaahu [Castor] stood; whilst Puanga [Rigel of Orion] was fixed at the east of Rarohenga [Hades].

Let me explain just here about a discussion amongst the priests of the Whare-wānanga when we were at Uawa,[62] in the college named Rawheoro. Some held that Puanga [Rigel], Kopu [Venus] and Tawera [also Venus] were names for one and the same star. Some said that· the three names were all intended for Puanga, and Kopu was a secondary name as the star appeared suspended above the horizon at daylight, and Tawera was a third name for it as it rose in the heavens. Enough: this contention remained unshaken [with them]. We held that Puanga was a distinct star; but Kopu and Tawera are the same [as is most commonly believed by all Maoris].

[It may be remarked just here, that, however clear to the Sage may have been his teaching on the subject of the Pō, or nights, ages, æons, the subject is very difficult to understand without a much more full and explicit exposition than is herein given. It seems to the translator that there has come about in the process of ages of teaching, a confusion between the one series of *Pōs* relating to the cosmological ages preceding the birth of the gods, and another series under the same

59. Ridge = *tuahiwi*; The ocean between New Zealand and Hawaiki is supposed to have a 'ridge' in it, where boisterous weather, according to tradition, was frequently met with—it is probably the meeting point of the Trade-winds and the generally prevailing westerly winds, between latitude 25° and 30°. Cook's Straits is equally supposed to have a *tuahiwi* in it. But it is clear that the *tuahiwi* mentioned in the text is far more ancient than the two here referred to, and refers to that *tuahiwi* in the heavens, otherwise the Milky Way, which was appointed as a division between the spheres of the sun and moon, after their strife.—See Chapter V.

60. Te Hono-i-wairua, the assemblage of spirits ; where the spirits of the dead gathered at the first Hawaiki prior to their separation, some to the supreme god Io, others to the realms of Whiro in the under-world.

61. Here assumed to be identical with Hawaiki, the temple.

62. Tologa Bay. East Coast, twenty miles north of Gisborne. For Rawheoro, see introduction to this Chapter.

name, which are more intimately connected with Astronomical Myths, and the nights of the Moon, &c. Much of this has been lost. The ordinary meaning of *Pō* is night; or a period of time; or the æons of darkness (mental and physical) prior to the birth of the gods.]

THE WHARE-MAIRE.

The Whare-maire [63] is a house of witchcraft; men are therein taught the ritual for man-slaying, destruction of food, blasting of trees or the land, spells for [retarding] men's footsteps, and spells said over weapons in war, or the ritual for divorce, &c. All these are taught therein besides other matters; and hence is it called a Whare-maire. A true Whare-maire has only one *whatu* (stone) in it, at the main pillar; it is the stone called *mata-waiapu* [obsidian], and it is this the pupils have to bite at first, and after that they are taken outside, and exercised in the "Tipi-o-Houmea" [name of a spell] against a tree; the tree drys up. After that the same spell is directed against a bird, such as a Miromiro [wren] or Pekapeka [bat]. If this is successful, the spell is tried on his mother, or elder-brother, or first-born—and if not one of them, the spell is directed towards the priest of the Whare-maire himself. If this is successful, the pupil leaves the *marae* of the Whare-maire, and thus he has acquired the power of the gods.

In the event of the victims of his magic being at sea, or on the water, the Sorcerer calls on the god Ruamano to enforce his spell. But if on land he applies to the gods Tu-nui-a-te-ika, Maru, or Uenuku-rangi—besides others. [These are all minor, or tribal gods; Maru, in particular, is a god of sorcery, and war-god of the West Coast tribes. It seems probable that they were all deified men, famous in their time for acts of sorcery, or distinguished in war.]

THE WHARE-PORUKURUKU. [64]

This kind of house is used for the same sort of teaching as in the Whare-maire, but it pertains to a single family, whilst the Whare-maire is used by all the neighbouring tribes. It is not like the Whare-wānanga where only the sons of chiefs are taught, whilst the Whare-marie and Whare-porukuruku are open to plebeans, and the

63. The Scribe says the name *maire* is derived from the tree of that name, of which weapons were made ; and as the Whare-maire was used for the teaching of witchcraft principally (according to these tribes, but not to others), leading to death, the house was so called in consequence.

64. This is taken from another part of Te Matorohanga's teaching. The Whare-porukuruku was a temporary house of learning, used when the people were away from their permanent homes, says the Scribe.

cult of the evil gods is taught therein. [The teaching of these inferior houses] was a former cause of strife and trouble among the Maori tribes; the proper course would have been to adhere to the teaching of the Whare-wānanga alone.

[It comes out with tolerable clearness in what is written above, the broad distinction between two classes of priests of former days. The one, and the higher class, did not concern themselves with sorcery, though they had the same (supposed) power over the forces of nature as the other—or *tohunga-makutu*, i.e., Sorcerers—and used enumerable incantations for most purposes considered necessary for the tribal welfare. This distinction is not always emphasised, or properly known of by writers on the other side of the world who, indeed, have to rely on the publications of local authors who, themselves, have either not been aware of the fact, or have not given sufficient prominence to it.]

CHAPTER II.

The Sage's warning and admonition to this and succeeding generations—The
Philosophy of the Whare-wānanga; the nature of Matter, &c., of the
Pou-tiri-ao, or Guardian Spirits—Io-matua, the Supreme God—The Temple
named Hawaiki.

THE SAGE'S WARNING AND ADMONITION TO THE
PRESENT GENERATION.

NOW, I [Te Matorohanga] have another word to say; so you
may be clear on this subject. Be very careful in reciting these
valuable teachings that your ancestors have collected during the past
generations right away from the period of Rangi [the Sky-father]
and Papa [the Earth-mother] down to the present day. Notwith-
standing, that the teachings from the Whare-wānanga are now mere
shreds, because they are no longer combined, some still remain whilst
others are lost; some parts diverge [from the originals] and to some
additions have been made. This is in consequence of the decadence of
the power, authority and prestige of the conduct of the various rituals,
of the [abrogation of] the *tapu*, of the [unbelief in] the gods, until,
at the present time, there is none of the ancient *măna*, or power left—
all things have changed. The *tapu* has ended; the true teaching has
been lost; as well as the *karakia* [invocations, etc.], the meanings of
which are now [comparatively] unknown. Because the *tapu* was all
important—the first of all things; without it none of the powers of
the gods were available, and without the aid of the gods all things are
without authority and ineffectual;[1] the [mind of man] is now in a
state of confusion [literally, like a whirlwind], as are all his deeds;
the land is the same. The Whare-wānangas, the *karakias*, the *tuāhus*
[altars], the *pures* [or sanctification] of man of different kinds, baptism
of men with water, are all abandoned. So also are the powers to

---

1. *Waimeha*, without *măna*, powerless. The Scribe says, although the words
of the *karakias* are still known, they have lost their ancient power. As a matter
of fact many hundred *karakias* have been recorded, as witness the columns of the
'Journal of the Polynesian Society,' 'Nga Moteatea,' and other publications.

attract fish and birds,[2] or to influence the growth of food-plants. At the present time, different *karakias*, different methods, different *tapus*, even a different language prevails. Hence it is that the present teaching differs from that of the old priests, such as has been explained above [and as follows in later chapters]; and hence also it is that I impress on you the [former] aspect of these things, that you may be clear as to the descent of the *măna-atua*, [the god-like powers] even from Io [the Supreme God], and from the Whatu-kuras, Mareikuras, and the Apas of each separate heaven, down to the Patu-pai-arehe and Turehu.[3] At the present time those kinds of gods no longer exist; they have become degraded into reptiles, stones, and trees— such are the present gods. And the [true, original] reptile-gods, stone-gods, tree-gods no longer exist. Men now live in a wilderness; they are careless of these things; of everything. It is for this reason that no *măna* [adequate power to make use of and apply this ancient knowledge] will be attained by you; and I also say to you that those things which you are writing [from my dictation] are but the ends, fragments, of the truth, a portion only of sacred things; the [anciently] established and true teaching has become effaced, as well as the [science of] the *tapu*, together with the true god-like powers that descended from Io-the-great, Io-the-parentless. Enough of these words to you.

THE PHILOSOPHY OF THE WHARE-WANANGA—

THE NATURE OF MATTER, ETC.

Now, let it be clearly understood about Tama-nui-te-rā [the-great-son—the sun], and Te Marama-i-whanake [the-waxing-moon] and their younger brethren, the stars. All of these are worlds [with their] earth, waters, rocks, trees, mountains, open places and plains. [On this earth] the ocean and the rivers made the plains and open places which we see. It was the gods Mataaho and Whakaru-au-moko[4] that

2. Many interesting *karakias* are still extant, the recitation of which with the proper ritual, were held to have power to attract fish to the bait, birds to the snares, and other things, in which the old-time Maori had the firmest belief.

3. All knowledge of these matters was brought from the highest Heaven by the god Tāne, and through him became known to mankind, as will be described later on. The names mentioned are those of the male and female guardians, gods and goddesses of the various Heavens, the two last being the so-called Fairies, the Apsaras of Sanskrit Holy Writ.

4. Mataaho: 'Te hurihanga-i-a-Mataaho' is the name given to some great terrestrial catastrophe that, according to the Maoris, changed the appearance of the surface of the earth, and left its former plains and pleasant places in hills and valleys. Some authorities give the same name to the traditional flood, but there is

changed [the surface of the earth] and caused the present ill condition of the plains and rivers.

This is to be clearly understood: All things have their being through water and fire. If there were soil alone, the land would be dead, without water and fire; water without land and fire would be dead; fire without water and land would be dead. Hence, these three things combined give life to the land, and to each other, and to all things that grow and live and have their own forms, whether trees, rocks, birds, reptiles, fish, animals, or men. It is these three things that give life to them all. It is the same with the sun, the moon and the stars; they are worlds; earth, water and fire give them their form; and the same actuate all things.

Now, the *hau*, or *hau-mapu*, the air, is the compliment[5] of all things, whether of the earth or the heavens, the sun, the moon, or the stars. It is this that continues, or holds, the life of all things—hence are there four in all. If there were the earth, the ocean, fire, or air alone, nothing would exist, nor have shape, or growth—nothing would have life. Hence, be ye clear, it is through the *earth, water, fire and air* combined, that all things have form and life.

[This idea of the four elements is not Polynesian alone, as the following quotation shews. The Yezidi are an Aryan people, and hence the belief of the old Maoris in the four elements may be claimed as another " Aryan and Polynesian point of contact."

'Journal of the Royal Anthropological Society,' Vol. XLI., p. 217. In Mr. W. H. Heard's paper—"Notes on the Yezidis"—a peculiar people living in the Mosul district of Asiatic Turkey, on the Tigris river, will be found this statement :—" I have created four elements of the earth to fulfil the needs of men, which are water, earth, wind and fire." This is the second verse of the IV. Chapter of the Holy Book of the Yezidis, called Jelwet, and is supposed to have been written by their god."

Also on the same page as above, being the last verse of Chapter IV., we find :—

" Ye must not utter my name, nor speak of my shape, for if ye do it is a sin. . . . " This, also, is exactly the doctrine of the cult of Io; his name was never mentioned outside the inner circle of priesthood

reason to think the two catastrophes are distinct. The name means, ' the-overturning-by-Mataaho.' Whakaru-au-moko is one of the fallen gods, relegated to Hades after the great Celestial war of ' Pae-rangi,' and is the author of all earthquakes, volcanic outbursts, thermal phenomena, etc.

5. *Whakatutuki*, is the word in the original. It ordinarily means ' to bring to a finish,' ' to effectually complete.'

and the pupils who afterwards became high-chiefs, or priests. It was only by the mearest accident that his name first became known to Europeans—the Missionaries never heard of it, and it was not until the old and learned Maoris came to know that there were Europeans who took a real interest in their ancient knowledge, and could be trusted not to despise their knowledge, that some further items were learnt by degrees, but never so fully as in these pages.

But, of course, the idea of the four elements is not confined to Polynesians and the Yezidi, it was the common belief of our ancestors at one time. The interesting question arises, did the Polynesians evolve the idea from their own study of nature, or did they learn it from some other race or nation?]

It is the same with the Rangi-tu-haha [the whole of the heavens], including the Toi-o-nga-rangi [the upper-most heaven, the abode of Io], each has its own form of everything [within them]; with its own form of life suited to each. The earth has its own form of life, as has the water, fire, trees, rocks; all plants of every description have their own particular form of life. The air, the sun, the moon, the stars, have their own form of life. Whatever there is in this world, or in the Rangi-tu-haha, all have the same [i.e., their own special form and life]. Everything, also, that has been mentioned above has a spirit [*wairua*, spirit, soul] of its own similar to itself, each one has a spirit. [6]

Io-te-wānanga [Io-the-omnierudite] of the heavens is the origin of all things. These are the things that Io-mata-ngaro [Io-the-unseen-face] retained to himself; the spirit and the life and the form; it is by these that all things have form according to their kind. Now this is clear to you.

You must also be clear on this point: There is nothing made by the god Io that has not an end; everything has a termination, whether it be a drought, burning by fire, injury by water, by the wind, by earthly injuries, [7] by the sun, or the moon, excepting always those forms that the god himself decreed should have an end in this world, or other worlds. [8]

[At this point one of the audience, Rihari Tohī, exclaimed, ' O Sir ! How did the things you are teaching become known? Perhaps they

---

6. According to the Rarotongans, every island known to them had a spirit and a body, developing into a spiritual and bodily name for each island; e.g., Tumu-te-varovaro is the spiritual name of Rarotonga itself. The people plainly distinguished these differences, as *ingoa-vairua* and *ingoa-kopapa*.

7. ? Earthquakes, volcanoes, etc.

8. This is not very clear. Probably, the interruption following put the Sage off as he did not complete his explanation.

are only things that you Tohungas (priests) think?' Te Matorohanga replied,]

I have told you that the *wānanga* [or knowledge] was brought down by Tāne-nui-a-rangi [Great Tāne-of-heaven, see Chapter III.] from Te Toi-o-nga-rangi [the highest of the heavens], from the place named Rauroha—the great *pa* [enclosure, a fort] of the Whatu-kuras, Marei-kuras, and the innumerable hosts of the Rangi-tu-haha [the twelve heavens], from the temple Rangi-atea [see introduction to Chapter I.] where were suspended the *wānanga* of each world, of each heaven, of each 'plane'[9] of the heavens and the worlds. Tāne-nui-a-rangi begged [of Io] the delivery to him of the *wānanga* of Rangi-nui and Papa-tua-nuku [the Sky-father and Earth-mother]. This was assented to by Io-the-father; and this knowledge was then brought from Rauroha in heaven to Whare-kura[10] on earth, and there deposited. Enough! This [that I am teaching you] is that same *wānanga* [learning], abstracted from the three 'baskets' [divisions of knowledge]. What would be the good of the teaching if these things were not contained therein, the *wānanga* would not be a valuable property—there would be no value in such a *wānanga*.[11]

O Son! Be strong! You have nearly completed the Kauwae-runga [Celestial things], and then we shall go to the Kauwae-raro [Terrestrial things] so that you may quickly gather all these matters. Now, my word to you is: Do not disclose these matters to strangers. Leave them as a 'strengthening knowledge' for you, your brethren, your children and your grand-children, to enable you to hold your own in the *marae*[12] of strangers. For thou art the descendant of Nuku-tama-roro, Nuku-te-moko-ta-hou[13] as also am I that address thee. I would not disclose to you all the precious things of the Whare-wānanga, had thou been quite a stranger; but I observe that thou art intelligent and quick to learn, and that thou wilt retain what is taught. I am much pleased that thou art preserving these matters in writing; and my word to you is, collect the matter of both the Kauwaes, and do

9. Kauwhanga, the imaginery place that divided the heavens from one another.

10. See Whare-kura in introduction to Chapter I.

11. The Sage here expressed his annoyance at such interruption, and said that but for the attention and perseverance of the Scribe, he would cease any further teaching. He went on to address the latter, as in the text.

12. *Marae*, the court yard, or meeting place in a *pa*, where speeches and ceremonies were held.

13. The first of these names is that of the presiding priest in the Whare-wānaga, named Nga-mahanga [see introduction to Chapter I.]; the second is that of a very famous warrior and leader of the Wai-rarapa people, who was killed near where Napier now is by being crushed under a canoe, somewhat about 1830-40.

not gossip about your ancestors or the Apas [messengers of the gods]. Do not defile these things, lest evil befall you. [I thus warn thee because] I notice that the present day houses are used solely for storing food; there are no *tapu* houses as thy ancestors had. Hence, I thus direct thee, that thou mayest ever bear it in thy mind.

THE POU-TIRI-AO, OR GUARDIAN ANGELS [14] OR SPIRITS.

Behold! At the time that the *wānanga* [knowledge] was brought down to Whare-kura [the fifth temple, see introduction to Chapter I.] by Tāne-the-water-of-life, [identical with Tāne-matua and many other names], by Ruatau, Pawa, and the Whatu-kuras of Te Toi-o-nga-rangi [the uppermost heaven]; the Pou-tiri-ao were appointed by them to all places; to the sun, to the moon, to the stars, to the clouds, to the winds, to the oceans, to Hades—that is, to Rarohenga at Te Muriwai-hou. . . . .

The Pou-tiri-ao, of the heavens and the planes of those heavens are eleven in number.[15] They have been appointed by the Whatu-kuras of Io to the heavens and planes, with all pertaining to them. Now, the following is obvious to the thoughts; the sun causes death, in that [his rays] kill growing things; it is not the case that he produces good only. The moon also causes destruction to earthly things, the wind does likewise, as do the trees. But I will be brief : Hence, there is nothing in the world without evil; and, hence, also all things have evil as well as good.

This was the reason that the Pou-tiri-ao were appointed to all things to take care that they run their courses properly, and lest the things of this world quarrelled among themselves; and to prevent anger, which was wrong according to the ideas of the Pou-tiri-ao; to help forward the good, and the life that was approved by the Pou-tiri-ao; to maintain the existence of good in each thing in this world. Everything whether of the Earth itself or the waters thereof, each had its guardian Pou-tiri-ao. Should the Pou-tiri-ao perceive anything in the world going wrong, or changing its purpose, its life, its form, its proceedings, they diverted it, put a stop or an end to it. If no Pou-tiri-aos had been appointed in the world, the growth, the life, the death,

14. It is perhaps rather stretching the term 'angel' to apply it in this case ; but the Pou-tiri-ao were guardian spirits, a kind of minor gods, as we shall see. Pou means a pillar, a high-chief, and to appoint ; *tiri*, is to scatter as seed ; *ao*, is the world. Many of the gods were the special Pou-tiri-ao, or guardians, over different realms of nature, as in the case of Tāne, who was the special guardian of plants and all work connected with wood.

15. The twelfth heaven : the abode of Io is excluded.

of all things would have been a perpetual struggle; and consequently growth and life in this world would have been wasted. It was for these reasons that Io gave these powers to the Pou-tiri-aos.

IO-MATUA, THE SUPREME GOD.

Behold, also! Io, his Whatu-kuras and Marei-kuras, took thought lest estrangement and disputes arose amongst the Pou-tiri-ao themselves. Io-the-great-one commanded the Whatu-kuras to become guardians over the Pou-tiri-ao lest they fall out amongst themselves, and thus they and the Marei-kuras held a position enabling them to assist [and direct] the Pou-tiri-aos in all their works; so that they all might have one mind in supervising the growth, and the life; and to prevent divergence in the form of all things in the world. Seeing that this was the mutual position of the Pou-tiri-aos, the Whatu-kuras and the Marei-kuras, it followed that the Pou-tiri-aos were subservient to the Whatu-kuras; unto whom alone was delegated the *măna-ariki* [or over-lordship]. And hence was it, because of this over-lordship in the Whatu-kuras of the Toi-o-nga-rangi [the uppermost Heaven], that they had the power and authority to enter into every part of the Heavens, the Moons, the Stars and Hades. It also follows, as can be clearly seen that all things were subject to the Pou-tiri-aos, and that they themselves were in like manner subject to the Whatu-kuras to whom had been delegated the lordship, the power, the life, and death, in the presence [or with the countenance] of Io-the-great-one. And this again shows that the Pou-tiri-aos, the Marei-kuras, the Whatu-kuras, and all the Apas of the twelve Heavens were subservient to Io, the Supreme God.

All things were subservient to Io-the-great-one, and hence the truth of the names of Io :—

Io-nui	Io-the-great-god-over-all
Io-roa	Io-the-enduring (or everlasting)
Io-matua	Io-the-all-parent (omniparent)
Io-te-wānanga	Io-of-all-knowledge (omnierudite)
Io-te-taketake	Io-the-origin-of-all-things (the one true god)
Io-tamaua-take	Io-the-immutable
Io-te-Toi-o-nga-rangi	Io-the-summit-of-heaven
Io-mata-putahi	Io-the-god-of-one-command
Io-mata-ngaro	Io-the-hidden-face
Io-mata-wai	Io-god-of-love
Io-mata-aho	Io-only-seen-in-a-flash-of-light
Io-te-hau-e-rangi	Io-presiding-in-all-heavens

| Io-tikitiki-o-rangi | Io-the-exalted-of-heaven |
| Io-matua-kore | Io-the-parentless (self created) |

These two names are from Pohuhu's teaching :—

| Io-te-waiora | Io-the-life-giving |
| Io-te-whiwhia | Io-who-renders-not-to-man-that-which-he-witholds |

Each of these names has a cause, a reason. Io is his name in short. Io-nui, he is the god of all other gods; Io-matua, he is the parent of all things, the life and being of all things; Io-te-wānanga, he is the *wānanga* of all things; Io-tikitiki, he is the god of the heavens, of all things therein, and in the Kauwhangas [planes], on earth, and also in Hades. He is the exalted one of all those things. Io-mataaho; if he visits the [other] heavens, or the other worlds, the planes, it is as a flash of light only—man never sees him. Io-matua-kore, he has no parents; Io-mata-ngaro, he is never seen by man; Io-mata-putahi, he is a god of one word [command], not of two [i.e., his single word is obeyed, is never altered]; Io-mata-wai, he is a loving god; Io-te-hau-e-rangi, he presides over all the heavens[16]; Io-tamaua-take, nothing of his can be changed from what has been decreed. This ends this subject.

[The name of Io was so sacred that it was rarely mentioned, and then only away from the contaminating influence of food and dwellings. The priests alone had a complete knowledge of him, and ordinary people knew nothing, or never heard his name, except when used in some rarely repeated *karakias*.]

Now, it is clear, that all things, the worlds and their belongings, all gods of mankind, his own gods, all are gathered in his presence [i.e., proceed from him]. There is nothing outside or beyond him; with him is the power of life, of death, of godship. Enough of this. Everything that proceeds from other than Io and his commands, death is the collector of those.[17] If all his commands are obeyed and fulfilled by every one, safety and well-being result therefrom.

Now, it is obvious that all things of life and death are combined in

16. The Scribe informs me, the meaning of this is, that Io's presence is in all winds or air, the word *hau*, meaning wind, air; hence, perhaps, the name is better translated 'all pervading,' 'omnipresent.' The idea of the Diety being present in the wind is common to all old Maoris. I have often in former days heard them say as the wind blew through their hair, that the *atua* [god] was there.

17. This sentence is somewhat contradictory of the preceding; it is, however just as the original has it.

the presence of [or are due to] Io-the-hidden-face; there is nothing outside or beyond him. All godships are in him and he appoints them their places; the gods of the dead and the gods of the living. All things are named [i.e., created] by god—of the worlds, in the heavens, the planes, and the water, each has its own function, even the smallest atom, such as grains of dust, or pebbles, have their place—to hold the boundaries of the ocean or the waters [for example].

It is now clear that there are gods [presiding] in all the worlds, the planes, the stars, the moons, and the sun; and because they have such gods in the twelve heavens that are above, this also is clear; that the female is the bringer-forth of offspring that increase the gods, mankind, fish, birds, animals, reptiles and other things of this or other worlds or other heavens, moons, or stars. But, let my word be thus: let the suns be left out of these my words; for it is the mirage or reflection of everything in the worlds; hence, is it said it is a *whatu* [eye? body] only, without legs, or arms, or head; it is a body only.[18]

[From Pohuhu's teaching we take the following : "The Toi-o-nga-rangi [the uppermost Heaven] is unapproachable by the Apas [messengers of the gods] of the other heavens—there is no other entrance thereto except through Tawhiri-rangi [the house, or guard-house at the entrance to the upper Heaven], the door of which is below—that is one reason. The other is the effulgent glory of that Heaven, at which no man's eyes can look. But it is different with the Whatu-kuras of this upper Heaven; they have been prepared by purification and the *tohinga* rite [baptism in the old Maori form], and thus can enter there. It was thus that Tāne-matua was able to ascend by the *toi-hua-rewa* to the presence of Io."]

THE TEMPLE NAMED HAWAIKI.

Now, Hawaiki was the name of the house [temple] at Te-Hono-i-wairua ['the gathering place of spirits'—in the Fatherland]. It had four doors, one facing the east, one the south, one the west, another the north[19] Now, commencing from the period of Rangi and Papa, the [spirits] of the people of this world, have always followed the four winds

18. The teaching here is obscure. It depends greatly on the word *koroirangi*, translated as mirage, or reflection, or refraction, which is its ordinary meaning, and is held by the Scribe to be that of the word in the text. But, probably, the true meaning in this connection is that which may be gathered from an expression of Pohuhu's, where he says that the upper heaven is too *koroirangi* to be looked on by the eye, in which he means, 'too effulgent, too lustrous.'

19. *Marangai*, usually the north-east, but the Scribe says it means north here.

named [in their journey to spirit-land], and each dead one follows its own wind. It was the same with every wind, east, south, west and north. When anyone died he returned by his own wind, to his own particular door; and so it is even down to our own times. Arrived at Hawaiki they separated; some went to the Heavens appointed for them; the door by which they left Hawaiki was [named] Te Rawhiti [the east]; whence they ascended by the Ara-toi-huarewa [see below] (one name for which is Te Ara-tiatia). Another division passed out by the south door, and by the way Tahekeroa descended to Rarohenga, at the Muriwai-hou [Hades].

[The Scribe says, "The origin of the name Hawaiki"—so wide spread all over Polynesia—"is derived from this temple, a very sacred place in Hawaiki-nui [the Fatherland], situated at Te Hono-i-wairua [The gathering place of spirits]. It was built four square, with a door on each side facing the cardinal points, each door having its own name. The spirits from each quarter of the earth entered the temple by their own doors. Those spirits which by their evil conduct on this earth, such as murderers and those guilty of treachery, left the temple by the Takeke-roa (or long rapid, descent) to Rarohenga, or Hades, presided over by the evil spirits, Whiro-te-tipua, Hine-nui-te-po [20] [Great-mother-of-Hades], and Whakaru-ai-moko [god of volcanic phenomena]; whilst the others ascended the mountain Tawhiti-nui (not to be confounded with the island of that name, about which we shall learn later) sometimes called Maunga-nui, great mountain, where they were purified and then further ascended to the Heavens by the way called Te Ara-tiatia (the way-of-steps) or by the other named Te Toi-huarewa (the dangling or floating way—the idea is of a suspended rope), where they entered the realm of Io the Supreme God. In this temple called Hawaiki were four *takuahi*, or fireplaces in the centre, one opposite each door." It is not apparent what these fireplaces were for, but probably had some connection with purification—the proper name for them is *kauwhanga*, *takuahi* being that used in ordinary houses, and the first name is applicable to such fireplaces in all sacred houses, as in the Whare-wānanga.

The idea of the spirits being conveyed on the winds to their final resting place is not confined to the Polynesians, as the following quotation from Prof. T. G. Tucker's "Things Worth Thinking About," under the heading of 'Our earliest Ancestors and their Beliefs,' page 43. The Professor says, "I will give one more. The wind, I have

20. Later on we shall see the peculiar development of Hine-nui-te po. Whakaru-ai-moko is god of volcanic phenomena.

said, was the agent whereby the departed soul was carried away. In Greek legend this appears as the wind-god Hermes, the psychopomp, he who leads the soul by the hand into the nether world. In the Vedic myths the wind is the dog Yama. . . ." This last sentence, I suggest, will find its analogue in the 'dogs of Tawhaki' who accompanied him, or led him onward, to the twelfth heaven. It is possible that this legend as known to the Greeks is another 'Aryan and Polynesian point of Contact.'

Apparently the Rarotongan branch of the Polynesians had much the same belief in this temple of Hawaiki and the ascent of the soul therefrom to the gods. In Vol. VIII., p. 75, 'Journal of the Polynesian Society,' in describing the final exodus of Māui from this world, ". . . . then he arrived at Rarotonga to search for the way to Avaiki (Hawaiki—the Rarotongans do not pronounce the ' h '). This is the meaning of that name—it is a road of the gods, where the gods collect ; their house is at the base of that mountain. The door of the house which is always open, is called Kati-enua."

I hold that the foregoing teaching of the Sage, Te Matorohanga, completely destroys the apparent belief of many writers on Polynesian matters, who trace the soul only as far as the local Reinga (or place of 'jumping off,' ' the boundary between this world and the next,' from *rei*, a boundary) ; and shews what was really the belief of the Polynesians, that the spirit, or soul, of man had an existence after death, and that it returned to the Fatherland before joining the company of the gods. On this subject see " Hawaiki," third edition, page 51.

It is interesting to note that the Rarotongan "gathering place of spirits," called by them Te Koro-tuatini, is also known to the Maoris by the same name, a fact which my numerous questions to the Scribe elicited. The Sage told the Scribe this was the second name of the temple Whare-kura (see number five, Introduction to Chapter I.) after the teaching of the *wānanga*, brought down from heaven by Tāne had been removed to the next, or temple number six. It was here the spirits gathered ; it is the same place as Te Hono-i-wairua, and was so called because of the innumerable (*tinitini, manomano, whaioio*) spirits assembled there—hence *tuatini*.]

CHAPTER III.

The names of the Heavens—The marriage of Heaven and Earth—Creation of the Gods—The Ages of Darkness, or Chaos—The separation of Heaven and Earth—The Apas, or Messengers of the Gods—The Gods separate their Dwelling-places—The sanctification of Tāne—The first temple built on Earth—Tāne ascends to the Uppermost Heaven—Tāne's new names—Tāne and Io—The three baskets and two stones—Tāne returns to Earth—The Guardian Spirits are appointed—·The Wars of the Gods—The overturning of Mother-Earth—The Order of Creation—Creation of the 'spark of life' in Man.

[THE previous two Chapters are from the teaching of Te Matorohanga. We shall in this Chapter follow that of Nepia Te Ika Pohuhu, of the Ngati-Hine-pare tribe, one of those who Te Matorohanga frequently mentions as equally learned with himself. What follows was taught to H. T. Whatahoro in April, and the following months, 1863, who wrote it down from the old priest's dictation. The whole of Pohuhu's teaching has been passed by the Tane-nui-a-rangi Committee, and each page of the original is sealed with their seal, thus showing that it meets with the assent of all the most learned men of the present time belonging to the East Coast tribes.

The same matter as contained in this Chapter has also been dictated by Te Matorohanga to the same Scribe, a copy of which is deposited in the Dominion Museum; but we have made use of Pohuhu's teaching, because it is not so long as the other; at the same time it contains every essential part of the teaching relating to the gods, and where necessary this Chapter will be illustrated from the matter in the Dominion Museum copy, of which the original from which it was taken, now lies before the Translator. If funds be forthcoming hereafter, Te Matorohanga's teaching may also be printed.

Pohuhu's teaching on the subject of Io, the Supreme God, is identical with that of Te Matorohanga given in last Chapter, and is therefore not repeated here.]

OF THE NAMES OF THE HEAVENS.

THE Heavens that stand above us are twelve in number, and the following are their names:—

1. Tikitiki-o-nga-rangi   7. Tauru-rangi
     (or Te Toi-o-nga-rangi)
2. Tiritiri-o-matangi   8. Rangi-mata-wai
3. Rangi-naonao-ariki   9. Rangi-maire-kura
4. Rangi-te-wanawana   10. Rangi-parauri
5. Rangi-nui-ka-tika   11. Rangi-tamaku
6. Rangi-mata-ura   12. Rangi-nui-a-tamaku-rangi

The above are the names of the Heavens in their order as they stand above us [the first being the summit; number twelve, the sky above and nearest to the earth]. Those twelve Heavens are where the Apa-atua [the messenger-gods, or, perhaps, the company of gods] of each Heaven move too and fro. There is only one Heaven that cannot be attained by these Apa—the Toi-o-nga-rangi, or, otherwise, Tikitiki-o-rangi; this is the most sacred of all the Heavens, and Io alone, with the Apa-Whatu-kura [the company of male guardians, or gods] and Apa-Marei-kura [the company of female guardians, or godesses] of that Heaven dwell there. The Marei-kuras and the Whatu-kuras have the entrée to all the eleven Heavens, and even down to the earth. It is only when Io sends his messengers to one of the Apas of the twelve Heavens that they are allowed into Tikitiki-o-nga-rangi. They never enter it without permission.

Tawhiri-rangi is the name of the house through which entry is obtained into [the uppermost Heaven]. Underneath it is the mouth, or the door, called Te Pu-motomoto-o-Tikitiki-o-rangi; that is, it is the door of entry into Tawhiri-rangi, within which house are the guardians of Te Pu-motomoto—very numerous are they, viz., the Puhi-tau [general name for the different winds that guard the entrance], Maioro-rangi, [Rampart-of-Heaven], Houere-tu [winds blowing upwards], Houere-tau [fighting winds], and other numerous Apas.[1] None of the Whatu-kura of the other [and lower] Heavens, not a single one, may enter; unless Rua-tau, Aitu-pawa, Rehua, Puhao-rangi or Tau-o-rongo,[2] who alone have the authority, open the circular-window, or the Pu-moto-moto, and allow some one Apa to enter, whether from the eleven Heavens, the earth, or any other place. But there is much about this subject. I am not able to recite it all.

1. All these winds are exceedingly obstructive in their action, says the Scribe.

2. These are the guardian gods of the treasure house of the Uppermost Heaven, and appear to rank above the other Whatu-kura, or guardian gods. The names of Ruatau and Aitu-pawa were very sacred, and very seldom mentioned on that account, whilst Rehua and the others were very much less sacred.

THE MARRIAGE OF HEAVEN AND EARTH.

The Rangi-nui [great sky], which stands above, felt a desire towards Papa-tua-nuku [the earth], whose belly was turned up [towards him]; he desired her as a wife. So Rangi came down to Papa. In that period the amount of light was nil; absolute and complete darkness [*po-kutikuti kakarauri*] prevailed; there was no sun, no moon, no stars, no clouds, no light, no mist—no ripples stirred the surface of ocean; no breath of air, a complete and absolute stillness.

And so Rangi-nui dwelt with Papa-tua-nuku as his wife; and then he set [*hikaia = whakato*, to set, plant] plants to cover the nakedness of Papa; for her armpits, her head, and the body; and after that the smaller trees to clothe them both, for the body of the earth was naked. Subsequently he placed the upstanding trees of the forest, and now Papa felt a great warmth, which was all-embracing. After this were placed the insects of all kinds, the *aitanga-pekepeketua* [the ancestors of the *tuatara*, great lizard], appropriate to the recesses of the smaller vegitation, the clumps of smaller trees, and the *wao-tu-rangi*, the great forests [whose heads reach the skies]. Then the crabs, the *toitoi* [the larger species of univalves], the *pipi* [the bivalves] the *ngakihi*,[3] the mussel, the haliotis, and similar things, which have shells, were assigned their places to animate the earth and the waters thereof. A great deal might be said on this subject; but let this suffice. Te Matorohanga can fully explain—I might go wrong.

CREATION OF THE GODS.

After the last of all these things had been planted by Rangi-nui and Papa, they then created their [proper] offspring [i.e., the gods]; the eyes were made first,[4] and then the 'house' to hold them, i.e., the head. After the head, the bust and body and the bones of the legs, according to their growth [shapes].[5]

Because Rangi-nui over-laid and completely covered Papa-tua-nuku, the growth of all things could not mature, nor could anything bear fruit [or increase]; they were in an unstable condition, floating about the Ao-pouri [the world of darkness], and this was there appearance: some were crawling [after the manner of lizards], some were upright with the arms held up, some were lying with the knees partly drawn

3. A species of bivalve, the Scribe has forgotten which.
4. The Scribe says that the teaching of the Whare-wānanga was, that the eyes were first created in order that the gods might distinguish good from evil, and after that the *ngakau*, or heart, wherein this knowledge might be retained.
5. Then follows five words which the Scribe could not explain, but two of them mean soft.

up, some lying on their sides, some were lying stretched out at full
length, some on their backs, some were stooping, some with their heads
bent down, some with their legs drawn up, some embracing, some
kicking out with legs and arms, some kneeling, some standing, some
inhaling deep breaths, some with exhausted breath, some crawling, some
walking, some feeling about in the dark, some arising, some gazing,
some sitting still, and in many other attitudes—they were all within the
embrace of Rangi-nui and Papa.[6]

Now, this is the list of names of [the minor gods] the family of
Rangi and Papa :—

1. Uru-te-ngangana	36. Tawhana (? Ti-whaia)
2. Ro-iho	37. Rangaranga-ihi-matua
3. Ro-ake	38. Mawake-nui
4. Hae-puru	39. Te Arawaru
5. Hae-matua	40. Tu-kapua
6. Whiro-te-tipua	41. Hokakoka
7. Tawhiri-matea	42. Tongatonga
8. Tangaroa-matua [7]	43. Tu-mata-tawera
9. Kiwa	44. Tama-te-uira
10. Te Iho-rangi	45. Tāne-te-hokahoka
11. Tu-mata-uenga	46. Te Pu-whakahara
12. Te Ikaroa	47. Para-uri
13. Raka-maomao	48. Te Ra-kura
14. Rongo-marae-roa	49. Tānga-i-waho
15. Tawhiri-rangi	50. Rauru-matua
16. Rua-taumata	51. Uru-ao
17. Rongo-mai-waho	52. Kewa
18. Tiwha-nui	53. Taka-urunga
19. Puna-weko	54. Rongo-mai-taha-nui
20. Mauhī	55. Taka-tua
21. Huru-manu	56. Pae-rangi
22. Kaukau	57. Rongo-mai-whakateka
23. Te Kuwatawata	58. Taiepa
24. Taka-aho	59. Tua-matua
25. Rongo-hua-kai	60. Ue-nuku-rangi
26. Rongo-whakaata	61. Nganangana-a-rangi
27. Timutahi	62. Rongo-mai-taha-rangi
28 Ue-poto	63. Tu-mata-kaka
29. Peke-tua	64. Tu-ramarama-a-nuku
30. Ranga-hua	65. Tu-mata-rauiri
31. Kekeri-wai	66. Rongo-mai-tu-waho
32. Kaupeka	67. Tu-mata-huki
33. Toro-i-waho	68. Tāne-i-te-pukenga
34. Te Akaaka-matua	69. Tu-pai (or Paia)
35. Te Mamaru	70. Ruau-moko

6. This long description refers to the condition of the gods, the offspring of
Heaven and Earth, before they burst out of the darkness involved in the close em-
brace of the Sky-father and Earth-mother.

7. Also Tangaroa-whakamau-tai, or Tangaroa-a-mua.

The above are the gods, offspring of the Sky-father and Earth-mother. They are all males.[8]

THE AGES OF DARKNESS; OF CHAOS.[9]

The nature of the existence of the gods was such as has been explained [i.e., within the embrace of their parents, and in the attitudes described above]. The names of the Pō or ages, or æons, during which they dwelt there, are as follows:—

1. Te Po-kauru	3. Te Po-kakarauri	5. Te Po-kerekere
2. Te Po-uriuri	4. Te Po-aoao-nui	6. Te Po-tamaku
	7. Te Po-tiwhatiwha[10]	

It was after this manner that they dwelt in Pō, within the space included in the embrace of their parents. It was very long that condition of affairs existed; until at last a faint glimmering of light, a scintillation like the light of a star was seen, or like the Will-o-the-wisp at night. And now commenced a desire on the part of the family of gods to go forth from between their parents to follow the faint appearance of light. Some of them [the gods] consented, some did not; and thus it became a matter of strife between them. Tāne (68), Tu-pai (69)[11] and others said, "Let us seek a means by which we may go forth." The matter was then assented to. Now Uru-te-ngangana (1) the eldest of the family had been persuaded by Whiro-te-tipua's (6) arguments against going forth, and hence they remained until the last.

8. The foregoing list has been taken from Te Matorohanga's teaching, for old Pohutu says he had forgotten some, but that the former priest would sure to be right. The numbers opposite each name will enable the reader to identify them in the narratives which follow. Seventy is the proper number of these secondary gods.

9. Professors Nettleship and Sandys in their 'Dictionary of Classical Antiquities,' say of Chaos: "Chăŏs, according to Hesiod, the yawning, unfathomable abyss, which was the first of all existing things. From Chaos arose Gaia (Earth), Tatărus (Hell) and Erōs (Love). Chaos bore Erĕbus and Night; from their union sprung Æthĕr and Hĕmĕra (Sky and Day). The conception of Chaos as the confused mass out of which, in the beginning, the separate forms of things arose, is erroneous, and belongs to a later period." We shall see as we proceed how much the Maori belief is like this in many respects.

10. These ages do not agree with Te Matorohanga's teaching, which, however, as they give more detail, and hence, perhaps, will aid in understanding their significance, I give at the end of this chapter in an appendix.

11. It is nearly always the youngest of the family that is the hero in Maori legends. The youngest of all these gods was at this time a baby at the breast.—See *infra*.

THE GODS GO FORTH TO THE WORLD OF LIGHT.

Now, at a certain time after [that discussion] Ue-poto (28) went to bathe and wash away the clammy feeling arising through the warmth of their dwelling place [within the embrace of their parents]. He was carried away outside on the current of their mother's urine, and found himself outside in a gentle cooling breeze, which was sweet scented in the nostrils of Ue-poto. He thought, this is the best place, here outside. So he called out under the sides of his parents: "O Sirs! Come outside, for this is a pleasant place for us."

When the menstruous time of their mother Earth came, then Tāne (68) came forth. This was in the seventh Pō, or age of their desire to search for the "way of the female"[12] in order to go forth. On reaching the outside world, they then saw that it was indeed a pleasant place for them [to dwell]. There was, however, a drawback; for the different kinds of the cold of Heaven [or space], Wero-i-te-ninihi, Wero-i-te-wawana, Kŭna-wiri, Maeke, and Kotokoto, there spread out their intense cold.[13] Hence, did Rangi and Papa closely embrace [to exclude the cold from ther offspring], and, hence, also originated the 'goose-flesh,' and trembling through cold [from which mankind suffers to this day]. These are the enemies that afflicted the family[14] of their father. In consequence of this, they sheltered under the sides of their mother, where they found warmth, which they named *Whakaruru-taha* [shelter-by-the-side], which name came down to us, and is applied to a warm and pleasant place where no winds blow.

After this, when the ninth and tenth ages had come, Uru-te-ngangana (1) and others came forth—they formed the second party; and then Whiro-te-tipua (6) and his friends were urged to come forth. He did so with anger, and afflicted some of the other gods with baldness on top of the head and the same on the forehead, the eyelashes and eyebrows [which have descended to mankind through Whiro's action]. Great indeed was the wrath of Whiro (6) at Tāne (68) because of his inducing them to come forth from [the shelter of] their parents, to be 'bitten' by Wero-i-te-ninihi, Wero-i-te-wawana, and Wero-i-te-kokota [the cold of space]—that was the cause of his anger.

12. Te Matorohanga says, they found an exit between Papa's legs, which explains the above.

13. The Scribe tells me that the doctrine of the Whare-wānanga was, that all space above the earth was subject to intense cold (*anu-winiwini*). The names given are emblematical for different degrees of cold, for shivering, etc. At the same time the two first are Star names.

14. Presumably the gods that dwell in the eleven heavens, and their human descendants.

THE SEPARATION OF HEAVEN AND EARTH.

Some time after the foregoing events Tāne (68) said. " Let us now separate our parents that Rangi and Papa may occupy different places." Whiro (6) would not consent to this proposition, and there was much strife in consequence. But Tāne-nui-a-rangi (68) became more urgent; and then Tangaroa (8), Tu-mata-uenga (11), and Tawhiri-matea (7) finally agreed. And now Rangi-nui [the Sky-father], was propped up into the position he now holds. In the propping up by Tāne (68) with the four props, one was placed at the head, one on each side, and one at the legs, making the four that separated Rangi from Papa. [Compare this belief in the four props with the similar one of the Egyptians.] But as the props were lifted and Rangi was still suspended in space, one at the legs and one at the head slipped.[15] Tāne called out to Paia,[16] " O Pai ! " Paia replied, " Here am I ! " Tāne said, " Raise him up above." In this uplifting and raising in order that Rangi-nui might float above, he did not quite rise to the position required, because the arms of both Rangi and Papa grasped one another and held fast. Then Tāne called out to Tu-mata-kaka (63) and Tu-mata-uenga (11), telling them to fetch an axe to cut the arms of their parents. Tu-mata-kaka asked, " O Tāne! Where is the source of axes to be found ? " Tāne said, " Fetch one from the pillow of our elder brother, Uru-te-ngangana (1), to cut them with. Fetch a handle from Tua-matua (59), who will put a keen edge on the axe and fasten it to its handle." The two axes, named 'Te Awhio-rangi' and 'Te Whiro-nui,' were then fetched[17]; and then the arms of Rangi-nui and Papa-tua-nuku were severed and they were completely separated. At that time Paia cut off from the neck of Rangi-nui the *Ahi-tapu*, or sacred fire, which he subsequently used to make fire with, using his *karakia*

15. The form of Mother Earth is conceived to be that of a female with her head lying to the east, her legs to the west.

16. Paia is not mentioned in Te Matorohanga's list of the gods, though it is well-known he was one of them who played an important part ; probably, he had another name as well—possibly Tu-pai.

17. In the course of this narrative, in the Historical part, we shall come across these axes again. The Maori belief is, that they were brought to New Zealand in the canoe 'Takitimu,' in A.D. 1350, and the first of the two is still in the possession of the Nga-Rauru tribe, West Coast of North Island.—See ' Journal Polynesian Society,' Vol. IX., p. 229, for the full history of the axe as far as known, and also the song about it. It is, according to description, quite a different shape, size and material to the ordinary Maori axes. It is so sacred, no white man has been allowed to see it.

⌊incantation⌉ in doing so. But I do not know that formula, though Te Matorohanga does.[18]

Now, when Rangi-nui had been properly placed in position as is now to be seen, the blood from the arms dripped down on to Papa [the Earth], and hence is the *horu* [red oxide of iron], and the *pukepoto* [blue phosphate of iron], that his descendants in this world use in painting.[19] And hence also is the red appearance that inflames the skies at sunrise or sunset— that is the blood of Rangi's arms.

THE APAS, OR MESSENGERS OF THE GODS.

I will now describe the nature of the Apas of each division of the twelve heavens, thus :—

The first Apas[20] are those that dwell in Te Toi-o-nga-rangi. [the highest Heaven] as follows : The Apa-Whatukura are males ; the Apa-Marei-kura are females. When these Apas travel it is appropriate to refer to them as the 'Company of Whatu-kuras,' and 'Company of Marei-kuras.' It is these Apas alone who visit Io-nui in Toi-o-nga-rangi [the summit of the heavens]. On Io's command only [can the others] enter there, that is, whenever Io wishes them to do so can they enter the Toi-o-nga-rangi; they will not presume to do so otherwise, because that Heaven is sacred to Io and his particular company ⌊of Apas⌋ as explained before.

But the Company of Whatu-kuras, and the Apa-Marei-kuras [of the uppermost heaven] are able to [freely] enter any of the other eleven heavens, that is, to enter where they like, whether in the Heavens or the Earth—they have power to do that. It is just the same with the

18. The *Ahi-tapu* was the fire raised by the ordinary Polynesian method of rubbing a pointed stick (*ure*) in a grove in another stick (*kaunoti*). These sticks were habitually carried suspended from the neck either in front or at the back, to keep them quite dry and warm ; contact with the body made them *tapu*, hence, Ahi-tapu, sacred fire. So says the Scribe ; but I do not think the term was applied to any ordinary fire, but only to those made for ritualistic purposes.

19. *Horu*, clay permeated by the oxide of iron, when burnt was used to paint houses, canoes, &c., and the face. *Pukepoto* is a brilliant blue clay, a fossil in fact, permeated by the phosphate (? proto-phosphate) of iron, and was used to paint a blue horizontal streak across the face for adornment. How these old people came to associate the brilliant blue with red blood, is not explained.

20. There are two species of Apa: the Apa-atua were minor gods, and were the messengers of the other gods. Apa is also a whirlwind, which is the bodily form of the former, who were spirits. Apa also means a company. It will be noticed that the Sage includes the Whatu-kura and Marei-kura within the class of Apa-atua, or god-Apas.

Apas of the eleven heavens (outside Te Toi-o-nga-rangi [they may freely come] even down to Earth and Hades.

Here follow the names of the Heavens outside Te Toi-o-nga-rangi, and the male and female Apas [guardian angels or spirits] of each:—

Name of Heaven.	Male Guardians.	Female Guardians.
Tiritiri-o-matangi	Apa Pahurangi	Apa Kahurangi
Rangi-naonao-ariki	Apa Matangi-nui	Apa Mata-ru-wai
Rangi-te-wawana	Apa Kahui-kura	Apa Ruao
Rangi-nui-ka-tika	Apa Rehu-roa	Apa Rehu-punga
Rangi-mata-ura	Apa Poporo-kewa	Apa Kauwhanga
Tauru-rangi	Apa Patu-pai-arehe	Apa Turehu
Rangi-mata-wai	Apa Taranga-tahi	Apa Kopu-wai
Rangi-maire-kura	Apa Kauru-rangi	Apa Kehu-rangi
Rangi-parauri	Apa Kapeka-a-rangi	Apa Rau-angiangi
Rangi-tamaku	Apa Hopara-a-rangi	Apa Maruhiruhi
Rangi-nui-a-tamaku	(Not given.)	Apa Tohi-kura

O Sir! the Apa Tāne [male Apas] are, perhaps, not correctly recited by me—ask Te Matorohanga, he is acquainted with the correct position to which they were appointed by Io-matua [Io-the-father].

Now, at this time the family of gods proceeded to arrange the *kaupeka* [21] of Rangi-nui, that is, to direct matters so that they might be able to adopt a course leading to their benefit. But they were not able to accomplish it, for they were confused about the direction of earthly things—they could not manage it.

THE SEPARATION OF THE DWELLINGS OF THE GODS.

They now decided to have separate dwelling-places. Whiro-te-tipua (6), Uru-te-ngangana (1), and their immediate friends dwelt in Tu-te-aniwaniwa ['where-stands-the-rainbow']—that was their house, and the place where they lived.

Tu-mata-uenga (11), Tama-kaka (? 63), [22] Rongo-marae-roa (14), and others, dwelt in Whare-kura [the first earthly Whare-wānanga, or House of learning, which is its meaning. See introduction to Chapter I.]—that was their house, and the place where they dwelt with their friends.

Tāne (68), Paia and others dwelt in Huaki-pouri with their friends.

21. The Scribe tells me that this word, which ordinarily means a month, here refers to the Kaupeka-o-runga (Celestial things), and the Kaupeka-o-raro (Terrestrial things), and that the months derive their names from it. Judging from subsequent statements it here means 'the knowledge of things Celestial and Terrestrial.'

22. Tama-kaka is not in Te Matorohanga's list; probably it is a second name —possibly number sixty-three.

Thus it was that the family dwelt separately; an envious heart was the reason, and the following were the causes of this ill feeling:—

1. On account of the persistence of Tāne (68) that they should go forth from the embrace of their parents.

2. The 'biting' of the *anu-rangi* [23] [cold of space], *anu-wai* ⌊cold of the waters⌋, *anu-winiwini* [extreme cold] and *anu-matao* ⌊excessive cold⌋.

3. The persistance of Tāne (68), Tupai (69) and their faction, that their parents Rangi and Papa should be separated.

4. The 'evil heart' of Tāne, Tupai, Tu-mata-uenga (11), Tu-mata-kaka (63), and others, in deciding to cut off the arms of their parents with the axes 'Awhio-rangi' and 'Whiro-nui.'

5. The presumption of Tāne and his faction in undertaking these works. If it had been Uru-te-ngangana (1), Ro-iho (2), Hae-puru (4), Tangaroa (8), and Tu-mata-uenga (11) [the seniors of the family], Whiro (6) would have consented.

6. The conceit of Tāne in declaring that he could ascend the 'sacred-winds' of the conjoint Heavens that stand above. Rather should Whiro himself have accomplished the journey to the Toi-o-nga-rangi [the highest Heaven.—See *infra* about this].

The above were the causes why Whiro and his faction were so jealous of Tāne.

THE SANCTIFICATION OF TANE.

Now, at this period, Io-matua [the supreme god, the father] said unto Rua-matua and Rehua [two of the guardians of the heavenly treasures], "Go ye down to the Earth, and on Maunga-nui ⌊great mountain⌋ command Tāne (68) and Tupai (69) to ascend to ye up the mountain. You will there purify them and baptise them in the 'waters of Rongo' on that mountain, and then return." These were the sons of the family. [24]

23. See previous note number thirteen, where emblematical names are given to the cold. The Scribe tells me that Te Matorohanga taught that *anu-winiwini* (extreme cold) expressed a cold that human beings never experience, that all space above the earth is subject to this extreme cold; and that when Rangi and Papa were separated, the escape of their bodily heat carried the cold upwards.

24. This last statement is obscure, but, probably means, they were the most intelligent or daring. Maunga-nui is apparently another name for the sacred mountain in Hawaiki-nui, the Fatherland, called at the end of Chapter II., Tawhiti-nui (the great elevated, or uprising mountain), up which the spirits of the dead on their way to the uppermost Heaven ascended and were there purified. One cannot help noticing the apparent connection of this mountain with the Kailasa, so well described by Sven Haydn in north-west Thibet.

So these two Whatu-kuras, Rua-tau and Rehua, descended to the summit of Maunga-nui, and commanded Tāne and Tupai to climb up to them. The two [gods] did so, and on reaching Rua-tau and Rehua, they were taken to the 'waters of Rongo' and baptised. Thus were they purified ; and now for the first time did Tāne (68) receive his full name of Tāne-nui-a-rangi [Great Tāne-of-the-Heavens], whilst Tupai received that of Tupai-a-tau [? so called after Rua-tau]. After this Rua-tau and Rehua re-ascended to Te Toi-o-nga-rangi [the uppermost Heaven] to Io-mata-ngaro [Io-the-hidden-face], whilst Tāne-nui-a-rangi and Tupai-a-tau returned to their dwelling place at Huaki-pouri.

7. This was the seventh cause of Whiro-te-tipua's illfeeling; the sanctification, and the baptism of those new names for Tāne-nui-a-rangi and Tupai-a-tau.

After these events Io-taketake [Io-the-origin of all things] said to Rua-tau and Aitu-pawa [Treasure-guardians of heaven]: "Go! Ask of the family of Rangi-nui [the Sky-father] which single one of them will be able to ascend the Toi-hua-rewa[25] of the Heavens to Tikitiki-o-rangi [the uppermost heaven] to meet me at Matangi-reia" [the sun's path in the Heavens, the home of Io]. Then these two, Rua-tau and Aitu-pawa, descended to Tu-te-aniwaniwa [one of the separate houses in which the gods dwelt after coming forth from the parental embrace], and laid their mission before Uru-te-ngangana (1) and Whiro (6) and their faction.

Whiro informed them that he could climb up by the winds of Heaven, and bring back the *wānanga* [all knowledge, etc.]. Rua-tau asked, "By what way wilt thou climb, O Whiro?" The latter answered, "By the 'Taepatanga'[26] of the Heavens will I ascend." "*Tai hiti, tai wawa*!" replied Aitu-pawa, "You will not succeed, for the winds of the conjoint Heavens are *akaaka*" [difficult to overcome—an uncommon word].

The two gods then went to Whare-kura [another of the houses of the gods], and Rua-tau asked, "Which of you is able to ascend the conjoint Heavens to the Toi-o-nga-rangi, to Io-the-origin-of-all-things?" Rongo-marae-roa (14) and his faction replied, that Tāne-nui-a-rangi (68) could accomplish it. The two messengers then went to Huaki-pouri [Tāne's house] and asked them, "Which of you will be able to

25. The ascending clouds. The spirits ascended by this means on their way to the uppermost Heaven where Io dwelt, says the Scribe.

26. Taepatanga, is ' where the sky hangs down,' and joins the earth according to Maori ideas, i.e., in modern times, the limit of vision, the horizon and the bounding sky. *Tai-hiti, tai-wawa*, are expressions for difficulty or impossibility.

climb by the winds of the conjoint Heavens to Te Toi-o-nga-rangi, to Io-the-origin-of-all-things, at Matangi-reia in its beauty and expanse?"[27] Tāne replied to this, "I can do it!" Then said Ruatau, "By which way will you ascend?" Tāne replied, "I will ascend by the Ara-tiatia, the Toi-hua-rewa[28] of the family of my elder brother, Tawhiri-matea (7) [god of winds], who dwells above in Tihi-o-manono."[29] Ruatau and 'Pawa then said, "Enough! Ascend to the Pumotomoto [entrance to] Tikitiki-o-rangi [highest Heaven], to Tawhiri-rangi [guard house of] Te Toi-o-nga-rangi-tuhaha [summit of all the Heavens]." After that Ruatau and Aitu-pawa returned.

[Hearing of this] Whiro (6) said unto to his elder brethren, "I intend to go and fetch the *wānanga* [knowledge] at Te Toi-o-nga-rangi." Uru-te-ngangana (1) and others said, "Leave our younger brother to fetch it—he who has ascended Maunga-nui and Maunga-roa, and been consecrated to the Au-kume; Au-rona, and Au-ihiihi."[30] Whiro was very wrath at this and said, "Who, indeed, has said, that he, a younger son, will ascend above through all the Heavens?"

THE FIRST TEMPLE IS BUILT ON EARTH.

AND OTHER HOUSES.

Tāne-nui-a-rangi (68) now urged his brethren, saying, "Tamakaka (63), Tupai-a-tau (69), Rongo-marae-roa (14) and Tawhiri-matea (7); let us all go to Rangi-tamaku [the eleventh Heaven from the summit] and obtain the design of Whare-kura and build a similar one here [on earth]; in which to deposit the *tahū*[31] of the *wānanga* of the Heavens." Tawhire-matea (7) consented to this. When they reached Rangi-tamaku, they carefully copied the design of the temple; it was a temple for dwelling in; they measured the pillars, the length of the ridge and

27. The word used is *ahu-turangi*, which, says the Scribe, describes the beauty and expanse of Heaven.

28. Two names for the ascent. The first is said to have steps, the second means the 'ascending clouds,' according to the Scribe. But I have heard the second name translated as the "swaying line, or rope." It occurs with other traditions.

29. This is a place in Rangi-naonao-ariki, the third Heaven from the summit. "It is here the offspring of Tawhiri-matea dwell; they are the various winds"—says the Scribe. The historical Tihi-o-manono, probably, in Samoa, Fiji, or Tonga, was named after this place.

30. These three are the 'currents' by which spirits descend to Hades—here used, probably, as meaning, let him try, and meet his death.

31. *Tahū*, explained as, the origin, summit, very commencement of all knowledge, and, hence is *tahuhu*, a ridge pole, as being above all in a house. Hence, also, teaching, doctrine, law.

the house, the width and the height. That house belonged to Nuku-te-aio, father of Rua-i-te-pukenga,[32] who disclosed to Tāne the location of that house. That house was a *matarua*, that is, having two windows, one on each side of the door.

On their return they built Whare-kura as a depository for the knowledge which Ruatau and 'Pawa had told one of the family to fetch. So they built and finished it—[the first Whare-kura or Temple of learning on Earth, from the design of which in succeeding ages all other Temples were built].

After this was built Te Whare-rangi, the house of Tamakaka (63), and some others; it had only one window on the right-hand side of the door. This kind of house [in modern times] is called a *matahi*. Then they built the house of Tupai (69) named Rangi-pukohu. When that was completed they erected a house for Tāne (68) and Tangaroa (8), named Hui-te-ana-nui, a very large house, with four windows, two in front, two behind; such a house is [now] called a *mata-wha*. This house was richly carved, the pillars, the ridge, the rafters, the barge-boards, the purlins, the battens, the central pillars, the back and front pillars, and the front enclosure of the porch—all were carved.

Then was erected the house of Tu-mata-uenga (11) [god-of-war] named Te Roroku-o-te-rangi. This was the most sacred house of them all, exceedingly great was its *tapu*, as much so as that of Whare-kura. Here were kept the weapons of war, and all pertaining thereto, and to the ritual or *karakia* [incantation, etc.], and the gods [images] of that particular profession.

After that was built the house of Rongo-marae-roa (14) [god of peace, agriculture, etc.] named Hao-whenua. It was built as a house in which all agricultural implements [? and the teaching thereof] were deposited. These are all I remember.

TANE ASCENDS TO THE UPPERMOST HEAVEN.

After the events described above, the ascent of Tāne-nui-a-rangi (68) to Te Toi-o-nga-rangi was considered by the gods. Whiro-te-tipua (6) was most urgent that he should go on before; so he proceeded by way of the Taepatanga [edge of the sky] of the Heavens to climb up above. Whiro had proceeded on his way for a long distance, when Tāne told his elder brethren, Tawhiri-matea, Tama-kaka and Tupai-a-tau that they ought to start. So they went, aided by the family of Para-wera-nui ['a mighty southerly tempest.'—See Journal Polynesian

32. Neither of them are of the family of Rangi and Papa. The second name denotes that he was a very learned man; one may venture to translate the name as the receptacle of increasing knowledge.'

Society, Vol. XVI., p. 58] who carried them along [*taiapo*, i.e., by the legs and arms, or arm in arm]; by way of the Ara-tiatia [way of steps]. That family is as follows; it was they who bore their parent [Tāne—not necessarily their father] to Te Toi-o-nga-rangi :—

> Titi-parauri (the black whirlwind)
> Titi-mata-kake (the ascending whirlwind)
> Titi-matangi-nui (the great windy whirlwind)
> Titi-aru-rangi [33] (the whirlwind ascending to heaven)

These then were the families of Tawhiri-matea, who carried Tāne to the Pu-motomoto [the entrance] of Tawhiri-rangi [guard-house to the uppermost heaven]. His companions were Uru-ao (51), Rangi-ihiihi-matua (? 27), Tu-kapua (40), Tawhiri-matea (7), Taka-wai-rangi and Te Ataata-o-te-rangi ; these last accompanied Tāne to Rangi-naonao-ariki [the third heaven counting downwards] to Kautu and Tapuhi-kura, who were the spirits whose duty it was to take [Tāne] to Tauru-o-te-rangi [the name of the entrance into the third heaven], where Tāne was purified by Kautu and Tapuhi-kura. Tawhiri-matea, Uru-ao and Rangi-ihiihi-matua returned from here to Earth, whilst Te Ataata-o-te-rangi and Taka-wai-rangi carried Tāne to Tiritiri-o-matangi [heaven below the summit].

[In the meantime] Whiro had ascended to Rangi-nui and Rangi-tamaku [the two lowest heavens] where he learnt that Tāne had passed on before him; he followed to Rangi-parauri [tenth heaven in descent] but did not overtake him. Here his son-in-law said to him, " Go back ! You cannot succeed, for that man [Tāne] has been consecrated above on Maunga-nui by Rua-tau and Rehua." At this Whiro was very distressed and wrath ; he ordered the Tini-o-Poto to follow in pursuit of Tāne, they are :—

O Naonao (Mosquito)	O Kēa (the great Parrot)
O Rō (the Ant)	O Kērangi (the Hawk)
O Peketua (Centipede)	O Karearea (Sparrow-hawk)
O Pepe-te-muimui (Prionoplus)	O Peka (the Bat)
O Pekepeke-haratua (Daddy-long-legs)	O Poupou (the Owl) [34]
O Taunga-hua (not known)	

This was the war-party of Whiro which he sent to follow Tāne, to peck and draw his blood—to kill him. The war-party went on and

33. The Titi are explained by the Scribe as emblematical names for the ascending whirlwinds, otherwise called *awhiowhio*. By their aid Tāne ascended by the Ara-tiatia : they were lent to him by Tawhiri-matea, god of winds.

34. The introduction of the ' O ' before these names is strange and unlike Maori—it would almost seem that they had been derived from one of the branches of the Polynesians who use ' O ' for ' Ko.'

ascended the horizon of Rangi-tiritiri-o-matangi [first heaven below the summit]; and there attacked Tāne; but they could not approach near him—they were whirled away by the Tini-o-Parauri [the many of Parauri—the great gales]. They could not get near him.

Tāne now reached Te Pu-motomoto of Tawhiri-rangi [the guard-house of the uppermost heaven], and there entered the house, where were Rua-tau, Aitu-pawa, Rehua, Puhao-rangi, Oho-mai-rangi, Te Pura-o-te-rangi, Te Rangi-haupapa and very many other Whatu-kura [guardian-gods of the Supreme God Io]. Taka-wai-rangi and Te Ataata-o-te-rangi returned from here to Tiritiri-ki-matangi [first heaven below the summit] to await the return of Tāne-nui-a-rangi.

And also, the war-party of Whiro-te-tipua returned to Rangi-nao-nao-ariki [third heaven] to await Tāne on his return.

TANE RECEIVES NEW NAMES.

Now, when Tāne entered the guard-house, Tawhiri-rangi, by way of the *koro-pihanga*[35] of the rearmost part of the ridge of the house; he had now arrived at the Te Toi-o-nga-rangi [the summit of Heaven]. He was taken by Rua-tau, Pu-hao-rangi and Oho-mai-rangi to Te Wai-o-Rongo [the waters of Rongo] and there again purified, and the following additional names given him:—

1. Tāne-nui-a-rangi	(Great-Tāne-of-Heaven)
2. Tāne-matua	(Tāne-the-parent-of-mankind—see *infra*)
3. Tāne-te-wānanga-a-rangi	(Tāne-who-brought-knowledge-from-Heaven)
4. Tāne-te-waiora	(Tāne-the-salvation)
5. Tāne-te-torokaha	
6. Tāne-tahurangi	
7. Tāne-maiki-roa	

These are the names then given him; but the first one he had already received from Rua-tau and Rehua, when he was sanctified on Mount Maunganui, as already described.

TANE AND IO.

After the above occurrence, Tāne was conducted into Matangi-reia [the house of Io—Sun's path in the Heavens] where Io was awaiting him. On his arrival Io asked him:—

" By whom are we ? "[36]

35. Koro-pihanga is a round window, says the Scribe; a thing unknown in modern Maori architecture.

36. This is part of the usual ceremonious and polite form of address between two strangers to one another. There are several amusing stories which bear on this.

"By the Sky-father and the Earth-mother is thy child, O Io-the-
father, ē ī!"

"Who is thy companion?"

"My elder brother, Whiro-te-tipua. He went by way of the
Taepatanga of the Heavens, to ascend."

"Thy elder brother will not succeed; the winds of the conjoint
Heavens blow too strongly."

Io added, "What is thy reason for ascending here?"

"The sacred contents of the 'baskets' pertaining to the Sky-father
and Earth-mother to obtain; hence have I ascended up to
thee, O Io, ē ī!"

Io then said, "Let us go to the Rauroha" [space outside Io's
dwelling, the *marae* or plaza], and when they got there, then for the
first time was seen how numerous were the Whatu-kura [male guardian
gods] and Marei-kura [female guardian goddesses] there staying.
Tāne was again purified in Rauroha, and after this had been accom-
plished, they entered the temple Rangiatea [treasure house, and the
first of the Whare-wānanga—see introduction to Chapter I.]. It was
here that the Whatu-kuras gave into Tāne's charge, the three 'baskets'
and the two sacred stones. They were 'god-stones' [i.e., endowed
with god-like and miraculous powers].

THE THREE 'BASKETS' AND TWO STONES.

These are the names of the three 'baskets' and two stones :—

1. The *kete-uruuru-matua*, of peace, of all goodness, of love.
2. The *kete-uruuru-rangi* (or *tipua*), of all prayers, incantations,
   ritual, used by mankind.
3. The *kete-uruuru-tau* (or *tawhito*), of the wars of mankind,
   agriculture, tree or wood-work, stone-work, earth-work—of
   all things that tend to well-being, life, of whatsoever kind.

[Te Matorohanga held that the original teaching of this branch
was derived from the first created thoughts, which were good alone; it
was afterwards that evil thoughts came into being. The Creator first
gave man eyes in order to distinguish good from evil, and then the
ngakau, or heart, to hold such knowledge.]

1. Te Whatu-kura, Huka-a-tai (the translation is, Foam-of-
   Ocean).
2. Te Whatu-kura, Rehu-tai (the translation is, White-sea-mist).

These stones are both white in colour, like sea-foam, that is, they
were white according to description handed down; they are stones that

may indicate either good or evil according to man's desire. They are sacred stones, and are used at the termination of the session of teaching, that is, the pupils are placed thereon when the classes of the Whare-wānanga break up. After the proper ritual of *karakia*, the stones are touched by the mouths of the pupils,[37] and then the classes break up for the season.

[The *kete*, or 'baskets,' are the three great divisions of knowledge taught in the Maori College; we may call each *kete* a syllabus, which it nearly approaches, in fact, as briefly mentioned above. The two *whatu*, or stones, are said by the Scribe to be not ordinary stones of this earth, but were brought from Heaven. It was from them the Whatu-kura-a-Tāne and Whatu-kura-a-Tangaroa were made. In later times, of course, some uncommon stone would be used in the Whare-wānanga on which the pupils stood at the final ceremony before the session ended. It was supposed that contact with these stones gave *măna*, power, prestige, to the matter taught, besides enforcing the same on the memory.]

TANE RETURNS TO EARTH.

Now, after the three 'baskets' of the *wānanga* [knowledge] and the two stones had been acquired, the Whatu-kuras [gods] escorted Tāne-te-wānanga (68) and his properties to the next lower Heaven. Rua-tau, Rehua, Aitu-pawa were there, and a numerous host of other Whatu-kuras in the company. On reaching Tiritiri-o-matangi (second Heaven from the top) they found their friends, Taka-wai-rangi and Te Ataata, who had been joined by the descendants of Huru-te-ārangi, daughter of Tapuhi-kura, younger brother of Rangi-tamaku [the eleventh Heaven below the summit] awaiting them.

These are that family :—

	Titi-a-toa	7	Titi-mata-kaha
	Titi-atamai		Titi-kauru-nui
	Titi-matangi-nui		Titi-roro-hau
	Titi-mata-ura		Titi-te-apu-hau
	Titi-parauri		Titi-te-apu-nui
6	Titi-puhi-kura	12	Titi-te-apu-parauri[38]

Those are the family of Tawhiri-matea (7) [god of winds] and Parawera-nui [the stormy south wind] who are their parents; there

37. It will be noticed that Pohuhu says *touched*, whilst Te Matorohanga says *swallowed*.

38. All these Titi are emblematical names for different kinds of whirlwinds, by whose aid Tāne ascended to and descended from the uppermost Heaven.

were many others besides.   Te Matorohanga will be able to name them
all in their ranks.   Tapuhi-kura and the wife of Tarapae are the
guardians of their grand-children [the winds] at Te Tihi-o-manono,[39]
where their house is named Mairiiri-kapua.   The courtyard of their
house is named Marae-nui ; and they amuse themselves with whip-
tops, Tahua-roa being the name of the court in which they play.   The
brow from which they gaze down on to the back of their ancestor
[Rangi-ta-maku, eleventh heaven from the summit] is named Paroro-
rangi — it is in Rangi-naonao-ariki [the third heaven from the
summit] that this family dwells.

Tāne-matua (68) and his companions, the Whatu-kuras, descended
until they reached Rangi-te-wawana [the fourth heaven from the
summit] where they were attacked by the war-party of Whiro-te-tipua
(6)—these are their names :—

1. Pekepeke-mata-ruwai   3. Pekepeke-harakuku
2. Pekepeke-hau-rutua   4. Pekepeke-riwaru
            5. Pekepeke-mata-nui

As soon as the war-party was discovered, it was assaulted by the
company of Tāne-matua ; the war-party of Whiro (6) was defeated at
Te Rangi-haupapa, and the following brought down to earth as
prisoners :—

1. Kāhu (the Hawk)   5. Kakapo (the night Parrot)
2. Karearea (Sparrow-Hawk)   6. Pekapeka (the Bat)
3. Matuku (the Crane)   7. Ruru (the Owl)
4. Kēa (the great Parrot)   8. Kakariki (Parrakeet)

The grandchildren of Kērangi (the hawk) were taken prisoners,
they are :—

Waeroa (Mosquito)   Wēta (wingless Locust)
Namu-poto (little Sand-fly)   Pepe (Butterfly)
Naonao (Sand-fly)   Rango (Blow-fly)
Rō (the Ant)   Kawhitiwhiti (Grasshopper)

and other insects of that nature.   The above is the reason they were
brought here [are found here] on the earth.

And now the face of Rangi-nui [the sky above, lowest Heaven]
flashed forth in brilliant red.   Hence did Tupai (69), Uepoto (28),
Tamakaka (63), Uru-roa, Tama-te-kapua (? 44), Tu-mata-uenga (11),
Tangaroa (8), and Tawhiri-matua (7), know that the *wānanga* had been
acquired by Tāne-matua (68).   Great was the joy, and the rejoicing
of the family of gods, even including those at Tu-te-aniwaniwa [the

---

39. Not to be confounded with the historical place of that name ; this is in
the heavens.   See note twenty-nine in this Chapter.

dwelling-place of Whiro (6) and Uru-te-ngangana (1)]. But Whiro alone was not glad; he was continuously angry and jealous on account of the exceeding *măna* [power, prestige] that had accrued to Tāne-matua (68). And now Uru-ao (51) and Tupai took their trumpets and sounded a fanfare; they were named 'Te Wharara-o-te-rangi' [the arch of Heaven] and 'Pu-oro-rangi' [trumpet sounding in Heaven]. The whole of the family of gods heard the trumpet blasts, and knew thereby that Tāne-matua had succeeded in his quest.

When the party arrived at the *turuma* ⁴⁰ of Whare-kura [the first temple built on earth], and after the purification ceremony, they entered Whare-kura and there suspended the three *wānanga* at the back of the temple, where also the two *whatu* [stones] were deposited. Whiro (6) demanded that the 'baskets' and stones should be delivered up to him. Tāne-matua (68) said to him, "Where are others to be found if we agree to that? It is sufficient that you have some of our elder brethren with you; the 'baskets' must be left with these members of our elder and younger brethren." Rongo-marae-roa (14) and Uru-te-ngangana (1) both consented to this. Whiro was very angry at this and returned home with two of the *whatu* [stones].⁴¹ After this the Whatu-kuras [gods] returned to Te Toi-o-nga-rangi [Uppermost Heaven].

THE GUARDIAN ANGELS OR SPIRITS ARE APPOINTED.

Now, at this period the attention of Tāne-matua (68) and his elder and younger brethren was turned to the separation of the Pou-tiri-ao [Guardian Angels] to their different spheres of action in their separate places, by twos and threes, to each plane of the Earth, the Heavens, and even the Ocean. Thus was the work directed; and the valuable contents of the three 'baskets' were distributed [i.e., as the baskets contained all knowledge and directions for the government of the world and its contents, some branches were allocated to the different guardians to enable them to rule in their separate spheres, and thus become the presiding dieties of different classes of phenomena]. But I am unable to place this family in their different planes—ask Te Matorohanga. I did not completely acquire the full knowledge of this branch.⁴²

40. As before pointed out, this was where prayers, etc., were offered up, but means also the latrine.

41. The stones brought down by Tāne were afterwards recovered—see *infra*.

42. For description of the Pou-tiri-ao, see Chapter II.

THE WARS OF THE GODS.

At this time the hatred and jealousy of Whiro (6) and his faction towards Tāne-matua (68) had become permanent. Whiro would not give his consent to the appointment of the Pou-tiri-ao to their respective spheres. His elder brethren said to him, " Leave to our younger brother the direction and the power; he has acquired the *kauwae-runga* [knowledge of Celestial things]. As for you, all you have initiated has ended in disaster. even from the very beginning down to the present time." Much strife ensued, until Uru-te-ngangana [the first born of the gods] separated himself from Whiro, and departed for the home of his younger brother, Rongo-marae-roa (14) [god of agriculture] and his party, and to Huaki-pouri [Tāne's dwelling]. The dissentions between the various factions of the gods now became permanent, leading to actual war; Whiro-te-tipua (6) was defeated; the general name for this war was Pae-rangi, and the names of the different battles were :—

Rere-pari	11. Te Kaha-roa
Maunga-utahataha	Moe-te-horo
Wai-taha	Te Kārangi
Horo-nuku-atea	Te Harotoroto
5. Te Ika-horo-mata	15. Takoto-moana
Te Iwi-horoa	Kaikai-tangata
Tu-rourou	Taiki-nui
Huri-kino	Ngakau-pakoa
Whakaahu	Taheke-roa
10. Katikati-aho	20. Te Au-miro

21. Te Au-tahataha

There were others besides; indeed, a great many in which they fought. Some battles were on the land, some in the Heavens, some in the intermediate space, some on the water—there was no place in which they did not fight. Such places as they thought suitable, there they fought. But these battles were fought as gods between gods.

The end of it was that Whiro-te-tipua was defeated, and that was the reason he descended to Raro-henga [Hades]—hence is that fatal descent of his named Taheke-roa [the eternal fall]. The true [or general] name of this [series of] battles is Te Pae-rangi. Whiro disappeared for ever into Te Muri-wai-hou, to Raro-henga; that is, to the place called Te Reinga.[43]

43. Te Reinga, the boundary between this world and the next, the ' jumping off ' place, of which there is one in every group of Polynesia, where the spirits

THE OVERTURNING OF MOTHER-EARTH.

Before Tāne-nui-a-rangi (68) ascended by the Ara-tiatia [the way of steps] to Te Toi-o-nga-rangi-taupuru [the overhanging (over-cast) summit of Heaven—the Uppermost Heaven], and after the Sky-father and Earth-mother had been separated, the face [front] of their mother had been overturned so that she faced Hades. The youngest child of these parents, named Whakaru-ai-moko (70) was at that time a child at the breast. They left this child as a comfort [44] for their mother. Now, hence [through Whakaru-ai-moko (70)] are the earthquakes, and volcanic phenomena that constantly war against us in every age.

The reason why they [the gods] overturned the Earth to face downwards to Rarohenga was because she continually lamented for Rangi-nui [the Sky-father], and because Rangi-nui constantly lamented over her ; that is, this was the nature of her lamenting, she continuously closed the avenues of light by means of clouds and mists, whilst Rangi-nui constantly obscured things by his tears, both day and night ; that is, the rain was constant, never ceasing, as was the snow, the black-frost, the driving snow. The family of gods were perishing with the rain and the snow, and hence did they overturn their mother to face downwards to Rarohenga. After this their con-dition was much ameliorated. But they still dwelt in [a faint light] like the moonlight of this earth, because neither stars, the moon, nor the sun had been placed in position.

The name given by Ruatau [one of the guardians of the heavenly treasures, a messenger of Io's] to this world was this : He said to the Sky-father and Earth-mother " Let your offspring go forth and dwell. Leave them to move about on you two." He added, "Do not continue to enclose them between [your bodies]. Let them go forth to Tahora-nui-a-teu[45] and therein move about." Hence, we learn the name given

passed to the west on their way to the Fatherland. Tahekeroa means the 'long rapid,' the eternal fall ; i.e., of the evil spring Whiro, to eternal banishment in the realms of Hades. The three names connected herewith, Au-rona, Au-miro, and Au-kume—the wide-spread, dragging and swirling currents—express the idea of the current of death that is ever active in hauling mankind to death. Muri-wai-hou expresses the idea of the mouth of a river descending into a chasm, possibly connected with the Scandinavian and Grecian idea of the river that has to be crossed before Hades is reached—the Styx. Raro-henga, the utter confusion of mind of those who descend to Hades.

44. Tānga-manawa, is the word used. It ordinarily means to take breath, to rest.

45. Great-wide-open-space, says the Scribe.

by Ruatau to this world—'Tahora-nui-a-Ruatau.'[46] It was Hine-
titama[47] that gave the [commonly used] name of Te Ao-tu-roa [the
enduring light] to this world. It was thus that her relative, Te
Kuwatawata (23) spoke to her, saying, "O Lady! Return hence!
Here ceases the world of light. Beyond me is the-darkness-ever-
present."[48]   Hine-titama replied to him, "Let me remain there that
I may catch the living spirit of my descendants [mankind] in the
world-of-everlasting-light."   We learn by this that Hine-titama gave
this world its name [Te-ao-tu-roa].

THE ORDER OF CREATION.

Now, after the wars of the gods, Whiro (6) and his younger
brethren, Tu-mata-uenga (11) and others as above written, the
appointment of the Pou-tiri-aos [guardian spirits] to their functions in
the planes of Rangi-nui [the Sky-father], Papu-tua-nuku [the Earth-
mother], and to Lady-ocean, was duly completed.

And then they completed the various beings to dwell in the great
ocean, the waters of the earth, the trees, not to mention the reptiles [or
insects], for they are really the lice of the Earth-mother; hence, are
they called Te Whanau-a-Torohuka [the family (or descendants) of
Torohuka].   At this time came the command of Rua-tau and Rehua
[two of the guardians of the Heavenly treasures and messengers of Io]
to Tāne-matua (68) saying: "Honour the offspring of Torohuka and
Muhumuhu as friends for you all. Some are evil, some are good."
The words of those two Whatu-kuras referred to the *ngarara* [reptiles,
insects]; for they were the first created of all living things. Thus :—

1. The waters of ocean that are in the world, were created by
   waters; and then grew [out of them] the land, the Earth,
   which on maturity was taken to wife by the Sky-father.
2. Next [were created] the minor vegitation, growing each after
   its own kind.
3. Next [were created] the trees of every kind, to clothe the skin
   of the Earth, which had theretofore been naked.
4. Next [were created] the reptiles and insects of every kind.
5. Next [were created] the animals, dogs, of every species.
6. Next [were created] the birds of different kinds to dwell on
   the plains and in the woods of the Earth, and on Lady-ocean
   also.

46. The-great-spread-out-space-of-Ruatau.
47. About whom we shall learn later on: she was Tāne's daughter.
48. Te Kuwatawata was the guardian of the door of Hades, one of the gods
(23). We shall learn much of him later.

7. Next [were created] the moon, the sun, and all the stars. When this had been accomplished, the ' World of Light ' became permanent.

8. Next [and finally were created] Hine-ahu-one [the first woman] and [her daughter] Hine-titama ; from whom mankind in this world sprung.

By these all, from the very first down to the [creation of] man, mentioned each in its own period, growing up in their own time, increasing in their periods, living in their own periods, each conceived after their own manner and time, of whatsoever nature ; each had its own time of conception, or sprouting.   We now understand that this was the nature of all things, and, each thing has it female [counterpart] through which it conceives ; whatever there is, it has a wife [female] ; there is nothing that stands alone without its female—all things have their female counterparts.

CHAPTER IV

Creation of the Germ of Life in Man—The Pedigree of Man—Hine-nui-te-Pō, goddess of Hades—Whakaru-au-moko, god of volcanic phenomena—Whiro, god of evil—Some Functions of the other Gods.

CREATION OF THE SPARK OR GERM OF LIFE
IN MAN.

NOW, when all these things had been finished by Tāne-matua and his elder brethren, they asked one another, "By what means shall we raise up descendants [to ourselves] in the 'world-of-light'? " Their elder brother, Uru-te-ngangana (1) said, "Let us seek a female that may take on our likeness, and raise up offspring [for us] in this 'world-of-light.' " Some suggested they should fetch some of the females [Apas, messengers] of the twelve heavens, that is :—

1. Apa-ruao	7. Apa-mata-rua
2. Apa-mata-ruai	8. Apa-kopu-wai
3. Apa-tahu-rangi	9. Apa-kahu-rangi
4. Apa-rau-angiangi	10. Apa-tohi-kura
5. Apa-kauhanga-nui	11. Apa-turehu
6. Apa-ruhiruhi	12. (The Apas of the highest heaven were too sacred)

The above are the female Apas of the eleven heavens. Uru-te-ngangana replied to this, "If we fetch our females from there, all our descendants will be gods like ourselves. Rather let us take of the Earth, that it may be said they are the descendants of Earth." Hereupon it was agreed to search for such female.

The family of gods now dispersed by two and two to search for the female. All parts of the land and the ocean, the inland waters, and the dense vegetation were searched. Every place was sought out, but not one single thing was found suitable to take on the functions of a female similar to the female Apas of the conjoint heavens. All assembled again—none had found anything. Hence, is this episode known as : 'Tē kitea' (the not-seen), 'Tē rawea' (the not-acquired), 'Tē whiwhia' (the not-possessed).[1] And this is the origin of these

1. These expressions are frequently to be found in their *karakias* (prayers, spells, etc.)

words; so given in that form, that the circumstances may be remembered by the *tohungas* [priests], i.e., the commencement of the search for the female.

It was then decided by the gods to ascertain whether or no [the female] was to be found in any of the [living] beings that had been appointed to dwell in the world [i.e., the animals, insects, etc.]. For all females of [living] things conceive; and an examination of their offspring was to be made. Some were found [partly] appropriate, some not. The reptiles have their particular issue in the form of eggs; they were not suitable on examination, and so were discarded. . . . . . .² It was considered better that something which produced after its own kind, or bodily shape, should be adopted—and, hence, offspring by eggs were at this time assigned to birds. It was now obvious that the [kind of] female required from which the *iho-tangata*³ [the form or likeness and attributes of man] could be born, was not to be found.

So the gods all assembled again in one place at Whare-kura to declare their various ideas. And then spoke Ro-iho (2), Ro-ake (3), and Hae-puru (4). (It was these three who felt a great love towards their common parent, Rangi-nui, when he, their father, was separated from their mother Earth; and they followed, or adhered, to Rangi-nui at that time; that is, shortly after [the separation].) They said to Tāne-matua (68), "O Tāne *e*! What is it ye are searching for?" Tāne replied, "We are searching out the way to the female! ·That is our object." The three then said, "Try the earth at Kura-waka, and commence your operations there. For in that place is the female in a state of virginity and potentiality; she is sacred, for she contains the likeness of man."

The gods then went off to seek that earth at Kura-waka.⁴ Here they formed a body [in the likeness of a woman], and completed the arrangement of the head, the arms, the bust, the legs, the back, and the front; and then the bones. Here ended the work of the elder brethren. Then followed the arrangements of the flesh, the muscles, the blood and the fat. On the completion of these parts, the breath of life was assigned to Tāne-matua (68), to place it in the nostrils, the

2. The sentence omitted is so obscure it cannot be translated.

3. The Scribe says, this means the 'form' of man; and embodies the idea of his descent partly from the gods, or Heaven, and partly from woman, or the Earth. *Iho* = umbilical cord, *tangata* = man.

4. It is said that this earth was red in colour. Adam was supposed to have been formed of red earth. Te Matorohanga says Kura-waka was in that part of the Earth between the legs—for, as already pointed out, the Earth was supposed to be shaped like a woman.

mouth, and the ears—that was done.   And then for the first time the
breath of man came forth, the eyelids opened, the pupils saw, and the
hot breath of the mouth burst forth, the nose sneezed.   "Sneeze living
heart to the world of light; [thy] offspring [shall be] a man, a female."[5]
After this the body was taken to the altar at Muri-takina, where all
the proceedings were voided [i.e., where all evil influence of earthly
origin were removed, and the first woman became a fit recipient for the
germ of life.]

Now, it was told by the Rua-nukus [learned teachers] of the
Whare-wānanga, the depositories of ancient knowledge, that Hine-
hau-one [the first woman, a name which may be translated, 'woman-
created-of-earth'] was formed on the *mons veneris* of the all-mother, of
the earth at Kura-waka; her head, her arms, her legs were made
there, also the bust.   The breath of life, the lungs, the kidneys, and
the liver were all begged of Io, by Tu-kapua (40) and Tiwhaia,
Punaweko (19) and Hae-matua (5) and others—some parts were
[built up] by these, some by others.   The parts were [at first] all
made separately in different places, but afterwards gathered and joined
together, and on completion it was said to be a human body.   It was
Io [the Supreme God] and Rehua [one of Io's messengers] who im-
planted the thoughts and the living spirit.

When-Hine-hau-one had been completely formed after their own
likeness,[6] in no part different—except indeed her front alone, which did
differ in that she had there the likeness of the female—it was said that
an orifice should be made for the urine.   This was done, it was open ;
and then one of the eye-pupils of Tiwhaia was extracted and placed as
a door to the *meatus urinarius* of Hine-hau-one.   Some of the hair of
Puna-weko (19) was placed as a concealment for the *meatus* and to
adorn it.   Such was the origin of the living-spirit of mankind in the
' world-possessed ' or [' world-of-being '] and the ' world-of-light.'

When Hine had been completely formed in the likeness of man-
kind, she was delivered over to Tāne-matua (68) in order that
procreation might take place.   First the ears were tried, hence the
wax in them ; then the eyes, hence the rheum ; then the nostrils,
hence the mucous ; then the mouth, hence the saliva and the phlegm ;
then the armpits, hence the perspiration ; then between the thighs,
hence the clamy perspiration ; then the *anus*, hence the excreta.

5. This is said to a child when it sneezes—we do somewhat the same on like
occasions.   The words are usually abreviated into *Tihe mauri ora*, Sneeze-living-
heart.

6. This statement is one of the few from which we may gather that the Maori
idea of their gods, took the exact human form.

Then said the elder brethren, " Act in the water-way of Hine ! for there is the *awa-karihi* [the *vagina*] from whence comes forth the living-spirit, from the fountain of Hine, to the world-of-light." Now followed the *takutaku* [incantation] of Tupai (69) to excite the *membrim virile* [emblematical name, Tiki-ahua] of Tāne ; thus :

Here am I, a man, a divine one, O Hine, e, i !
Here is a divine man, for thee, O Hine, e, i !
Here am I, a husband of thine, O Hine, e, i !
Here am I, a lover, a lover embracing, of thine, O Hine, e, i !
Let thy body closely adhere to this male,
Concentrate thy thoughts on this thy lordly husband, O Hine, e, i !
Firmly affixed to the very roots of thy thought.
Adhere to the decreed purpose of woman—
To this husband of thine, O Hine-one e, i !
My and thy purpose of being was decreed of old, O Hine, e, i !
Come close ; as this man adheres to this Hine-one, e, i !
The object of our union was decided of old ;
It is firmly adhered to by this son, O Hine, e, i !
Adhere, in closest embrace, the woman to this man, O Hine, e, i !
Forget all thoughts of others, think not of nor incline
To the pursuasion of other sons to thee, O Hine-one, e, i !
From the fruitless searching, from the ' Kore-te-whiwhia '[the unacquired]
From the ' Kore-te-rawea ' [the unpossessed] have the thoughts of those sons
Been on thee, O Hine-one, e, i !
Nor rest on, nor turn thy looks ;
Not a glance of the eye, or a secret thought,
In thy hidden innermost thoughts, be this son's alone, O Hine-one, e, i !
For we are the waters, the clothing ; we are spouses,
Bound like a sister and a brother, O Hine e !
We are spouses bound to one another in gladness,
We belong to one another, O Hine-one, e, i !
Who will first annul it, thou ! who will be astranged, thou !
Who will lack affection, thou ! who will show fear, thou !
Whose will be the evil thoughts and words, thine !
Whose were the searchings, the unacquired, the unpossessed ?
'Twas Hine-one, towards those other sons, O Hine-one, e, i !
Be bound by thy eyes, be bound by the mouth,
Bound by thy body, to this man of thine—
A man desired, a man most suitable,
A man embracing—of thine, is this man,
This Tāne-nui-a-rangi—
This Tāne-matua of thine, O Hine, e, i !

The above *karakia* of Tupai's is to cause the two to adhere to one another, to effect a junction in thought and body, so that there might be only one husband [for the woman], none other beyond the one— Tāne, or Tāne-nui-a-rangi, or Tāne-matua. His name in youth was Tāne, then [he acquired the second] at his ' naming ' above on

Maunga-nui by Rehua and Rua-tau. And the third when he was
appointed a parent of all things [mankind] by Io at the Uppermost
Heaven. This was the end; his becoming permanently joined to
Hine as his wife.

After the above, the *karakia* was taken up by Hae-puru (4) to
secure offspring to Hine-hau-one and Tāne-matua; this is it:—

[This *karakia* cannot be translated because it enters into details of
the female anatomy and reprôductive powers, the various names of
which are given, but cannot now be identified. The Maoris were inti-
mately acquainted with the anatomy of the human body, which arose
through experience gained in disecting it for cannibalistic purposes.]

Again, Ro-iho (2) and Ro-ake (2) took up the *karakia* to strengthen
Tāne in implanting the 'spark of life' in Hine-hau-one [which like-
wise cannot be translated for the reason given above].

. . . . . . These two *karakias* are both very *tapu*, and have
remained to the present time in use; the first is used in marriage to
cause the man and woman to be faithful to one another. The last one
is used to cause barren women to conceive and bear offspring—hence
are they *tapu*.

After the above two *karakias*, Hine was taken to the *ahu-rewa*, or
altar, within the sacred house of Whare-kura and there purified—and
after that to the Wai-o-Tahu-rangi [the sacred waters from Heaven]
and there bathed.[7] At this time she received her [full] name, Hine-
hau-one.[8] Then she was taken to the *turuma* [latrine] of Whare-kura
[the first earthly temple] where by biting the rail all the effects of the
tapu were removed. After this she was taken to the house that had
been specially made for the female before the gods started out on their
quest known as 'Te Kore-te-whiwhia,' etc. [see p. 138 *ante*]. It was
for this purpose that house was built by Tāne-matua (68) and
Tangaroa-a-mua (8),[9] and named Hui-te-ana-nui. It was a carved

7. These sacred waters, in this case, were, according to tradition specially
prayed for, when they descended from Heaven, and were thus quite pure—earthly
water was not considered pure enough for the purpose of the purification of
Hine-ahu-one.

8. Hine-hau-one (or Hine-ahu-one) means, ' woman-created-from-earth.'

9. Tangaroa-a-mua (number eight in list of gods, Chapter III.) was his
original name as a god dwelling with his brethren after the separation of Heaven
and Earth. But when he was appointed guardian of the ocean, with Kiwa, his
name was changed to Tangaro-a-tai, or Tangaroa-whakamau-tai. Te Matorohanga
taught that he was one of the greatest of the gods, only exceeded in power and
position by Tāne. After these two came Tu, and after him Tama-kaka—all
offspring of the Sky-father and Earth-mother. In Samoa, Tahiti, Rarotonga and
some other islands Tangaroa was the principal god of all.

house ; the pillars, the ends of the rafters, the purlins, the ridge-pole, and battens at the end, the barge boards, the sill of the porch and all such other parts that should properly be so ornamented, were done. And then Hine-hau-one became the permanent wife of Tāne-matua. She became pregnant, and gave birth to a daughter, who was named Hine-titama ; she was followed by Hine-manuhiri [and others].

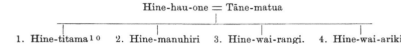

Hine-hau-one = Tāne-matua

1. Hine-titama¹⁰   2. Hine-manuhiri   3. Hine-wai-rangi.   4. Hine-wai-ariki.

Those are the descendants of Hine-hau-one that came forth to the world.

THE PEDIGREE OF MAN.

[Although it is not considered necessary in this part of the work to print the large number of genealogical tables recited by the two Sages, the following is introduced as a specimen, illustrating the descent of man from Tāne-matua (68) down to Nga-Toro-i-rangi, the *tohunga* or priest of ' Te Arawa ' canoe that came to New Zealand about 1350, and the descendants of whose crew are now to be found scattered all over the Bay of Plenty, Lake Rotorua, and Lake Taupo.   It is no doubt the case that vast numbers of ancestors are omitted in the early part of the table following, and only a few are inserted in the *tatai* or recitation, but probably the correct descent from father to son (or daughter) begins between the forty-fifth and fiftieth generation back from the year 1900, as shewn by the figures.   This would carry the table back to about the seventh century, when, as all things seem to indicate, the Polynesians were on the move from Indonesia into the Pacific.   The table is from Te Matorohanga's teaching.]

	Tane-matua	=	Hine-ahu-one
	Hine-titama	=	Tāne-matua
50	Hine-rau-wharangi	=	Te Kawe-kai-rangi
	Rua-kawe-rau	=	Puku-wai
	Karanga-tahi	=	Ariari-te-rangi
	Pae-wheki	=	Mohokura
	Awanga-i-te-ura	=	Toko-rangi

10. Hine-titama, the daughter of the god Tāne and the Earth-formed woman, Hine-ahu-one, was looked upon as the first human being, born of woman. Her mother was completed as a woman through the work of the gods—all but the spirit and life, which was given her by the Supreme God Io, acting through Tāne. The *Ti-Tama* seems to express to the old Maori the idea that she was the first of mankind (though her father was a god).   We shall see later on in this chapter the end of Hine-titama.

45	Te Awhenga	=	Tutu-nui-o-rangi
	Kuratau	=	Pua-kato
	Tao-matua	=	Pure-awha
	Huru-rangi	=	Mawaerea
	Paku-kino	=	Aka-nui
40	Tore-rautahi	=	Te Po-waerea
	Moko-nui	=	Punga-moana
	Te Iho-matua	=	Tukutuku
	Murihau	=	Whakaiho-tapu
	Te Kawa-a-Tāne	=	Hokikau
35	Tuku-heke	=	Te Ahi-tapu
	Mataura	=	Huruata
	Te Waha-o-te-rangi	=	Rahui
	Kohu-matua	=	Te Ara-wai
	Te Komaru-nui	=	Whakarongo
30	Pae-whenua	=	Marama-taka-tua
	Whakaahu	=	Putangi-ao
	Toko-manawa	=	Tutaki
	Rauru-rangi	=	Pua
	Pipi-rangi	=	Mata-kainga
25	Te Ranga-a-toro	=	Uenuku
	Kahutia-te-rangi	=	Rakauri
23	Nga-Toro-i-rangi	=	Hine-wai-rangi

HINE-NUI-TE-PO, GODDESS OF HADES.

[Te Matorohanga says :—] Hine-titama was the daughter of Tāne-nui-a-rangi (68) and Hine-hau-one, and Tāne took her [his daughter] unto him as a wife. After a certain time had passed Hine-titama said unto Tane, "O Sir! Who is my father?" Tāne replied, "Ask that question of the pillars of the house!"—of Hui-te-ana-nui [which was the name of their house. Tāne said this to put off his wife's question]. Hine-titama well knew that the house had been built by Tāne and Tupai (69), and she further now understood that Tāne was her father as well as her husband. At this she felt a great pain and intense horror. When dawn was near she uttered a spell (tupe) over her children that they might sleep heavily, and another over Tāne so that he might have no strength to follow her, and then she fled.

Hine-titama fled over the plain of Whiti-naunau[11] towards the direction of Pou-tere-rangi [the guard-house to Hades]. When she reached the door she found there Te Ku-watawata (23) [the guardian of the entrance], who asked her, "Where art thou going?" She

11. A name which is emblematical for wandering aimlessly about in a confused state of mind. It was in after generations applied to an island which is probably one of the Fiji group, and is well-known in Rarotongan and Maori traditions.

replied, "Let me pass on to the descent" [into Hades]. Te Ku-watawata answered, "Thou art leaving behind thee the world of light and life!" Hine-titama then said, "Let me proceed to the descent to Muri-wai-hou in order that I may ever catch the living spirits of my children[12] now in the 'everlasting light' [a name for this world]."

Now, hence arises the fact that the spirits return to this world [as explained below]. So Te Ku-watawata allowed Hine-titama to pass on to Hades, and as she did so she turned round and beheld her husband, Tāne, approaching, shedding tears as he came along. Hine called out to him, "Tāne e! Return to our family, for I have cut off the *aho o te ao* [the cord of the world] to you [and your descendants], whilst the cord of Hades remains with me [for ever]." And then [by enchantment] Hine-titama caused the Adam's apple to grow in Tāne's throat, and said, "Let that remain as a distinction between me [woman] and thee [man]."[13] And then Hine turned away into Pou-tere-rangi and descended into Rarohenga [Hades].

Let me explain this part: Hine-titama was her name in this world, but changed to Hine-nui-to-po [Great-lady-of-the-night, goddess of Hades]. Afterwards she descended to Hades—to the dwelling place of her relative, Whakuru-au-moko (70) [god of volcanic forces]. And now from this time onward the flow of the 'current of death' of mankind to the 'everlasting night' became permanent. This was the second; the deaths at Te Paerangi [the wars of the gods, see p. 134] being the first [institution of the descent of spirits to Hades].

Now, when Māui-tikitiki-a-Taranga[14] learnt of this law of death, he declared that he would end it [and that man should live for ever]. His brethren said, "It cannot be done; for Tāne has appointed the Pou-tiri-ao [guardian spirits] each to its separate sphere, its separate duties, as is known by the demarkation in the service of the altar."[15]

12. Including all her descendants down to this day—she refers to the spirits returned to earth, as in the case of trances or fainting.

13. See the explanation *infra*.

14. This Māui is the famous hero whose miraculous deeds have furnished after generations with abundant stories, a summary of which, or at least some of them, have been gathered into a volume—"Maui, the demi-god"—by W. D. Wester-velt, of Honolulu. We have to be careful to distinguish between this Māui—the Sun hero, the hero who attempted to secure everlasting life to mankind, from the historical family of that name who flourished about fifty generations ago, when the Polynesians were dwelling in Indonesia. Māui is not a god.

15. This is not at all clear, but no doubt means that it was impossible for Māui to alter the decrees of the gods; for he was not a god, but a hero, a semi-divine hero gifted with miraculous powers. One proof of this is—as the Scribe tells

But Māui would not listen. He then chose as companions the birds Tatahore, Miro, and Ti-waiwaka, saying, "Come ! be my companions." They then took on the likeness of the sparrow-hawk, and all descended by Taheke-roa [the descent into Hades] until they came to the place named Kohurau, where they were seen by the family of Paketua [see p. 128 the mosquitoes and other stinging insects], who at once went off to communicate the news to Hine-nui-te-po [goddess of Hades], to whom they said, "Here are some from the world-of-light [the earth], they are at Kohurau." Hine-nui-te-po at once understood that this was a party antagonistic to her [and her self-imposed duty of destroying everlasting life in mankind]. So she said to Pekerau, "Go! Fetch me the blood of the party." When the Peketua family reached Māui, he discovered their presence by the noise they made, so he and his companions struck them with their wings, and the family of Pekerau were thus defeated, the survivors fleeing to Hine-nui-te-po to inform her that they had been defeated and many of them killed. This defeat has always been known as ' Paihau-ka-roha ' [the wings-spread-out. The continuation of this story will be found at page three, Chapter VI., as it does not belong to this part].

Let me explain here : The words used by Hine to Tāne, i.e., 'the cord of the world remains with you, the cord of Hades with me' ; its meaning is, the life of everything in the world is with Tāne, but the death of all things in the world remain with her. That is all about that. The other words of Hine to Tāne, " Return to our family and retain the 'living-spirit' of our children in the world, until emaciation and failure of health bring them to me, I will catch the 'living-spirit'"—which means the spirit, soul, of man, will be withheld [from extinction] by her and live again ; and, hence it is we see the spirits [ghosts] of men passing along, talking and declaring the signs of death to the world. Enough of that. The Adam's apple which Hine ' knotted ' in the throat of Tāne, was on account of his sin to her [in making her, his daughter, his wife]; it has descended to all his [male] offspring alone. Her side [the woman's] has not got it, and that is the reason there is no Adam's apple in women, only in men.[16]

---

me—that the genealogies of beings prior to Maui, were never recited to the common people—they were too sacred, for they dwell with the gods and their more immediate descendants, the first of mankind.

16. This incident of Māui's attempt to end death, and thereby allow mankind to live for ever does not properly belong to this part, but is introduced merely to illustrate Hine-nui-te-po's character—we shall come across Māui later on.

[Pohuhu adds to the above :] On the arrival of Hine-titama at Hades, she found Whakaru-au-moko [god of volcanic action] at his home, and eventually became his wife, and they had twenty-one children [whose names are given, but they are of no particular interest ; they are emblematical for all kinds of volcanic phenomena, earthquakes, etc., etc.]. They are the *pou-mataki* of their ancestress Papa-tua-nuku [the Earth-mother].

WHAKARU-AU-MOKO AND ORIGIN OF VOLCANIC FIRES.

[Te Matorohanga says :] The youngest child of the Sky-father and Earth-mother was Whakaru-au-moko (70) who, when the Earth was turned over was a child at the breast ; it was their last child. After the separation of Rangi and Papa, Tāne and Paia saw the great love the Earth-mother bore to the Sky-father ; she could not rest in quiet ; she continually turned from side to side. So Tāne, Paia and some other gods, thought it best to turn the face of their mother downwards to Te Muriwai-hou, to Raro-henga (Hades), so she might no longer see Rangi-nui, her Heavenly husband. Paia said unto Tāne, " I am consumed with love for our younger brother, Whakaru-au-moko (70), let us take him from the breast of his mother and retain him with us." Tāne replied, "We cannot do that ; leave him to warm and comfort the breast of our Mother-Earth." It was then agreed by all the gods that Papa should be turned over with her front or face downwards. Paia, seeing this agreement in opinion of the other gods, said, " If such is your determination, let us ⌊at least⌋ give unto our younger brother some fire." To this Tama-kaka (63) consented, and gave some *ahi-komau* (volcanic-fire—see *infra*) to their youngest brother ; it was placed in the *houama* [otherwise called the *whau*, or cork-wood, *Entelea arborescens*] and then their mother and young brother were turned over to Raro-henga (Hades).

Now, let me explain about the *ahi-komau* : This is so called when fire is placed in the *houama*. If anyone is departing from his home for some months, as on a war-party, he will obtain (the stem) of the *ti* (*Cordyline australis*), and a piece of *tokitoki* (*titoki*) wood, both quite dry, or a short piece of *matai* wood ; they are cut in lengths as long as a man, and are taken to the side of a hillock, down the face of which a ditch is dug. The *titoki* leg is then placed in the ditch at the bottom, and the *ti* above it. The ditch at the upper end is as deep as a man's knee, the lower end as deep as the waist. A hole must be arranged with the mouth slanting downward so water cannot enter. A piece of lighted charcoal is placed on the upper end of the *ti*, and then gravel is filled into the ditch over the wood, and over that a coating of clay to cover the whole. This is what is called an *ahi-komau*. Notwithstanding that one goes away with a war or other party, on return the fire will be found to be alight.[17]

So Papa and her youngest child were capsized over to Rarohenga; hence, is the broken up appearance of the Earth at the present time—the thighs, the arms, the body, the head, all lie in different places. Whakaru-au-moko (70) grew up to manhood, that is, a god—for it has already been said the god-side combined with the earth-side when Rangi and Papa dwelt together, and all their offspring were gods, there was no human germ at that time. It was only after Tāne cohabited with Hine-hau-one and Hine-ti-tama was born that the germ of man became man. Io-mata-ngaro (Io-the-hidden-face) supplied the blood and fat, Tawhiri-matea (7) gave the lungs to Paia; the Apa-whatu-kuras the memory. The names given to these operations are, Rua-i-te-hiringa, Rua-i-te-pukenga, Rua-i-te-mahara, and Rua-i-te-wānanga[18]; of these three, one was from the Toi-o-nga-rangi (the Uppermost Heaven), and one from the eleven Apas, which has been explained as those that are dwelling in the eleven Heavens. One [side] was from the Earth, and the three portions were combined in one, placed in the water, and so arose the germ of man. Papa-tua-nuku [the Earth-mother] was merely the support [the vehicle], and hence was Hine-hau-one formed at Kura-waka, as a recepticle for the water, the blood, the flesh and the breath. On the accomplishment of this, it was said, the female form became permanent.

The dwelling places of Whakaru-au-moko (70) and his offspring [in Rarohenga] were as follows :—

1. Huru-atea	5. Whetuki	9. Mauri-oho
2. Wai-kapuka	6. Te Oiroa	10. Te Pupuha-o-te-rangi
3. Marua-roa	7. Toko-tu-ki-te-rangi	11. Marua-nuku
4. Te-Ngaiere-i-waho	8. Te Puha-o-Rarohenga	12. Te Momi-nuku

These were the places of Whakaru-au-moko in which were permanently placed the fire given by Tupai (69) to him in the *houama*, and then this fire received the name of 'The Ancient Fire' (Te Ahi-tawhio.)

17. This description is of the modern permanent fire (which is the meaning of the word), and used in ante-European days. But the original Ahi-komau is supposed to be the source of the volcanic fires. I am assured that such a fire will smoulder for at least three months.

18. These names beginning with Rua seem to mean the progressive stages of knowledge, thought, etc.

OF WHIRO, THE GOD OF EVIL.

[Te Matorohenga continued:] When Whiro-te-tipua (6) was defeated in the series of battles known as Te Paerangi (see *ante*), he departed [from the presence of the other gods] and descended by way of Taheke-roa[19] to Muri-wai-hou, to Rarohenga (Hades), and then arrived at the dwelling place of Whakaru-au-moko (70) and his wife Hine-nui-te-po [former name Hine-titama], to the places mentioned above. Now the thought grew in Whiro and Whakaru-au-moko, that they should have but one object in common to avenge the illtreatment of their mother (the Earth) and their father (the Sky). Whakaru-au-moko consented to this proposition, and then Whiro proposed they should operate above in the Ao-tu-roa [the world of light, this ordinary world] and make war on Tāne (68) and his elder brethren. Whakaru-au-moko replied to him, " Ye are all from above ; carry on your warfare above. I am from below, and here I will engender my warfare." Whiro asked, " Where will you find weapons ? " The other replied, "I will make use of Puna-te-waro [volcanic forces, earthquakes, eruptions, hot-springs] ; for in it is contained the *ahi komau* [volcanic fires]."

Hence is the origin of the eruptions, the earthquakes, of Hine-tuoi [emblematical for hot-springs], which agitate both land and sea—even from those times of ancient strife down to the present. And, now was given the third name to the ' Ahi-komau' (first), the 'Ahi-tawhito' (second), the ' Ahi-tipua ' (third) of Whakaru-au-moko, which cause the landslips, and the fall of rocks and trees, of man, of all things, which Tāne and his brethren had made.

And thus it is that the illtreatment at Rangi-tau-ngawha [the name for the separation of Heaven and Earth] when Rangi was separated from Papa, is constantly avenged. Whiro and his companion gods ever continue the strife of Tahua-roa [emblematical for the continual warfare of Whiro towards mankind and all things], and there he appointed ' Maiki-nui' and ' Maiki-roa ' [misfortunes, catastrophies] to utterly destroy all things—the water, the blood, the flesh, and the breath.

From within the temple of Hawaiki-nui,[20] direct flows forth the current of death, by the way of Taheke-roa ; and then is renewed the warfare of Whiro against his enemies, which has existed even from that ancient time down to this day ; the peace has never been made in the wars of Whakaru-au-moko (70) and Whiro [against mankind].

19. The ' long descent ' leading to Hades.

20. The great temple with four doors at the meeting of spirits. See note 18, p. 89.

THE FUNCTIONS OF SOME OF THE OTHER GODS.

[To continue Nepia Pohuhu's teaching; after repeating a great many geneological tables and other matter not pertaining to the ' Celestial Plane,' he returns to the doings of the gods, as follow :—]

Let our story now return to certain other origins, and work them out, which will allow me time to think of some other genealogies relating to these ' slaves.'[21] Let us commence with the following :—

Uru-te-ngangana (1) married Hine-tu-rama [first wife, daughter of Tāne by Hine-hau-one] and they had :—

1. Kopu (Venus)	6. Whanui (? Vega)
2. Puanga (Rigel)	7. Pare-a-rau (? Saturn[22])
3 Tautoru (Orion)	8. Ika-roa (The Milky Way)
4. Autahi (Aldebaran)	9. Kaitahi
5. Matariki (Pleiades)	

All of these were distributed by Tāne to the front of their parent Rangi-nui [the Sky-father]. Now, the son of Tongatonga (42) Matariki [the Pleiades] was taken to the Paeroa-o-Whanui [one of the names for the Milky Way] to guard the *whanau-punga* [those little stars in the Milky Way that are just distinguishable as such by the naked eye], lest they be cast out by their elder brethren [the principal stars—stars of first magnitude] and fall down below.

Uru-te-ngangana (1) married a second wife named Iriiri-pua. This woman was abducted by Whiro (6). She was a most beautiful woman. When the power of directing the affairs of the gods was obtained by Tāne and Tupai—who were both younger brothers of Uru-te-ngangana (1), Tu-mata-uenga (11), Tama-kaka (? 63), Kiwa (52), Tangaroa (8), and Rongo-marae-roa (14)—there was instituted the following proverb [as applicable to the deeds of Whiro, who was supreme in all evil], " A depreciating younger brother, a self-extoller, a cunning child."

Whiro-te-tipua made the mistake of thinking that Iriiri-pua was an entire stranger to him. It was not so—she was his own daughter, but he did not know her. Now, here, in consequence of this deadly sin of Whiro, Uru-te-ngangana finally separated himself from Whiro ; and peace was proclaimed between the former and Tāne and his elder and younger brethren. It was subsequent to this that the wars of the gods at Te Paerangi [see ante Chapter III.] took place, and Whiro and his

21. Only used in a facetious vain, referring to those on the many lines he had repeated.

22. Pare-a-rau is said to be Saturn, but it is most unlikely that such astute observers as were the Maoris, and with the knowledge they had of the stars and their motions, should confound a planet with a fixed star—probably, Pare-a-rau was in reality one of the fixed stars.

faction fell; and his god-like power became vested in Tāne and the others. His powers over all things in this world ceased,[23] when he and his companions descended to Raro-henga (Hades), in which place his *marae*[24] is lost; it is there he occupied his time in devising contention amongst and against the descendants of all people and things in this world, and even up to the realm of the Sky-father, where it ends in Rangi-tamaku [next Heaven above the visible one].

It is now clear that the wife of Uru-te-ngangana (1) was abducted by Whiro-te-tipua (6). This was the first occasion on which a wife was ever taken from her husband and appropriated by another. Out of this occurrence arises the proverb: " A woman that leaves her husband is a woman who commits adultery." All desires towards contention are due entirely to Whiro ; he was the perpetrator of all evil between his brethren and himself.

[There are eleven principal causes of trouble between Whiro and his brethren, of which seven have been mentioned in Chapter III., pp. 124, 125. The Sage now numerates the others. He says:]

After all the foregoing events the hatred of Whiro towards his brethren became permanent; these were the causes of it [for one to seven see pp. 124, 125] :—

8. The persistence of Tāne in ascending to the Uppermost Heaven to fetch the wānanga [see p. 126].

9. The destruction of his (Whiro's) [familiar spirits] pets, and because some were made prisoners, as Tāne descended from highest Heaven [see p. 127].

10. Because Tāne would not consent that the direction of matters in connection with the three ' baskets ' [of knowledge] and the two stones should be given to Uru-te-ngangana (1) and him, after these things had been given by Io to Tāne within his *pa* of Rau-roha, when taken from the treasure house Rangiatea— the house of the Whatukuras and Marei-kuras [who guarded them].

11. The overturning of their Mother-Earth so that she faced Raro-henga (Hades), together with their youngest brother, Whakaru-au-moko (70); he was the one at that time feeding at the breast of their mother.

23. This requires explanation, for Whiros' powers of evil and dragging men down to death existed until Christianity was believed in.

24. *Marae*, the open place in a *pa*, where all matters of importance were discussed, many ceremonies held, speeches made, etc., etc.

These were the causes that induced Whiro-te-tipua (6) to fight against Tāne (68) and his friends; and Te Pae-rangi was the general name of that series of battles.   In these battles, there were two— Whiro (6) and Tu-mata-uenga (11)—who were eminently brave, and showed great ability in generalship.   But Tu-mata-uenga was the superior of the two; and hence is the proverb, " A warrior, descendant of Tu-mata-uenga."   Another proverb is, "Thy weapons are those of Tu-mata-uenga."   [Applied to anyone who distinguishes himself in war.] Tu-mata-kaka was also a great warrior, and it was he who assisted Tu-mata-uenga in directing the fighting. Tupai (69) Tu-mata-huki (67), and Tu-kapua (40), were the principal *tohungas*, or priests on the side of Tāne-nui-a-rangi (68) [during the war], and they had charge of the sacred fire, and recited the *karakias* [or spells], which caused the fall of Whiro and his faction.

When Whiro reached Hades he there continued his war against his brethren [and mankind] by afflicting them with diseases, such as fevers by which man is destroyed; whilst Whakaru-au-moko continued his work by causing earthquakes and volcanic eruptions by aid of the *ahi-komau* [volcanic fires].

At the time of the fall of Whiro at Te Paerangi [see p. 134], when he descended to Hades, he left his house named Tu-te-aniwaniwa [where-stands-the-rainbow]; and from it Tupai (69), Tangaroa (8), and Tu-mata-uenga (11) carried off the two axes named ' Te Awhio-rangi' and ' Te Whiro-nui' and the two *whatu-kuras* [sacred stones brought down from Heaven by Tāne] which had there been deposited [see *ante* p. 130], and suspended them in Whare-kura [the first earthly temple].   Whiro returned from Hades to fetch these things, but found them gone.

Ro-iho (2), Ro-ake (3) and Hae-puru (4), are the gods who made peace with Tāne-nui-a-rangi (68) and his faction; and hence where they appointed [as god-guardians] to the plane most suited to them, at Tara-puhi of Matangi-nui, of Matangi-naonao, of Matangi-puhi— hence are they to be found at Tiritiri-o-Mahurangi.[25]

Tawhiri-matea (7), Tu-kapua (40), Te Iho--rangi (10), and Tawhiri-rangi (15); to them was given the plane of Tauru-rangi [seventh Heaven from the summit], where they are to be seen arched over, heaped up, as cumulus clouds, in their own *marae* [court] at Tarapuhi of Pakau-rangi-roharoha [the-wing-spread-over-the-heavens],

25. These are names of places in the second Heaven from the summit, the home of the Heavenly winds.

hence are they *tarahuru* [equally spread all over—not in single clouds, i.e., overcast] on the bounds of the sky.

Te Mamaru (37) and Mawake-nui (28) were separated off to the extreme confines of the Heavens, with Iho-rangi (10) also who has been mentioned before. Their duties were to rule the clouds of the Heavens, and place them between Heaven and Earth to shield and shade their Mother-Earth. They call on Hine-moana [Lady-Ocean] Hine-wai [Lady of the Waters] to send Hine-makohu-rangi [Lady of the Mists of Heaven] to act as clothing for their father the Sky, and to shade Mother-Earth [from the rays of the Sun]. These are the clouds that stand above; they are due to the warmth of Hine-moana. Hine-wai, and Papa-tua-nuku [the Earth] ; hence the fogs and mists, the clouds and the rain.[26]

Te Ku-watawata (23), Te Akaaka-matua (34) and others were appointed to the Taheke-roa [the descent to Hades] there to watch the family of Rangi and Papa [Sky-father and Earth-mother] and their grandchildren who descend to Rarohenga, and Te Muri-wai-hou [names for Hades]. They were stationed at Pou-tere-rangi [the site of the watch-house of Hades], the name of the house being Te Rake-pohutu-kawa—that is its minor name, but the principal name is Hawaiki-nui. There were four doors to this house, each directed to the cardinal points. It is so, it is said, because, if anyone dies in the south the spirit enters by the southern door, and so on for each direction. On entering, those spirits who have an affection for Rangi-nui [the Sky-father], or to the conjoint Heavens, go forth by the eastern door, and ascend by the Ara-tiatia [way of steps] to the conjoint Heavens. Those spirits that show love to their mother-earth proceed to the bounds of Hine-moana [Lady-ocean] and there remain. Those that go to the summits of the mountains remain there, whilst those who show love to Whiro (6) are separated off to Te Muri-wai-hou and Raro-henga [Hades] that is, to the Reinga, ['jumping off place,' of which there is one in each home of the Polynesians]. It is the bad and wicked spirits that are separated off to the Reinga;[27] the good ones are those who go by the Ara-tiatia to the conjoint Heavens.

Now, before ailing mankind expires, as they lie on their death-beds the fat of the body, the brains of the head, the [marrow] of the bones, all gather at the heart, and there await dissolution ; the water of the

26. This statement illustrates the knowledge, due to a close study of nature, of the old time Maori.
27. It is the treacherous people and murderers that go to Whiro, says the Scribe.

body, of the kidneys, of the lungs dries up. At this point the spirit (*wairua*) goes away to visit its relatives; and after that proceeds to Hawaiki.[28]

Now, if Te Ku-watawata [guardian of the entrance to Hades] allows the spirit to proceed to the place assigned to it, the dying body will die right out.   If he does not consent, the spirit is sent back to its body, and it will live again in this world until it has fulfilled the remainder of its time, and then it finally dies in reality.   That is the meaning of Hawaiki when the name is mentioned ; it is the place meant when it is said man goes to the Pō [everlasting night]—that is Hawaiki [i.e., when it is mentioned in connection with death; for there are plenty of other places in the Polynesian world bearing that name.   See " Hawaiki," 3rd Edition, p. 53].

Now, Tama-te-uira (44), Tu-mata-kaka (63), and several other gods are the guardians of the following family :—

1. Hine-whaitiri-papa	6. Te Hiko-pou-tiri-ao
2. Hine-muru-ahi	7. Te Hiko-ahoaho
3. Te Hiko-tara-pae	8. Te Hiko-puaho
4. Te Hiko-puawhe	9. Te Hiko-waineha
5. Te Hiko-tara-wanawana	10. Te Hiko-tarewa

[These are all the various kinds of lightning.]

There are also others.   [The duty of the gods above named] is to moderate the action [of the lightning] lest damage is done to the Earth; that is why they have to be guarded ; for they are a dangerous, mischievous family, ever striving with their elder and younger brethren.

Puna-weko (19), Tāne-te-hokahoka (45), and Huru-manu (21) are the source of all birds, whether of the sky or the land—they are the guardians of the birds.   But there is no reason why I should enumerate all the birds, suffice it to say, the birds of every species [come under their charge].

We will now return to Tawhiri-matea (7) and his family that all went to escort Tāne-nui-a-rangi [to the upper Heavens, see p. 128]. These are that family, i.e., their pedigree :—

---

28. Physiologists may object to this theory ; but it is that of the old-time Maori, who, in his experience of death seems to have been acquainted with the premonition conveyed to distant relatives, of which we have heard of so many instances.

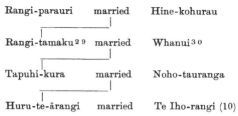

These last two had the following offspring [see p. 49 of original. They are all names for various descriptions of snow, twelve in number]. These are all the children of Huru-te-ārangi and the god Te Iho-rangi (10); they are all various kinds of snow, and are the origin of the snow in this world. They dwell on the summits of Mahu-tonga,[31] and frequently are driven up by the fierce south winds, but it is only their semblances that are sent here by the 'gale-family' of Tawhiri-matea (7), so that the hail-storms of winter may alight in the month of Marua-roa [July—the winter solstice], when Tai-ranga, Popo, Toro-huhu, Tara-pokaka, Pawhati, and Tuke-rangaranga[32] work their evil on trees, etc., leaving the forest clear.

The following is the family of Tawhiri-matea (7) who dwelt with Para-wera-nui [the fierce-south-wind] :—

Huru-te-ārangi = Tonga-nui-ka-ea (second husband)

Parawera-nui = Tawhiri-matea (7)

[Their offspring are the twenty-three individual names shown on page 49 of the original Maori, which are the different kinds of winds, whirlwinds, squalls, tempests, etc.] They are the family who conveyed Tāne-nui-a-rangi (68) by way of the Ara-tiatia, that is, the direct way, to Te Toi-o-nga-rangi [the highest heaven].

There are other grandchildren of Iho-rangi (10) [says Pohuhu] as follows :—

1. Pāra   2. Koiro (or Ngoiro)   3. Tuna

These descended down below from the Rangi-tuhaha [conjoint Heavens] ; they are not descended from nor were created from Papa-tua-nuku [the Earth-mother]. The following are the *hapu* [sub-tribes] of Tuna [the eel-family, they are seven in number, and the names will be seen in the original at page 47.] Pohuhu continues:—

29. The first Heaven above the visible Heavens.
30. Means great space, a name for the star Vega.
31. Mahu-tonga, emblematical for the south, wherein the cold winds eminate.
32. All these names are emblematical for rot, worm-eating and other affections of the forest trees.

At the period that the Sun and its younger brethren [the Moon and Stars] were assigned to the sky above us, to there move [in their courses], the waters in Rangi-tamaku [the Heaven above the visible one] became heated by the Sun; they passed off in watery mists, and then became *retoretotia* [i.e., overgrown with the oval-leafed water-plant called *retoreto*]. It was then the following [heavenly] fish descended to Earth:—Tuna, the eel; Pāra, the barracuta; Ngoiro, the sea-eel; Tuere;[33] Mangō, the shark; Piharau, the lamprey; and Inanga, the white-bait. Those are the names of the families that came down to Earth to search for cold water. After dwelling a long time here, Pāra, Mangō and Ngoiro turned upon the offspring of Tuna and the others, and began to eat them. And now arose great disturbances: Tuna went down into the swamp to hide himself; Piharau burrowed under the shingle banks; Inanga went to the shallows so that he might not be eaten by Pāra, Ngoiro and Mangō. These latter then were starving, and so went forth to the ocean to dwell, where they are now to be found. Pāra was the first to depart, followed by Ngoiro and Mangō, the latter on account of its quarrel with Tua-tara [spiny-back, the great lizard]. Mangō said unto Tua-tara, "Welcome! Let us both go to the ocean and dwell." Tua-tara replied, "Rather let us both dwell ashore." Mangō said, "No! Let us go to the ocean." And their argument continued until at last Mangō said, "Enough! Remain you ashore as an object for man to be disgusted at." Tua-tara replied, "That is alright. That is my *măna* [power, prestige, etc., here means power of preserving his own life]; that will be my salvation. As for thee, thou wilt be hauled up and thy mouth torn with a hook, be thrown into the bottom of a canoe, and thy head broken with a fern-root beater. After that thou wilt be hung up to dry in the sun, like a menstruous-cloth." After this the fellows separated. Both their words have come true as they predicted.

[No doubt the above will appear as a mere fable—as indeed it is. But there is something behind it which connects the fable with old-world stories. The rivers in the Heaven above that which we see, is no doubt the river in the constellation of Erydanus of the Greek and other mythologies—called by the Maoris Waihau. Tuna, the eel, is probably 'Indra, the eel-god parent of the sons of the river'—or it may be that Iho-rangi (10) represents Indra of Hindu mythology. But we shall learn more on this subject when we come to the story of Tawhaki.]

The Moko-kakariki, the green lizard; the Kumukumu [the fish

33. Tuere is a mythical fish, of the eel species.

Trigla-kumu[34]]; the Tua-tara, great lizard [*Sphenodon punctatus*]; Tu-tangata-kino, a lizard [or lizard-god, invoked in witchcraft]; Moko-titi-a-toa, black and grey spider; Moko-papa, a lizard; and Moka-moka, an insect; the Whē, the catterpillar; the Pepe, the butterfly; Pu-rehurehu, a moth; and other insects of that sort, are all descendants of Peketua [see story of Māui *ante* p. 145]. This is the pedigree:—

Peketua = Mihamiha

and they had the family mentioned above.

Rangi-tamaku[35] = Whanui (? the star Vega)

Their family were all ⌊minor⌋ gods; they are:—

1. Tawhai-tara	6. Makaeaea
2. Rangi-nui	7. Te Hangahanga
3. Moko-tuarangi	8. Tapuhi-kura the second
4. Rau-mahora	9. Whirourou
5. Ruhina-i-te-wawana	10. Puhi-rua

I cannot gather all this family in my thoughts, for there are very many of them. They are distributed in the inter-celestial spaces of the conjoint Heavens, in free companionship. None of their descendants came down to Earth.

Rangi-parauri[36] married Hine-kohurau [Lady of the many mists] and they had:—

1. Rangi tamaku[37]	2. Pae-kawa
3. Tapuhi-kura the 1st	4. Te Aho-riki

It is said there is a very numerous family of these gods; they are like the previous ones, are scattered throughout the inter-celestial spaces.

Whakarongo-i-ata [list-to-the-morn] married Haeata [the dawn], and had Marama-ki-te-rangi [clearness-in-the-sky], who married Tipu-tipu ⌊growing⌋, and they had Wahi-rangi. Their descendants came down to this earth as gods. [Wahi-rangi was the child of the last couple mentioned, and he was probably a human being. The descent from him is given as twenty-five generations to Ruarangi, who married Rongoue-roa, daughter of Toi-te-hua-tahi, who flourished thirty-one generations ago, and was an early migrant from Tahiti Island to New Zealand. Another line of descent from Wahi-rangi gives three generations to the Māui family of great fame, and then, six

34. See the argument between him and Tua-tara. Journal Polynesian Society, Vol. XX., p. 40.
35. First heaven above the lowest.
36. Tenth heaven from the summit.
37. Eleventh heaven from the summit.

more to the hero Tawhaki, nineteen more to Tamatea-ariki-nui, captain
of the ' Takitimu' canoe that brought the ancestors of the two Sages to
New Zealand twenty-two generations ago, or about the year 1350 ; or
fifty-five generations by one line, fifty-one by the other.   It may be
noticed that the name Wahi-rangi (Wahi-lani) is known to the
Hawaiian genealogies, but at not such an ancient date as the one known
to the Maoris.]

[One of the high priests dwelling in the Uppermost Heavens was
Oho-mai-rangi.   He was a god also.   His immediate ancestors are as
shown below by Pohuhu :—]

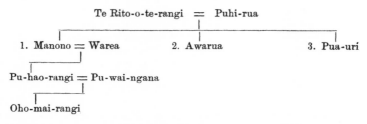

These were the gods who purified Tāne-nui-a-rangi at Te Awa-o-
Rongo [the River-of-Rongo] within Tikitiki-o-rangi [the Highest
Heaven] when he went there to secure the *wānanga* [knowledge] from
the house named Rangi-atea, within the *pa* of Io-matua [Io-the-all-
father] at Rauroha.   It was they and some of the Whatu-kuras and
Marei-kuras who were there.   Some of the descendants of Oho-mai-
rangi descended to this Earth, and were gods and *arikis* [high-chiefs] in
this world.

[It is said Huiarei, the wife of the celebrated Toi-te-huatahi, who
flourished thirty-one generations ago, and was the first migrant from
eastern Polynesia to New Zealand, had a child by the god Oho-mai-
rangi, and whose descendants now live in New Zealand.]

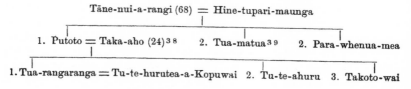

Tua-rangaranga was the ancestor of the *taniwhas* [monsters] and
things of that kind in the waters, or inland, or in the trees, or stones, or

38. Brother of Tāne, see offspring of Rangi and Papa, Chapter III.
39. There is a god of that name, see above list, No. 59, but he was a brother
not a son of Tāne.

within the earth, or in the space [above]. That is their origin, and hence it is that they rise up against man, because they dwell as gods on the Earth.

Tu-te-ahunga [? Tu-te-ahuru above] married Hine-peke and had the following offspring [see p. 42 of original Maori. There are twenty-two of them altogether]. This family are extremely numerous and cannot be gathered together here. They are the origin of all insects that can be seen.

Aho-rangi married Mata-kupenga and had ten children [see the names, p. 43 of original]. These are all kinds of spiders; there are many more than named here.

Takoto-wai[40] married Tua-matua [? the god No. 59] and they had the following offspring, ten in number [see p. 43 of original], besides others; they are the origin of all the rocks and stones.

Raka-hore [one of the above family] married Hine-maukuuku, and they were the origin of the stony reefs and flat rocks [of the sea]; and by his second wife Hine-waipipi, he had all the flat rocks in the rivers, or in the earth.

Makatiti [another of the above family] married Hine-waipipi, and his offspring were the sands, gravel, and the Powhatu-one-kokopu, or gravel used in making the little heaps in which the *kumara* [Batatas] is grown, the fine gravel, white, black, red and all other colors that are pretty to look at.

Makatata [one of Takoto-wai's family] had other kind of stone offspring [as shown p. 43 of original], seven in number.

Rangahua [one of the same family] married Tu-maunga and they had the family of stones for grinding axes, etc., seven in number.

Para-whenua-mea[41] married Kiwa (52), the ruler of the water. This was the first wife of Kiwa, and they made the waters which flow forth and make the ocean. His friend was Huru-te-arangi, who married Iho-rangi (10) [see p. 40], whose offspring were various sorts of snow. Those two were the friends of Kiwa (52), who aided in making the waters, and the ocean was named Hine-moana [Lady-ocean], who was a wife of Kiwa's—hence is the name Te Moana-nui-a Kiwa [the South Pacific Ocean].

40. Grandchild of Tāne, see above.

41. Para-whenua-mea, is emblematical for the traditional Deluge, and for the destruction of the face of nature caused thereby. She is also identical with the Hawaiian goddess Pele (which, through known letter changes, is the same as Para), goddess of volcanic fires. Kiwa is one of the gods of the ocean, after him the Pacific Ocean is named—Te Moana-nui-a-Kiwa—(the-great-ocean-of-Kiwa).

Now, these works were undertaken before the time when their Sky-father and Earth-mother were separated; but some were finished afterwards, and others subsequent to the war at Te Pae-rangi—that of Whiro (6) and Tu-mata-uenga (11); and when each work had been completed, then the Pou-tiri-ao [guardian spirits] were appointed each to its own division [of nature], and to the Kauhangas [Planes] of both Rangi [Sky-father] and Papa-tu-a-nuku [Earth-mother].

Now, enough, O people! You all know that everything about the Whare-wānanga is extremely *tapu*—its teachings, its priests, everything about it. In these days of the white-man, everything has become void of *tapu*; and, hence it is that the learning of old is gradually becoming lost. We never wished that these [sacred] things should fall into the white-man's hands, lest our ancestors became a source of pecuniary benefit. All that the white-man thinks of is money; and for these reasons this ancient knowledge of ours was never communicated to the Ministers and Bishops.

CHAPTER V.

The Pō, or ages of darkness—Astronomical Notes—The Months and Days—More Astronomical Notes.

[IN this Chapter a translation of the Sage's remarks on the Pō, the cosmological ages of darkness, during which the family of the Sky-father and Earth-mother dwelt, prior to their exit to the world of light, is given as well as the succeeding Pō of Hades. But the subject is extremely difficult; the ideas of the old Maoris cannot well be translated, for they saw things from a different standpoint to ours. The Pō of Hades appears to represent the everlasting darkness to which (some of) the spirits of mankind are relegated on passing from this world to the next, and which is constantly referred to in song and story when someone has died by saying, ' He has gone to the Pō—to everlasting night.'

The Astronomical part is mostly from Te Matorohanga's teaching. It is obscure in places, and I think it possible that the Scribe occasionally omitted some remark that would have thrown light on those parts that are not clear.]

THE PO.

TE Matorohanga says :—I have already explained about the Pō [the ages or æons of cosmological darkness before the birth of the gods]. There are two divisions of these Pō : the first is that during which the offspring of Rangi [the Sky-father] and Papa [the Earth-mother] dwelt in the Pō, and eventually became desirous of breaking forth from the embrace of their parents to the Whai-ao [the World of Being] and the Ao-marama [the World of Light]. That has already been dealt with (see p. 119).

The second series of the Pō commenced when Hine-nui-te-Pō [Great Lady of night, goddess of Hades] passed through the *angi*[1] to Pou-tere-rangi [the Guard-house of Hades] (see p. 153), and then the second series of Pō became permanent in Rarohenga [Hades]. Hence it is that the Pō has become the ' way of descent ' for those of the ' world of being ' to Hades ; and these Pō are named Te Pō-tē-kitea

---

1 *Angi* is the space between Heaven and Earth, and also between Earth and Hades.

[the unseen Pō], Te Pō-tē-whaia [non-possessed Pō], Te Pō-tē-wheau [the Pō-that passes not], Te Pō-tangotango [the Pō of utter darkness], and Te Pō-tē-whawha [the Pō that cannot be touched] in Rarohenga. All these Pō were dedicated [or consecrated, or separated off] to Te Ku-watawata (23) [Guardian of the entrance to Hades] to Rarohenga. [It was after this] that mankind ceased to visit Rarohenga in the body, as described in the account of the return of Mataaho and Niwareka[2] from there. All of these Pō have been assigned to woman-kind when they give birth to the 'germ of man' to the world, as has been explained.[3] Consequently, if any man claims to commence his pedigree from these Pō, it is wrong—impossible. Secondly, we have seen that there are seventy members of the family born of Rangi and Papa (see p. 118); some of whose offspring gave birth to the 'germ of gods' into this world, and some the 'germ of man,' whilst some others produced rocks, reptiles, etc.

Let me abbreviate this subject by saying, that there was not one of the family of Rangi and Papa that had not offspring in the 'ever-lasting world.' The division of that family into the Pou-tiri-ao [guardian-spirits] of the conjoint Heavens, eleven in number, with their special spheres of action, even down to Papa-tua-nuku-matua-te-kore [the Parentless Earth-mother] has been explained. Their duties have been made clear, for there is nothing whatever that has not some function to perform : The Pō, the world, each has its [assigned] work to do. The many Pō and the "germ of gods" have been assigned to the 'Family of Pekerau (29) (see pp. 132, 157); and the world has been assigned to the 'germ of man' [i.e., the Heavens; the Space is the domain of the gods, whilst the Earth is that of mankind].

ASTRONOMICAL NOTES.

Te Matorohanga says :—Tāne appointed some of his elder brethren to be stationed both on the back and on the front of their common parent [the Sky-father], thus :—

Uru-te-ngangana (1)   Roiho (2)   Roake (3)

These were the occupiers of Pou-tiri-ao, the house that held the *kaupeka* [months] of the year [i.e., those gods ruled over and arranged the phenomena of time]. It was hence the 'Tatai-aro-rangi' ⌊i.e.,

2. See Chapter VI. as to this visit to Hades.

3. This is explained by the Scribe as follows, but it is not clear : If a child is born between the first and seventh day after labour commences, it will be well for both mother and child. But if not born between the seventh and twelfth day, the mother and child will surely die.

science of astromony and time] was possible, to guide the 'Whanau-Puhi-ariki' [sun, moon, and stars family]; that is, what the white-men call an almanac; such is the 'Tatai-aro-rangi,' the arrangement of the sun, moon, and stars [in their proper seasons, courses, etc.].

Some of the family of Rangi and Papa are [always] moving about in the Planes of the Eleven Heavens, arranging and directing the 'Tatai-aro-rangi' of the Ao-rangi-puaroa [the visible Heavens]. And it is in consequence of this that the sun, moon, and their younger brethren the stars [that denote the seasons] of the year move correctly; together with the *whetu-punga*[4] that lie in the Ika-o-te-rangi [the Fish-of-Heaven, or the Backbone-of-Heaven] in the 'Great-ridge-of-Heaven' [both names for the Milky Way].

Tāne also appointed Raka-maomao (13), Kaukau (22) and Haepuru (4) to confine [or guard] the bounds of Ranginui-a-tamaku [the Heaven above us], as a place in which the various gods of the Heavens might move about, and where could be obtained the plumes used by the Whatu-kuras, Marei-kuras, Ruaos, and other Apas [different classes of gods]. It was from the following birds the plumes were obtained :—

Hakuai, Tapu-turangi, Koreke-rangi, Takahi-kare, Kaukau-rangi, Kura-a-rangi, and Rakorakoa (or Amokura).

All these birds were very *tapu*; it was their tail-feathers that were used as plumes for the gods mentioned above. There are three other birds not included in the above; they were brought down from Heaven by Tawhaki in order to produce plumes for his wife Maikuku-makaka; they were, the Kotuku [crane], the Huia, and the Koekoeā [long-tailed-cuckoo].[5]

The work assigned to these sacred birds was to announce to each *marae* [court] or dwelling-place on earth, the first month of the year, Orongo-nui of the Ngahuru-tu-hoehoe [both names for summer].

It is clear from what has been said that Te Iho-rangi (10) had been

4. *Whetu-punga* are 'the smaller stars sheltering under the Milky Way—those stars barely visible to the eye. They are constantly falling off the Milky Way, and are then seen as Meteors'—says the Scribe.

5. The Hakuai is said to be a very large and fierce bird that is never seen but very high up in the heavens. The stories connected with it seem to indicate that it is a dimly remembered tradition of the Eagle, which the ancestors of the Maoris knew in some former habitat. The Amokura is the Tropic bird, which occasionally visits the North Cape of New Zealand, and the red tail feathers of which were highly valued. The others are not known—probably they were birds that dwelt in the original home of the Maoris. Tawhaki's three birds are inhabitants of New Zealand, and their tail feathers were much prized.

appointed as the Pou-tiri-ao [guardin-spirit] for the Planes of the Sky-father and Earth-mother, together with his friends, to guard the clouds—clothing of their father. Whilst he was there, he placed his grandchildren [Pāra, Ngoiro, Tuna, and Tuere—see p. 155] in the [Heavenly] river named Waihau [? the river in the constellation Eridanus].

It must be understood that the 'glowing sun' and his younger brethren had been arranged in due order on their ancestor the Sky-father. In consequence of the heat of the sun the waters of the Planes became putrid, and in consequence thereof Matuku-whakapu [a crane] was able to peck Pāra [the barracuta fish] and his brethren, through the shallowness of the water. This became the cause why Pāra and others came down to Earth to dwell.

[The Sage adds the following to illustrate the above, though it really belongs to the story of Tawhaki—the Greek Peleus]. They met Tawhaki and his brother Karihi when they went to Ahurangi [the name of the way by which Tawhaki ascended] by the Ara-tukutuku [the spider's way] where Karihi was killed and Tawhaki ascended up to the brow at Tahu-rangi [some place in the Heavens], and there met Pāra and his brethren on their way down to Earth. Tawhaki asked them, "Why are you leaving the upper regions?" Pāra replied, "All the waters have become quite shallow and are putrid; and consequently Matuku-whakapu [the crane] was able to peck us. We are going down to Earth. How is it down there?" Tawhaki said, "You can go now, it is all right down below." Tawhaki then went on until he reached the Pae-angiangi [the summit where he rested to take breath], where he met Matuku-whakapu [the crane] and Pakura [the water-hen, *Porphyrio melanotis*], of whom Tawhaki asked, "Where are you two going?" "We are going down below, to seek a cool place; we are about killed up here by Tama-nui-te-ra [the sun]; there is no water left." Tawhaki looked at Pakura and said, "Thy forehead has been skinned; the blood is flowing."[6] Matuku here interposed, "It is nothing; it is merely the result of a quarrel with Tama-i-waho, because Pakura ate the *unio* shell-fish in the former's spring, and so Tama-i-waho stripped the skin off Pakura's forehead." And then Tawhaki ascended up to the dwelling of his ancestress Whaitiri. . . . . . .

[The reader must not set this episode down as a childish fable. It is an important myth, the meaning of which the translator hopes to find time to explain some time.]

6. The Pakura has a scarlet patch over each eye, and the above is how the Maoris account for it—Matuku was supposed to have done it.

Now, the family of Rangi and Papa [the gods] from the time they went forth from the embrace of their parents, down to the period of the Pae-rangi war (see p. 134), and to the time of the appointment of Pou-tiri-ao [the guardian-spirits], were all dwelling within a kind of twilight. The reason of this was, there was no sun, no moon, no stars, no clouds. [Here one of the listeners to the Sage's teaching, named Pere, asked, "O Moi! Whence then were the clouds on which Tāne, Ruatau, Rehua and others descended?" The Sage replied, "They were from Tiritiri-o-matangi [next Heaven below the summit]; those were the first [used] to take them down to Rangi-naonao-ariki [the third Heaven from above]. Those clouds were returned by the Apa-rangi, and then they continued their descent on the clouds of Rangi-naonao-ariki to Rangi-te-wiwini, and so on down to Rangi-tamaku and Papa [the Earth]. When Tāne propped up the Heavens these clouds remained up above."]

In consequence of this want of light Tāne ordered that the Whanau-ariki, or Whanau-puhi [the sun, moon and stars] should be brought from their dwelling on Maunga-nui [mountain], where they had been stationed by Tāne and his elder brethren at Rangi-tukia. The resi-dence of that family there was not at all pleasant, for they could only see very indistinctly, and their eyes constantly watered. So it was thought better to convey them to the belly of their father, Rangi-nui, and there affix them so that the Earth might be lit up. Then Kewa (9) asked of Tāne-matua (68), "Who, above on Maunga-nui, is in charge of that family?" Tāne· replied, "They are with Whiro-taringa-waru, Tongatonga (42), Tawhiri-rangi (15), and Ikaroa (12) suspended within the house at Rangi-tukia."

When Kewa (9) arrived at [the base of] Maunga-nui he said unto Tongatonga, "The family of gods have finally decided that the family in your charge here are to be taken and affixed to the front of their ancestor, and there remain to adorn the front of Rangi-nui-a-tamaku [the Sky-father]." To this the guardians of that family consented; they were also the feeders of that family.

Then Tongatonga (42) and Kewa (9) ascended Maunga-nui, and looking down from there they saw the family amusing themselves on the sands at Te Rehu-roa. They were called to come up to [the summit of] Maunga-nui. Their mode of progression was by rolling over and over up the mountain; the reason for which was that they were shaped like an eye, they had no bodies. When they reached the court-yard [named] Takapau-rangi, they disappeared into their house, Rangi-tukia; and then Taringa-waru, Tawhiri-rangi, Te Ikaroa, and

Tongatonga took four 'baskets' in which to place the 'family.' These 'baskets' were named:—

1. Te Rauru-rangi, the 'basket of the Sun.
2. Te Kauhanga, the 'basket' of the Moon.
3. (Not given.) The 'basket' in which Autahi [? Aldebaran] and his younger brethren were placed; they are as below
4. Rauroha,[7] the 'basket' of the smaller stars and of the Whanau-punga. (See note 4.)

1. Autahi (? Aldebaran)	7. Whanui (Vega)
2. Puanga (Rigel)	8. Tautahi-o-rongo
3. Kopu (Venus, evening)	9. Whakaahu (Gemenii)
4. Pare-a-rau	10. Puaroa
5. Matariki (the Pleiades)	11. Tawera (Venus, morning)
6. Tautoru (Orion)	12. Te Ikaroa (Milky Way)[8]

Those are all of them. It is said that Puaroa is the same as Rere-ahiahi [another name for Venus, but it might also refer to any other of the brighter planets that set in the evening], for it appears at the same time, and when it reaches the path of the Ruddy-Sun, the moon appears, and then Puaroa is called Kopu. When it appears at the time daylight opens up it gets its third name, Tawera. It is, however, the one same star. This is the star to whom was given the management or direction of the months of the year[9] [To illustrate this[10]] it was correct of Ruatapu to say to Paikea at the incident known as 'Te Whiri-pure-i-ata,' "Go in peace, and when you arrive ashore tell the people that Wehi-nui-a-mamao[11] will indicate the season. Let them look to the white throat feathers of the Tūi bird, the offspring of Para-uri (47) in the twelfth month in the long nights of winter, then shall I be there." To cut short the story, the above relates to the 'Flood of Ruatapu,' when many men died on Earth, whilst those who

7. The Kete-rauroha means the 'basket of wide space,' no doubt referring to the stars scattered over the heavenly vault.

8. It will be noticed these stars are twelve in number, as are the Heavens, and the months.

9. This is the first time I ever came across a statement in Polynesian traditions, that Venus ruled the year. The Pleiades are universally said to do so. But, we may have here possibly the faint recollection of another ancient cult, for J. F. Hewitt in his " Primitive Traditional History," Vol. I., p. 132, says that Alberune quotes Venus as having been worshipped at the beginning of the Pleiades year.

10. The following illustration does not belong to the " Celestial Plane," but to the period just before the fleet felt Tahiti for New Zealand in about A.D 1350.

11. Wehi-nui-a-maomao is said to preside over one of the months—probably the twelfth. It is also said that Titi-raupenga mountain in New Zealand was owned by this god, or spirit.

believed in the prediction saved themselves by fleeing to the summit of Hikurangi mountain; the unbelievers all perished.

Now the smaller stars [in the fourth ' basket '] were placed in the canoe named ' Uruao,' which is to be seen as a pattern in the sky, so they might be guarded, lest they be maltreated by their elder brethren, and fall down below. Tama-rere-ti was appointed their guardian.[12]

After this the family of stars, etc., were conveyed to the presence of their ancestor Rangi-nui [the Sky-father], and were then arranged so that they might light up their ancestor's front surface, and to give light also to the Earth-mother. Te Ikaroa (12) [one of the gods, but ? does it not mean here the Milky Way, for which it is one of the names], Rongo-mai-taha-rangi (62) and Rongo-mai-taha-nui (54) were sent to lay down the *ara-matua*,[13] and the *kaupeka* [months], as the path along which the family of stars might travel [correctly] lest they collided with one another. Te Ikaroa [the Milky Way] was appointed to the Zodiac, as guardians of the minor stars and those of the Whanau-punga (see note 4). The second name of Te Ikaroa-o-te-rangi [the-main-ridge-of-the-Heavens] was there given ⌊to the Milky Way]; and Rongo-mai-taha-rangi (62) was placed on the right hand side of the Milky Way to guard the Ruddy-sun, whilst Rongo-mai-taha-nui (54) was stationed on the left hand to guard Autahi [Aldebaran] and his younger brethren (see p. 166). The Waxing Moon was placed behind the Sun and the Stars.

Now, the family of the Earth-mother considered this arrangement, and saw that it was not a good one, because the Waxing Moon was in the dark, as were the other minor Stars. So they separated the elder brother [the Sun] and placed him on the head of Rangi [the Sky-father], and the moon and stars on his belly. They then carefully examined[14] [this second arrangement], and saw that it was not satisfactory either, and the reason was, that there was only one phase—there was nothing but continuous daylight; for all the 'family' of stars were in one heap. And then they changed it so that the elder

12. ' Te Waka-o-Tama-rere-ti '—the canoe of Tama-rere-ti—is the constellation Scorpio. It is said that the first canoe made by the Maori people in the Fatherland was copied from this (hence the word ' pattern ' in the text). The canoe's name is ' Uruao,' and sometimes the smaller stars fall overboard, and then appear to us as *mata-kokiri*, or meteors.

13. The Ara-matua is the ' main-way—the Ecliptic—or in other words the course of the heavenly bodies in the Zodiac. The Kaupeka are the twelve months, equivalent to the twelve signs of the Zodiac.

14. *Whakaatatia*. ' Men, gods, birds and reptiles, all looked up to the Heavens, and were dissatisfied with the arrangement—says the Scribe.

brother, the Ruddy-Sun, was stationed on the back of the Sky-father, and the Waxing Moon and the Stars on his belly, there to remain fixed. Again the family of the Earth-mother examined the arrangement, with the Sun on the navel (*pito*) [the Ecliptic][15] of the Sky-father, and the Moon and the Stars on his back, so that the sun might climb up by the thighs of the Sky-father, and the Moon and Stars follow him; and thus was the Sun separated from his younger brethren.

And now, for the first time, was seen night and day; and this [arrangement] was named the Ao-mamara [the world-of-light] in which the Sun travelled [across the sky], also, the Ao-marama-nui [the great-world-of-light] and the Ao-marama-roa [the enduring-world-of-light.] The reason of this was, there was no night or darkness during the period that the Moon and Stars ruled the night, and this was called the Po-nui [the great-night], the Po-roa [the enduring-night], and the Po-tamaku [the night-smothered·off]. But suffice it to say, that the third arrangement gave rise to the separation of the darkness from the daylight, and they were called night and day. The day was called 'the world-of-light.'

But enough of this explanation; it is an extremely lengthy subject were I to expatiate on it, that is, about each star and its functions. The Ruddy-Sun at the beginning of the year proceeds by the Marua-roa [the winter solstice] to the head of his ancestor [the Sky-father], and when he reaches his 'shoulders' he returns to the *hiku mutu* of his ancestor. The *hiku mutu* is the Maru-roa-o-te-Takurua [the winter solstice], and the Marua-roa at the 'shoulder' is the Marua-roa-o-te-Orongonui, or summer [solstice]: the *hiku mutu* is the winter.[16]

15. The use of the word *pito* (navel) throws a light on its meaning as connected with the Sun's path, or Ecliptic, when considered in connection with the Hawaiian expression Piko-o-wakea, which Hawaiian scholars translate as 'the Equator,' but which we may now believe to be the Ecliptic of the Heavens rather than the Terrestrial Equator. In the Hawaiian name, *piko* is the Maori *pito* (for the Hawaiians have substituted the 'k' for the 't' in every word of their language—a comparatively speaking modern innovation, dating from about the commencement of the nineteenth century), and Wakea is in Maori Watea, or Atea, and this latter word is equivalent to Rangi, the Sky, in some of the Eastern Polynesian languages, meaning light, and day, as does *rangi* in Maori. It is, therefore, apparent that *te pito o Rangi* is the Celestial Equator, or more properly the Ecliptic, which is also expressed by 'the Ara-matua,' or 'main way,' the part of the Heavens in which the principal Stars, Sun, and Moon pursue their annual courses.

16. It seems from this that the Maori astronomy originated in the Southern Hemisphere. The "beginning of the year" is the month of June—winter in the Southern Hemisphere. Possibly the old priests had to change their nomenclature after they left the Fatherland, which, there is little doubt, was north of the Equator.

THE MONTHS AND DAYS.

[Te Matorohanga, in another part of his teaching, discourses on the days of the months as follows :—]

1st day of the Month,			Whiro
2nd ,,	,,	.,	Tirea
3rd ,,	,,	,,	Hoata
4th ,,	,,	,,	Oue
5th ,,	,,	,,	Okoro
6th ,,	,,	,,	Tamatea-tutahi
7th ,,	,,	,,	Tamatea-turua
8th ,,	,,	,,	Tamatea-tutoru
9th ,,	,,	,,	Tamatea-tuwha
10th ,,	,,	.,	Huna
11th ,.	,,	,,	Ari
12th ,,	,,	,.	Mawharu
13th ,,	,,	,,	Atua
14th ,,	,,	,,	Ohua
15th ,,	,,	,,	Oturu
16th ,,	,,	,,	Rakau-nui
17th ,,	,,	,,	Rakau-matohi
18th ,,	,,	,,	Takirau

Here end the propitious nights. Sometimes Matohi contends he should be the 19th night.

19th day of the Month,			Oike[17]
20th ,,	,,	,,	Korekore-tutahi
21st ,,	,,	,,	Korekore-turua
22nd ,,	,,	,,	Korekore-tutoru (or Piri-ki-nga-Tangaroa)
23rd ,,	,,	,,	Tangaroa-a-mua
24th ,,	,.	,,	Tangaroa-a-roto
25th ,,	,,	,,	Tangaroa-kiokio
26th ,,	,,	,,	Kiokio
27th ,,	,,	,,	O-Tane
28th ,,	,,	,,	O-Rongo-nui
29th ,,	,,	,,	Mauri (or Maurea)
30th ,,	,,	,,	Mutu-whenua

Now, let this be clear: Matohi [one of the Stars] occasionally disputes with Tangaroa-whakapau [a day that appears to be intercalated after the 25th] between themselves [as to which should enter

17. The Sage here says this is the Leap Year of the White people, a remark probably added by the Scribe.

the Calendar]; sometimes one, sometimes the other enters.[18]   If Tangaroa-whakapau enters, then fish both of the sea and inland are plentiful.   If Matohi enters into the enumeration, Tangaroa-whakapau is omitted, and the neap tide takes place, the fish direct their courses to the sea; it is the same inland, the fish retire to Lady-morass, to Lady-swamp; and only when Te Iho-rangi (10) drives them out do they return to the rivers.   It is the same at sea, the Tamateas drive ashore the *retoreto-moana*[19]; that is, the wind does so.   And, hence is this period [i.e., from 23rd to 25th] called Tamatea-kai-ariki [Tamatea-chief-eater, because the bad weather at that time often capsizes the canoes and chiefs are drowned].   Tamatea-ngana [the obstinate Tamatea], Tamatea-whakapau [Tamatea [the consumer] and Tamatea-aio [the calm Tamatea]—these are all the Tamateas—they are the bad days in the calendar of the month, no canoe-bow will be directed outside for fear of Rua-matua-tonga,[20] Para-wera-nui, Tonga-huru-huru, Tonga-taupuru, and Te Apu-tahi-a-Pawa [southerly gales].

The following is the *tautiti* [recitation in orderly sequence] of the Apu-tahi-a-Pawa[21] :—

1st—The *matahi*, or first of the year	..	May
2nd—Pipiri (Winter)	.. ..	June and July
3rd—Marua-roa (Winter Solstice)	..	August
4th—Te Toru	.. .. ..	September
5th—Te Wha	.. .. ..	October
6th—Te Rima	.. .. ..	November
7th—Te Ono	.. .. ..	December
8th—Te Whitu	.. .. ..	January
9th—Te Waru. There are fifteen days out of January taken into		February
10th—Te Iwa	.. .. ..	March and April ; this period is called Te Ngahuru-kai-paenga.

18. The Scribe endeavoured to explain his ideas on this subject. but with not much success.   Matohi, a star, enters and disputes with the day called Tangaroa, and, if successful, no fish are caught, for the latter bring the fish.   (Tangaroa is a god of the ocean, fish, and all oceanic phenomena).   Matohi is never seen by man, except during the days called Tangaroa (23rd to 25th of the month) ; it is bluish in colour, and from his description of its position in the Heavens it is probably near Alpha Taurus.   It appears to me that we have here an attempt to intercalate certain days to correct the Lunar year.

19. A small, round-leafed sea-weed.

20. The home of the winds

21. Pawa, short for Aitu-pawa, who is one of the guardians of the Heavenly treasure house, and was ruler over the Pou-tiri-ao, or guardian-spirits, whose function it was to attend to the sequence of the months of the year.

11th and 12th—These two are called Te Ngahuru-tu-hoahoa [the two friendly Nga-huru, the latter word meaning Autumn], but the great name is Pou-tu-te-rangi. Here ends the Autumn, which is lost, or disappears into May, when young plants are caused by it to shoot.

[The above is the second method of counting the months by numbers, for all the names after Marua-roa express the ordinary numbers. There is an apparent confusion in the Scribe's marginal numbers for they do not agree with the same expressed in writing ; it would be apparently more correct if Marua-roa [the winter solstice] were opposite June and July. June is usually said to be the commencement of the year, denoted by the rising of Matariki, or the Pleiades.]

MORE ASTRONOMICAL NOTES.

[Nepia Pohuhu has the following on astronomical subjects :—] Now if the flight of the Sun, Moon, and all their younger brethren, the Stars, is directed towards the head of Rangi-nui [the Sky-father], that is the Waru-tu-hoehoe [mid-summer], if they come towards the legs of Rangi-nui, that is the Takurua-Waipu [mid-winter]. The *pito* [Ecliptic] is the boundary on their parent, their ancestor ; and that is the demarkation between winter and summer. Now the head of Rangi is to the north, and his legs to the south, towards Para-wera-nui [the fierce south wind], and, hence are the ' southers ' so bad.[22]

Some people say that the Sun and Moon disputed ; the Sun said they should both go together in the daylight, whilst the Moon said they ought to operate at night. They were both obstinate, till at last the Sun said, "Enough! You travel by night so that you may be a light to mankind to make their earth-ovens." The Moon replied, " A! Go you by daylight so that you may dry women's menstruous cloths." But this story is wrong, it is a mere fable. The correct story is that of Tuatara and the shark [for which see p. 156].

[Nepia Pohuhu says further :—] This is another word of mine, about which all must be clear ; in reference to the *whatu* [? the eye] of the Whanau-puhi that have been mentioned ; that is, Tama-nui-te-ra [the Sun] and Te Marama-i-whanake [the waxing Moon], and their younger brethren the Stars. Rona,[23] Te Ahurangi, and Te Rangi-taupiri are their Pou-tiri-ao [guardian spirits]. It is they who regulate the Moon. Tāne-matua (68) said, " Let the Moon regulate the

22. In this the old Priest is a little wrong, in as much as he includes the Stars in the change of declination common to the Sun and Moon.
23. Rona is the woman in the moon, about whom are several stories.

high and low tides of Lady-ocean." Tupai added, "And the Tuahiwi-o-Hine-moana [the Ridge-of-Lady-ocean] shall regulate the great waves, in order that the descent may be easy on both sides."[24] Tupai then advised Tāne to appoint some Stars to arrange [or guide] the Tuahiwi-o-Hine-moana, and assist the Moon—this was done.

This, also, must be clearly understood : Everything is a part [wahi] of the Heavens and the Earth; there is nothing of which it can be said, it is of the Earth alone or of Heaven alone ; all things have been placed, each in its own position and after its own kind by them and their offspring [the gods], and, hence it is [we say] all things eminate from them—the Stars, the Moon, the Sun—all of those are a part [wahi] of the Earth and Heaven. It is the same in all the Eleven Heavens, just as has been said above; they have their Stars, Moon, and Sun. Each Star, each Moon, each Sun in the Eleven Heavens has its own Pou-tiri-ao [guardian spirit]. Everything is a world—a part of the Earth and Heaven as explained. Water is the cause of growth of all things ; if there were no water, or the sea, everything would go wrong in the Heavens, the Stars, Moon and the Sun. The coadjutor of the water is the Sun, the Moon and the Stars. The clouds are the mist, the breath, the warmth of Earth ; for everything has heat and cold according to its kind. Tama-nui-te-ra [the Sun] and Tawhiri-matea (7) [god of winds] send down the clouds and mists in the form of rain to refresh all things according to their kind—everything drinks water ; there is water in all Stars, the Moon and the Sun. . . . . .

[The Sage then goes on to describe the 'nature of things' generally, which is a repetition of what has been given in Chapter III. He then proceeds :—]

24. As, already explained, the above ' Ridge' is supposed to exist in the Pacific Ocean, between New Zealand and Tahiti, where stormy weather and big waves are encountered—probably the point in from lat. 23 to lat. 25, where the Trade winds meet the prevailing westerly winds. The Scribe tells me that the tides are supposed to flow up to each side of this ' Ridge,' and then recede, thus making flood and ebb tide in opposite directions. The real belief of the old Tohungas is difficult to get at ; and it seems probable that the Celestial Tuahiwi, or ' ridge ' [the Milky Way] had something to do with this change in the direction of the flow of the tides ; or, what is just as likely, the people in one of their former habitats, as in Indonesia, had observed that the tides, at some well-known point, made in different directions. This is a point that is worth looking up, but no work is available here. The Scribe adds : Some Tohungas held that Matariki (the Pleiades) ruled the tides, when that constellation is 'above' the Tuahiwi, or ' Ridge ' (? ' Celestial Ridge '), then it rules rather than the Moon. Such was the teaching of Te-Waka-Kawatini —a well-known Tohunga—in 1876. The Pleiades are ' above ' the ' Celestial Ridge' (Milky Way), of course, soon after the former rises.

Now, in consequence of Io having so decreed, together with the Whatu-kuras, in the world and the Pō [Hades] as to the arrangement of the functions of all things, the company of Apas became the instruments, the guardians, the directors of all things in all the Heavens and the Planes ; they became the overseers of the duties of all things in the Moons, Suns, and Stars of each Heaven forming the twelve Heavens, each one of which has its own Moon and Stars.[25]

But the Sun is outside of everything. He is the *kai-pēhi* [the suppressor] of all things beneath the Sun ; each of them have their worlds, their moons and their stars.[26] The head [rulers] of all things, Stars, Moons and Suns, are the Whatukuras of the Toi-o-nga-rangi-tuhaha [the Summit-of-the-conjoint-Heavens], because the Apas are only labourers of the Heavens, whilst the Pou-tiri-ao guard them lest they deviate from their proper work, or quarrel.

25. These last two words do not follow the original exactly, but the Scribe tells me they correctly describe the teaching of the Sages. When asked whether it was not the same Sun, etc., that we see illuminates all the Heavens, he said, "No ! Each Heaven has it own Sun, Moon, and Stars."

26. This is obscure, but is just as the Sage says.

CHAPTER VI.

Introduction—Māui's visit to Hades—Māui and the great fire—Māui, the fisher-
up of lands—The overturning by Mataaho—Mataora's visit to Hades—The
origin of tattooing.

[IN the following two papers from Te Matorohanga's teaching, we are
introduced to incidents connected with the visits of Māui and Mataora
to Hades, and it is perhaps a little doubtful whether the Sages of old
would have considered them as strictly belonging to the ' Kauwae-
runga,' or 'Things Celestial.' But—if we are to trust to the genealogies
and the apparent belief of the old Priests—the events occurred within
a few generations of the birth of man! and scarcely belong to what
we may call the strictly Historical Period—the ' Kauwae-raro,' or the
'Things Terrestrial.'

Māui is not a god, according to the teaching of the Sages; but a
hero. And yet the circumstances surrounding his adventures carry us
back to a very ancient period ; so far back indeed that the legends
and myths partake of much the same character, and include some
similar incidents, to those to be found not only in Aryan Myths, but in
those of other races, e.g., in those of Egypt. We find, for instance, in
Gerald Massey's ' Book of the Beginnings,' p. 145, what is evidently a
reference to Māui as the Solar Hero. He says, "The first Celestial
hero was not the Sun, but the conqueror of the Sun and solar heat ; "
and it was one of Māui's first exploits to conquer the Sun.[1] In the
Aryan Mythology we may find further references to the deeds of Māui,
e.g., in the Celtic and Scandinavian myths—not exactly in the same
form, it is true, but the ideas are similar, altered by environment. It
has more than once been suggested that Māui's conquest of the Sun is
the mythical belief and dimly remembered tradition of a time when the
forefathers of the Polynesian race dwelt in a country where the days
were very short, as, for instance, in some Fatherland far north of India,
before the Aryan people migrated into that country. It is likewise a

---

1. It were easy to show from Mr. Massey's book that there are many striking
coincidences in both incidents and names between Egyptian and Polynesian Myths,
but this is not the place. At the same time one may record here that many of his
Maori synonyms are not true.

question whether, indeed, Māui's visit to the Pō, or Hades, described below, was not in reality a visit to the ancient Fartherland in the north, the word Pō describing the long nights of the Arctic circle.[2] What follows as to Māui is by no means a full account of his doings. Although the genealogies from this hero Māui show him to be one of the family of five brothers of that name, the impression derived from what little we know of this family is, that they flourished about fifty generations ago in Indonesia, and that in process of time the miraculous deeds of the solar hero—whether his name was also Māui or not—have become attached to the historical Māui, who (with his brothers) was undoubtedly an historical character, and a great explorer and navigator. It will be noticed in the story which follows that Te Matorohanga had no belief in the "fishing-up" of various islands.

In the account of Mataora's visit to the Pō, or Hades, which follows, we have an entirely different description of Hades from that given by our two Sages, who describe it as a place of everlasting night, of profound darkness. Whereas in the story of Mataora we are led to infer that the Pō is a world like this, in which the inhabitants—the Turehu —were of a more advanced civilization than the Maori people at the date of the visit, and these people are described as fair in complexion, with 'flaxen hair.' It would seem that this story is in reality the account of a visit paid to some country bordering on the Fatherland, where certain arts were practised not then known to the Polynesians. The introduction into the story of some features common to the true Hades, probably indicates that it is so ancient that memory has failed to preserve the distinction between the two—that in fact in the process of time, when the name of this country of flaxen-haired people had been forgotten, it was ascribed to the Pō, the night, oblivion in the mental sense. Perhaps we may see some confirmation of this in the retention by the Urewera tribes of the name Mataora as that 'of a very ancient dwelling-place of the Maori ancestors. It was the place they removed to after leaving Au-roroa where Tāne and the other gods lived, and from Mataora they removed to Hawaiki-nui.'[3] In this case the hero Mataora's name has been applied to the country or *visa versa*. But for the statement that the art of tattooing, by cutting deep incisions in the flesh, is said to have been brought from the Pō (or this country, if it be one) we might be induced to suggest that the 'fair

2. In this connection a study of Jnanendralai Majumdar's 'Eagle and the Sun,' published by the Indian Research Society, should be consulted. The *Manu i te ra* (the bird in the Sun) of Maori legend is possibly the Eagle of Indian Myth.
3. ' Hawaiki,' 3rd edition, p. 68.

race with flaxen hair' is a dim recollection of such a people dwelling on the borderland of the ancient Fatherland.   And, if as the gradually accumulating evidence seems to indicate, this Fatherland was India, we might be warranted in suggesting that this fair race was a part of the Grecian settlers left in Parthia, to the north-west of India, and who, it is known, in the centuries before Christ joined the Parthian Armies in warlike incursions into India.   The Grecian noses of the Turehu— so different to those of the Polynesians—gives perhaps a slight support to this, as does their dances—again quite different to those of the Polynesians.   Moreover, it will be noticed that the two gods of Hades —Whiro and Whakaru-au-moko—and the goddess Hine-nui-te-po, are not mentioned in this story of Mataora.   However, this is not the place to dilate on this question.

The following account of Māui is not to be found in one place in the Sage's teaching, but they are here gathered together ; nor does it profess to be a full account of that hero's doings.]

ON the 6th March, 1860, Te Matoro-hanga commenced his teaching by saying, "I will begin by reciting the traditions relating to Māui before going further :—

Mahuika married Muri-ranga-whenua, and they had Taranga, who married Irawhāki, who had the following offspring :—

1. Māui-mua   4. Māui-pae
2. Māui-roto   5. Māui-tiki-a-Taranga
3. Māui-taha

Now, there is a long history about these Māuis; but we will take that of Māui-tiki-a-Taranga, so as to quickly reach the object sought by the meeting.   The above are the Māui family.

Let us go back to the defeat of the Pekerau family [see p. 146 Chapter IV.] at the time of the incident named 'Paihau-ka-roha.' Hine-nui-te-po [goddess of Hades, after the above defeat] sent against Māui the descendants of Huriwai, i.e., the Tini-o-Poto [the Poto tribe, the sand-fly, mosquito, etc., p. 128].   When Māui and his companions arrived there, the Poto tribe struck them on the head and legs ; and when Māui slapped them, they escaped and carried off the blood they had sucked to Hine-nui-te-po, who was then dwelling at Kautere-rangi in the *pa* of her relative, Whakaru-au-moko [god of volcanic forces] at Rangi-riri.[4]   Hine-nui-te-po smeared this blood upon the

4. Rangi-riri, whether this same one or not, is not clear, was the place from which all fish originated, and the name is often quoted in the spells said to cause fish to bite.

entrance and door of the house named Potaka-rongorongo, at the same
time reciting the following words [as a spell, *hirihiri*, to nullify the
object of Māui's visit] :—

> Whose is this house ?   'Tis that of Hine-nui-te-po !
> 'Tis the house of anger, in Ngana-te-irihia,⁵
> The house of anger of Hine-nui-te-po
> Within Ngana-te-wareware.   Whose is the house ?
> 'Tis my house, named Po-taka-rongorongo !

After Hine-nui-te-po had ended this part [of her precautions] she
applied [the same ceremonies] to the ' door of Rua-i-te-wareware [the
Pit-of-oblivion], to ' Rua-rautoka ' [Pit-of-curses], to ' Rua-i-nokia '
[Pit-of-the-overcome], and to ' Pu-mahara-kore ' [the Very-negation-
of thought].⁶   Here she finished and then retired to the innermost
pillar of the house and there laid down.   She was overcome with the
heat and fell into a deep sleep, with her legs stretched out far apart.
When Māui and his companions [the three birds already mentioned]
arrived there they found her still lying at the back of the house,
Potaka-rongorongo, with her legs wide apart.   Māui then assumed the
form of a rat, and asked his companions, " How do you think this will
do ? "   [In order to understand this story, it must be remembered that
Māui's object was to enter the womb of Hine-nui-to-po—the first truly
human woman—and by passing through her vitals to her mouth, to
destroy death.]   Tatahore replied, " It will not do at all !   It is quite
different to what it ought to be.   She will be aroused ! "   Māui then
took on the form of a reptile (*sic*), the worm called *noke*.   Tiwaiwaka
said, " She will be waked up by the horns of the waxing Moon."   So
Māui then assumed the form of the *moko-huruhuru* [the hairy-lizard]
and began squirming about the court-yard.   His friends all laughed at
this, and said [ironically], " That is better ! "   Māui now said,
" Enough !   My command to you two is, when I enter the womb of
Hine-nui-te-po, you must on no account laugh.   When I reach her
heart and begin to gnaw it in order that she may be killed by us, if
you see she begins to squirm then scoop out her eyes ! "   His friends
replied, " That is well, we will do so ! "   Māui finally said to his com-
panions, " Be sure that you do not laugh ! "

So Māui having taken on the form of the *noke* worm then entered
the Paepae-o-Tiki [the womb], but as he disappeared within, the parts

5. Ngana-te-irihia has some magical meaning ; the translator's is, persistence-
suspended.   Ngana-te-wareware is the same ; it is translated, persistent-oblivion.

6. These appear to be magical expressions denoting the goddess' determination
to destroy Māui's mental powers, and consequently secure his death.   Or, it is
possible that the goddess applied these charms to herself to cause a deep sleep.

of Hine-nui-te-po opened out. At this Tatahore burst out laughing, whilst Tiwaiwaka rushed out to the court-yard and began dancing about [with delight]. And then was aroused the ' World-of-light '— life[7] of Hine-nui-te-po, and feeling the squirming of the worm within her, she closed her parts, and strangled the neck of Māui, who was thus killed. This death is referred to as 'Wai-kumia ' and 'Wai-haro-rangi.'

It will thus be seen that the ' cord-of-death ' was not cut off by Māui. He was the only one who ever attempted to sever the ' current of death ' that ever flows to everlasting night.

[At this point one of the audience asked the Sage if he had not invented the ' worm,' and had this not some other meaning in reality. To which the Sage replied, "No! That is the true meaning. You may see in the *noke* worm to this day, on the head, the mark of the strangulation by which Māui died. If you come across the Tiwaiwaka [the Fan-tail bird] he will not fail to laugh at you and dance about [which, of course, is the habit of this sweet little bird].

MAUI AND THE VOLCANIC FIRE.

. . . . . . Think also of [the story of] Mahuika ; from under his finger nails came forth the original or volcanic fire.[8] It was Māui who planted this fire [in certaim woods] and thus caused it to be seen on Earth. Māui died at Wai-kumia [see above], but [was nearly destroyed previously at] Tahu-kumia and Tahu-rangi. He called on his ancestors, Iho-rangi (10) and Twhiri-matea (7) to withdraw the ' plug ' of Mahu-tonga,[9] because he was almost overcome by the Ahi-toro [the spreading fire] and the Ahi-turangi [fire as high as Heaven]. And then they [the above two gods] sent the snow first of all—but it did not extinguish the fire ; then the rain, which was effectual. But by the time the fire was extinguished Māui had been much scorched by ' the fire of Mahuika.' At first [when in danger of the fire overtaking him] he assumed the form of an owl and fled to the depths of the

7. That is, she came back to consciousness of life from her sleep.

8. This account of the fire of Mahuika is a mere brief illustration, and is not the full story. It is interesting to note in the Sage's account the reference to volcanic fire, for this is something quite new in the story hitherto told, and probably explains the origin of it. It seems to suggest that fire was originally obtained from a volcanoe, or at any rate that it was obtained on a certain occasion. Mahuika is the god of volcanoes and earthquakes amongst some branches of the race. The probability is that the 'Ahitoro' is the remembrance of some volcanic eruption, when the lava set fire to the country.

9. The ' house ' in the south from whence came the cold winds, snow, hail, rain, etc.

forest to seek shelter, but the fire of Mahuika came over the place, so he abandoned that. He then turned himself into a Sparrow-hawk; it was no use; it was just as before, he could do nothing but remain in the Great-Forest-of-Tāne. Next he tried the form of the Kite (Hawk) and soared up to a great height, and there was able to call on Te Iho-rangi (10) and Tawhiri-matea (7), hence was Māui saved [through these gods sending down the heavy rains which extinguished the 'Fire of Mahuika,' which was destroying the face of the Earth]. His narrow escapes at that time are known as 'Wai-haro-rangi' and Te 'Mata-whiti-o-tu'; and the semblance of these things are perpetuated in the Hawk, the Sparrow-hawk and the Owl to this day, for the singeing of the fire is shown on their brown feathers.

MAUI THE FISHER-UP-OF-LANDS.

[From a different part of the Ruanuku's teaching the following is taken:—] On a certain occasion it was decided by the people to go out to sea to fish. Māui-mua [the elder brother] said to his younger brethren, to Māui-taha, Māui-pae, and Māui-tikitiki, "O Sirs! Go ye all to catch some fish for us." They consented, and then Māui-mua said unto Pokopoko, Hou, and Moka, "Go and prepare the lines and hooks, and get ready the canoe named . . . . . [not given]. Māui-taha then said, "Māui-tikitiki must remain ashore; he is a mischievous fellow; lest he play some trick on us. Māui-tikitiki said, "I will not remain ashore!" This caused much argument between the two; at last Māui-mua said, "Let your younger brother go with you," and thus Māui-tikitiki was allowed to go. And so the canoe was soon afloat on the deep ocean.

When they had got out a long way the elder brothers said to Hou, "Let go the anchor of the canoe!" But Māui-tikitiki said, "What kind of fish can be caught here? Let us go further out!" So they went further out, and after paddling a long way Māui-taha called out, "O, Hou! We are a very long way out!" But Māui-tikitiki said, "This place is a reef!" and he let down his line and sinker, and showed them it was quite shallow, saying, "Look! It is quite shallow; it is a reef. There are none but little fish here." So the canoe proceeded on a very long way out, and then Māui-tikitiki said, "We are far enough; let go the anchor." So Hou let the anchor down, and the lines were soon dropped into the water. Māui-tikitiki asked his brothers to give him some bait for his hook, but his elder brothers said, "Where were you, that you did not procure some bait of your own?" Then Māui-tikitiki said to Hou, Moka, and Pokopoko, "Give me some bait for my hook!" They replied, "There is not

sufficient for yours and ours too." At this Māui was much discon-
certed, and said to his companions, " I thought in asking you, you
would not treat me thus."

Then Māui withdrew his fish-hook from his basket, and his com-
panions saw that his hook was made of human bone[10]—a man's jaw-
bone, which he fastened on to his line. His hook was in reality the
jaw-bone of his ancestor Muri-ranga-whenua. His line was named
. . . . [not given], and the sinker was called ' Te Whata-a-Kiwa.[11]
The hook descended and became fast on to the bottom. Thus he caught
his ' fish '; he began to pull it up—he could not succeed in doing so.
Māui-tikitiki shouted out to Pokopoko, Moka, and Hou, " Come and
help me to haul up my fish ! " The elder brothers called out, " Let
your fish go; we shall all be destroyed." Māui replied, "The fish
caught by the jaw-bone of my ancestor Muri-ranga-whenua, will not
be allowed to go." And then they all proceeded to haul up the fish ;
when it reached the surface, lo! it was Ao-tea-roa [New Zealand],
that fish of Māui-tikitiki.[12]

The elder brothers now wished to cut up the fish ; but Māui said,
" Let the fish remain there quietly until it is cool, and then cut it up."
But the elder brothers and their companions would not listen, and at
once proceeded to cut up the ' fish.' Now hence is the broken nature
[of the surface] of the ' fish ' with its many mountains. If the elder
brethren had not trampled all over it, the ' fish ' would not present the
[broken] appearance it does.

There is another account of this incident which says, that Māui
struck his nose until it bled, and then smeared the blood on his hook,
and this was the bait that fished up the island.

You now understand this version of the story; but the real meaning
will be seen from the following :—

THE OVERTURNING BY MATAAHO.

You have all heard of the man named Mata-aho. In his times and
those of Māui, Io-nui [the Supreme God], decided to send Rua-tau and
Aitu-pawa[13] down to Mataaho to inform him that the springs of Kiwa
(52), one of the gods of ocean, Tawhiri-matea (7), god of tempests, and

10. Fish-hooks made with human bones were supposed to possess great *măna*,
or power, in catching fish.

11. The Store-house-of-Kiwa '—Kiwa (52) being one of the gods of ocean.

12. One of the names for New Zealand is ' Te Ika-a-Māui,' the fish-of-Māui ;
and this was the name learned by Captain Cook, in 1769, under the form of ' He
hīnga-no-Māui' (a fishing-of Māui).

13. Two of the guardians of the ' Heavenly treasures,' and special messengers
of Io.

Te Iho-rangi (10), god of rain, snow, hail, etc., would be loosened, that the Earth might be drowned[14] and overturned down to Hades. After that Mataaho and Whakaru-au-moko (70) were to separate [distribute] the Earth, so that the head, the sides, the arms, and legs might all be separated.[15] The reason of this decree of Io-nui was, his *pouri* [sorrow, regret, literally darkness of heart] on account of the warfare of Whiro-te-tipua (6) and his younger brother Tu-mata-uenga (11) at Te Paerangi,[16] which was after the separation of the Sky-father and Earth-mother [and the evil of which] still endures even from that time to the present day. Peace has never been made between Tāne-nui-a-rangi (68) and Whiro-te-tipua (6)— hence the ' Maiki-roa ' [sickness, death, all kinds of diseases] that still visits [and causes trouble] between them and [the offspring of] their elder brethren, and, hence also is ' Taheke-roa,' the ' road of death,' that descends to ever-lasting night when [men's spirits] pass over to the Po-tiwha and Po-kerekere [utter darkness] to Rarohenga [Hades], which consumes mankind and all else in this world. And, thence are all the troubles of this world.

It will now be understood that the [nature of the] decree of Io-tikitiki-o-rangi [Io-the-exalted-of-heaven] which he delivered unto Mata-aho and Whakaru-au-moko (70) that the Earth should be thus treated at that time. Hence is this called ' Te Hurianga-i-a-Mataaho ' [the-overturning-in-Mataaho's-time], which we have all heard of. Mataaho and Whakaru-au-moko (70) are the two who hold the power over the earthquakes and volcanic eruptions. Tawhīri-matea (7) has power over the winds. Te Ihorangi (10) rules the rain; and Kiwa (52) has the power to gather the waters, and confine them, or loosen them; to spread them over all places which they[17] think proper. Those mentioned are the directors of the snow-storms, rain, the waters of the ocean, the earthquakes, volcanoes, and the fogs. These were all the powers delegated to them by Io-te-wānanga [Io-the-omnierudite].

The five gods mentioned carried out the decree of Io-taketake [Io-origin-of-all-things], which resulted in ' The overturning-of-Mataaho ' as it is called, and which we all know of. You are now clear as to the

14. The word used is *takapautia*, which means, ended. But the Scribe says it means here, drowned.
15. The Earth, in these old myths, takes on the form of a woman's body. In other words it means the four quarters of the Earth ; each people (or nation) was to be henceforth separate.
16. The wars of the gods—see p. 134.
17. They, probably, includes Tangaroa, the other god of ocean.

meaning of that term—it was the original cause of the broken, moun-
tainous, appearance of the Earth.

Now, in consequence of this great disturbance by the five gods,
Māui said, "Leave my 'fish' [the Earth] to me; as a dwelling place
for me and my elder brethren and our descendants." This was the
'taking possession,' enunciated at that time, and has remained so
according to the covenant of Māui; and Māui's name[18] became attached
to this island, right down to the present time. The words of Māui
have been fulfilled, for we, the descendants of those [five] Māuis now
dwell here. All the people who dwell here on this island and right
away to Hawaiki, are all descendants of those Mauis.

As to the story about Māui's 'fishing up' of lands, it is a mere
'Winter Night's Tale,' told by people outside the Whare-wānanga; it
is certainly not a story handed down in that house of learning.

But enough of my discourse on Māui. Do not ever diverge from
what I have told you. My [learned] companions are present and have
heard what I have said [and if I had been wrong they would have
corrected me].

MATAORA'S VISIT TO HADES.
THE ORIGIN OF TATTOOING.

[Part of Te Matorohanga's teaching dated 26th January, 1865.]

Whakaru-au-moko (70)   married   Hine-nui-te-Pō
(god of volcanic action) | (goddess of Hades, former
           | name Hine-titama)
        Hine-oi   = Pu-tahanga
        |
        Manu-tionga = Ue-tonga
        |
        Niwareka   = Mataora

Niwareka came up from Hades to this world; she came with a
party of Turehu [female flaxen-haired people], and on their arrival
here above they discovered Mataora [a human being] asleep in his house
named 'Te Rara-o-te-rangi.' So the party commenced to make fun of
Mataora; and the following discussion took place amongst them; some
said he was a man; others that he was an Apa [a messenger-god];
others again thought he was a Mata-ruai [meaning not known]; others
said he was a Poporo-kewa[19]; others thought he was a Ruao

18. That is 'Te Ika-a-Māui'—'Māui's-fish,' a name for New Zealand.
19. These are Apa-atua, a species of gods, dwelling in Te Rangi-tamaku, the
next Heaven to the visible one. This name has, however, in more modern times
been applied to a people dwelling in Fiji or Tonga, and may mean dark or black
people, a name probably applied to the Melanesians.

[meaning not known], and others thought he was just a man. Then said Niwareka, "I will have him for my husband!" Whilst the Turehu were thus discussing, Mataora came outside his house to look at the strangers, and he said to them, "Are you females?" They replied by asking him, "Are you a male?" Mataora turned his back to them, and stooped down, at which all the Turehu burst out laughing, some saying, "He is a male!"[20] Others, "He is a man."

Mataora now said to the company of Turehu, "Come inside my house so that I may give you something to eat." The Turehu consented, but said they would wait outside and the food could be given to them there. So Mataora went to his store-house to fetch some food for his guests, and then placed it before the Turehu. It was cooked food. Some of the Turehu said, "Is it good?" Others said, "It is rotten!" But Mataora replied, "No! It is quite good," and he ate some himself so that the Turehu might see it was all right; on which some of them came and opened his mouth, and said, "A! It is mussels!" Others said, "It is rotten food!" From this Mataora knew that these people could not eat cooked food; so he went to his fish pond and brought them some herrings. And then the company of Turehu made a meal of them.

Mataora looked on at the people and saw that one of them was beautiful. When the feast was over, he took his *maipi* [or halbert] and commenced dancing before the Turehus; after which he sat down. And then the company of Turehus stood up to perform a *haka* [or posture-dance] before Mataora. As they danced, one of the Turehu women came in front of the others and danced backwards and forwards in graceful attitudes, singing,

"Thus goes Niwareka, Niwareka,"

in which all the other Turehu joined. Their kind of *haka* was by holding one another's hands and dancing with high stepping, whilst others passed in and out under the arms of the rest, at the same time singing, "Niwareka! Niwareka!" And then the *haka* of the people ended.[21]

These people all had fair skins, and their hair was like the flowers of the plant *toetoe* (*Arundo conspicua*, i.e., flaxen-haired); and were beautifully built, with a straight upright mien. Their garments were like sea-weed, and worn only as an apron in front. Their hair fell down to their waists in thick tresses.

20. *Toa* = male of animals.

21. The description of this dance is entirely foreign to those performed by the Maoris or any other branch of the Polynesian race I am acquainted with—it is more like some of the old English dances, the May-pole dance for instance.

Mataora asked to have one of these women as his wife. They asked, " Which of us would you like as a wife? " Mataora pointed out the most beautiful one, which happened to be the daughter of Ue-tonga and Manu-tionga; it was she who came before the others and danced backwards and forwards.

They were married, and dwelt together a long time. On one occasion Mataora asked his wife what her name was, she replied, " It is Niwareka.   I am a high-born chieftainess, a daughter of Ue-tonga, I come from Rarohenga [Hades].

After a long time Mataora became jealous of his elder brother Tautoru[22]; he saw that he ardently desired his wife. In consequence he thrashed his wife Niwareka; which caused her to flee away to Rarohenga [Hades] to the home of her ancestors and parents. A great sorrow fell on Mataora, and he deeply lamented his beautiful wife.

The tattooing of mankind in those days was only on the wing of the nose, the summit or bridge of the nose and the brow and temples— those were all the parts tattooed on men.   The tattooing on the women was a single cross on the forehead, and one on each cheek.   Another kind was marks on the wings of the nose—they had no tattooing on the chin or the lips [as at present].   This latter custom is modern and is derived from the patterns carved on the tahā or calabash.   All tattooing in those ancient days was [in reality only] painting in blue clay and red clay [oxide of iron];   the very dark skinned people were painted with white and red clay.   The ornamentation on the houses was also all painted—not carved;   and was called kowaiwai, or hopara-makaurangi; it was painted in red and white clay, with parts in charcoal; these were the only and original adornments in former times.   Now, you understand what the ancient tattooing was like.

And now Mataora started off to search for his wife.   When he reached Tahua-roa in the country of Irihia,[23] there he found the dwelling of Te Ku-watawata (23) and his companions at his house named Pou-tere-rangi [entrance to Hades].   The original name of this house was Wharekura;   the second, Rake-pohutukawa; the third, Hawaīki-o-Maruaroa[24] [Hawaiki-of-the-Solstice]—those are all its names.   The original name of this part [of the Fatherland] was Rangi-tatau [the Heavens-

22. Tautoru is a name for the constellation of Orion.

23. Irihia is one of the names for the Fatherland

24. This appears to be the fifth temple mentioned in the introduction to Chapter I.

are-telling (or counting),[25] and the second name given to it was
Tahua-roa [which may be translated, 'the long plain'] When the
army of Whiro-te-tipua (6) was defeated at Te Paerangi (see p.
134) by Tu-mata-uenga (11) and Tama-kaka (63) [both names of gods], the
survivors, together with Whiro himself, descended to Te Muri-wai-hou
or Rarohenga [Hades], then was the third name Taheke-roa [the long
rapid, or fall] applied, as has been explained.   This house [i.e.,
Hawaiki, see p. 112] had four doors, one opposite each cardinal direc-
tion ; it was from these doors that came forth the winds,[26] that spread
forth the offspring of the Sky-father and Earth-mother over the surface
of their mother Earth ; and hence it is that the dead return from each
quarter to its own particular door.

It was at this period the name Hawaiki-nui [a name for the
Fatherland] was given, and it is by that way the spirits pass on to
Taheke-roa.   I have already explained that a division takes place
within this house ; those spirits who have love for the Earth-mother
proceed by the road of Taheke-roa to Rarohenga [Hades], whilst those
who love the Sky-father proceed forth to the eastern door by way of the
Ara-tiatia [way of steps, clouds, to the Supreme God Io].   At this time
was finally determined the name of Whare-kura as Hawaiki-nui.   But
enough of this.

When Mataora arrived at Pou-tere-rangi [the guard-house of
Hades] he asked of Te Ku-watawata (33), " Did you not see a woman
pass this way ? "   Te Ku-watawata asked in reply, " What was she
like ? "   Mataora said, " She had an *ihu-rakau* [a straight nose, with
little or no dent at the bridge—a Grecian nose, in fact—quite

25. Just here we may suggest what is perhaps a fanciful translation of this
name ; but anything that serves to throw light on the former history and the
whence of the people, even if appearing now not quite apposite, may yet be of value
in the future.   I suggest the following : Rangi, at one time, evidently meant a
district, a country, a realm, though at the present time it is not known as such, but
is, nevertheless, found in numerous place names where the other meanings of *rangi*
will not apply.   Rangi-tatau may therefore mean the place, or district of counting,
and if so, it indicates a place where the people were at one time enumerated—a
census taken.   And this points to a higher civilization—as do many other things—
at one time existing amongst the Polynesians.   Rangi-tatau, it will be noticed
above is in Irihia, the Fatherland, not the Heavens.

26. *Hau*, wind ; but the word with the causitive *whaka* before it means a
' command.'   The Scribe tells me that the teaching of the old Ruanukas was, that
from this ' house ' Hawaiki, mankind spread to the four-quarters of the Earth, and
the spirits of the dead from those four quarters came back there after death,
carried by the wind from the quarters where they died—also a Greek belief.   This
is the Hono-i-wairua, the junction, or meeting place of spirits.

different to those of the Polynesians] and long flaxen hair." Te Ku-watawata replied, " A, yes ! She has gone on long ago ; she was crying as she came along." Mataora then said, "Cannot I go to where she is ? " Said Te Ku-watawata, " You can go there quite well." Then he opened the door of *angi-nuku* [the door of Hades] leading down to Hades.

Mataora then descended, and, arriving at the middle of the descent he met Ti-waiwaka [the Fan-tail bird] and asked, " What are the people down below doing ? " Ti-waiwaka replied, " Some are making the little heaps of earth for the *kumara* [Batatas tubers] ; some building houses ; some fishing ; some tattooing ; some flying kites ; some whipping tops." Mataora asked, " Did you see a woman pass this way ? " Ti-waiwaka replied, " She has gone on ; her eyes were swollen, her lips were hanging down "

So Mataoro went on until he came to a shed, at the village of Ue-tonga, where were many people. He found Ue-tonga engaged in tattooing ; he sat down there to see the operation, and saw the blood descending from the cuts in the face. He called out, " Your system of tattooing the face is all wrong ! It is not done in that manner up above." Ue-tonga said, " This is the custom below here ; that above is quite wrong. That system is called by us *kowaiwai* [i.e., painted]." Mataora in reply said, " *Hopara-makaurangi* is the name above." Ue-tonga then said, " That kind of *moko* [or face tattooing] is used in house building, and is then called *hopara-makaurangi*, or painting. If the *moko* is done on a man it is called *tuhi*,[27] or painting." Mataora replied, " That is called carving with us." Then Ue-tonga placed his hand on Mataora's face and rubbed it—and all the *moko* came off ! The people all burst out laughing, and then Ue-tonga called out, " O ye above ! O ye people of above ! Ye are quite wrong in calling it carving. Behold the face is quite clean from rubbing. That is only painting. What we call carving [*whakairo*, also used for ornamentation of other kinds] is that practised by the women " [in the ornamental borders of their mats]. Ue-tonga then showed the garment on which the *taniko*,[28] ornamentation was apparent, at the same time saying, " This is the woman's branch ; whilst the man's branch is this (showing the carved head of his wooden *maipi*, or halbert). "This is

27. *Tuhi* is the modern word for writing ; perhaps there is a good deal in this meaning.

28. This is the beautiful ornamented border on the *kaitaka* cloaks, some of which is very handsome and delicate ; it takes a woman a year to weave a piece four feet long by one foot wide.

carving done on wood. If you go to my house you will see what real carving is. As for that *moko* on you it is only painting."

Mataora now said to Ue-tonga, "You have destroyed the *moko* on my face; you must turn to and tattoo me." Ue-tonga replied, "It is well! Lie down!" Then Ue-tonga called on the artists to delineate the pattern on Mataora's face.[29] When this had been done Ue-tonga sat down by the side of Mataora with his chisel and commenced to tattoo him. Great was his pain and his groans. He then sang his song:

> Niwareka! that is lost, where art thou?
> Show thy self, O Niwareka! O Niwareka!
> 'Twas love of thee that dragged me down here below,
> Niwareka! Niwareka! love eats me up!
> Niwareka! Niwareka! thou has bound me tight.
> Niwareka! Niwareka! Let us remain in this world,
> Niwareka! Niwareka! Leave behind this Hades,
> Niwareka! Niwareka, and thus end my pain.

When Ue-kuru, the younger sister of Niwareka, heard this, she ran off to Taranaki where Niwareka was engaged in weaving a garment—named 'Te Raupapa-nui'—for her father Ue-tonga, in the latter's house named Aroaro-tea. Ue-kuru said to her sister, "There is a man over there who is being tattooed; a very handsome man; who, whilst the operation was going on, was crying and singing. The words of the song often repeated your name." The female companions of Niwareka all said, "Let us all go and see!" When Niwareka and her companions reached the court-yard where the tattooing was going on, Ue-tonga was annoyed at their coming and said, "What have you come here for?" Niwareka replied to her father, "To fetch the visitor and take him to the village—he that stoops [lies] there." Niwareka said to her younger sister, Ue-kuru, "Go and fetch him, and lead him to the village."

So Mataora was led off; and when they reached a Pohutukawa[30] tree growing there, they found the place spread with mats. Then was heard the welcome of Niwareka and her lady companions, who became enamoured with the appearance of Mataora. She said to her friends, "His bearing is that of Mataora, whilst his garments appear to be my make." When Mataora had sat down on the mats, Niwareka asked, "Art thou Mataora?" He bowed his head and holding out his arms towards Niwareka opened and shut his hands [palm downwards—an old Maori custom of asking to draw near]. Niwareka then knew it was

29. This was done by marking out in charcoal where the chisel was to follow
30. Pohutu-kawa is the *Metrosideros tormentosa* tree of New Zealand.

indeed Mataora, and she commenced the usual *tangi* [crying, at the meeting between friends] over Mataora; the *kauri*[31] was like laughter!

After Mataora had dwelt there for some time the news reached Ranga-ahu, that Mataora was staying at Taranaki. Then [the spirit of] Te Whiriran came to see him—he was a younger brother of Mataora's who had been killed during the war at Hangarau which, I will explain later on—this was his spirit. But Mataora would not consent to his brother's proposal that he should accompany the latter to Ranga-ahu.[32] This was due to the custom of Hades; when the *aroaro-waimate*[33] of an invalid in this world is strongly felt towards his relatives who have preceded him to Rarohenga; those spirits came to fetch the sick man; or in other cases to return the spirit of the invalid to its house, that is, to its body. If the spirits of Rarohenga act in the second manner above, the sick man will not die. But, if their object is to take the spirit of the invalid with them, that man will surely die. But when the days elapsing between the birth of any one and the period when his navel-string drops off, are accomplished, then ends the time of farewells of the spirits of the invalid to its relatives in this world,[34] and then the spirit of he who is dying turns his face towards Whare-kura, that is, to Hawaiki-nui. The company of spirits who come to fetch that of the dying man, lead it to Whare-kura; and on arrival, the spirit is purified by the Pou-tiri-ao [or guardians] of Whare-kura, and they subsequently let it proceed by Te-ara-nui-a-Tāne [the great-highway-of-Tāne (or of mankind) to Rarohenga; or otherwise by the way of Te Toi-hua-rewa [the suspended-way] to the conjoint Heavens. If the spirit goes to Rarohenga, the spirits of that place conduct it. If it [desires to] end in the conjoint Heavens, then the spirits of those Heavens conduct it by the Toi-hua-rewa [to Io the Supreme God].

Mataora, now said to Niwareka, " Let us both return to the Ao-tu-roa " [the long-standing-world—the Earth]. She replied, " The customs of the upper world are bad.[35] Rather let us remain below,

31. That is, the tattooing of his face was beautiful ; often the soot of the *kauri* tree is used as the pigment in tattooing.

32. For fear he should not be allowed to return to the World of Light.

33. Explained as the strong desire of one who knows he has no hope of recovering from his illness—to depart for the realm of the dead.

34. The Scribe says the days of mourning for the dead are regulated by the length of the above period. Probably this means for the relatives living with the defunct only.

35. It will be remembered she had been beaten by her husband.

and gather our thoughts and turn them from the evils of the upper world."

Mataora : " We two will be able to effectually arrange that."

Niwareka : " I will not consent without further thinking it over. But I will talk over with my father and brothers what you say as to our return."

Mataora : " We two alone are concerned in this matter. Do not let your father and brothers know of it.

Niwareka : " All the world above, as also here below, has heard about it already. Leave the course to be taken as I have said.

So Niwareka told her father and brothers the reason of Mataora's visit—to take her back to the Ao-tu-roa.

Ue-tonga : " Mataora! Are you thinking about returning above ? "

Mataora : " Yes! Niwareka and I."

Ue-tonga : "You go back, O Mataora ! Leave Niwareka here. A custom of the upper world is to beat women, is it not ? "

At this Mataora was consumed with shame. Tauwehe, the brother of Niwareka, said to him, " Mataora! Abandon the upper world—the home of evil—altogether, and let us both live down here. Cut off all above and its evil ways, let all below with its better customs be separate."

[The Sage here states that the continuation of this conversation was very lengthy, and that he did not care to abbreviate it because he might be accused of ignorance. This led to a discussion, ending in the omission of much matter.]

Mataora replied to Tauwehe, " I will in future adopt the methods of Rorohenga in the upper-world." Then Ue-tonga said to him, " Mataora! Do not let a repetition of the evil repute of the upper-world, reach here below. You must see that the upper-world has its works of darkness, whilst the under-world is really the 'world of light,' together with its works." Now, you see from the words of Ue-tonga that in the Ao-tu-roa ['world-of-long-standing,' or 'the enduring-light,' i.e., this ordinary world] alone are all evil and darkness, whilst in Rarohenga there are none ; there is no night there, but light alone and good works. Hence it is that, even from the time of Hine-ahu-one,[36] her descendants, and even down to the present time, not a single one has ever come back from there to this world to live.

After this Niwareka, her father and brother, consented that she and her husband should return to this world. Ue-tonga said, " Mataora !

36. The first woman ; her daughter, Hine-titama, became goddess of Hades. See p. 144.

Listen! When you return to the world do not let a repetition of the evil deeds of the world be brought here." Mataora replied, "Look on my *moko* [face-tattoo]; if it had been painted it might be washed off, but as it is a *moko* cut in the flesh by you it is permanent and cannot be washed out. I will adopt in future the ways of this [lower] world and its works." After these farewell words of Ue-tonga to Mataora, the former presented to the latter the garment named ' Te Rangi-haupapa.'

I had better complete the history of this garment. It was kept in Pou-tere-rangi [guard house of Hades], and it became the original pattern for the work of our women, such as can be seen to-day. The belt named ' Te Ruruku-o-te-rangi ' was added to the other garment, and likewise has become a pattern for all later belts. It was from there came [the knowledge of] these two properties, and one cannot be used without the other. The garment of ancient days was a *paroha* [i.e., fastened at the throat], and girded by a belt—it was not like any of the white-man's clothing put on over the head [as a shirt].

The original patterns of ' Te Rangi-haupapa ' was made by Ni-wareka, from one belonging to Hine-rau-wharangi, daughter of Hine-ti-tama [and Tāne, see p. 148]. It is said that this garment was named ' Rena,' and was the same name as that used by Ue-nuku during his war with Whena, when the [people of the] bows of the canoe fought with those in the stern. This was [the occurrence called] ' Iwi-katea,' but the principal name of this war was ' Te Ra-to-rua,' in which the death of Ue-nuku's children was avenged.[37]

So Mataora and Niwareka started to return to this upper world. When they got to Pou-tere-rangi [guard-house of Hades], to the foot of the ascent, there they found Ti-waiwaka; he was the guardian of the ascent. Ti-waiwaka asked Mataora, " Where art thou going ? " Mataora replied, " We are returning to the world above." Said Ti-waiwaka, " Go back ! The world is now full of evil; but come again in Orongo-nui [Summer]." Mataora asked, " In what month ? " To which Ti-waiwaka replied, " In the month of Tatau-uru-ora " [November].

Mataora and Niwareka then returned to Taranaki [a place in Hades]. In November of the Summer they again went to the ascent where Ti-waiwaka said to them, " Take our youngsters with you to lead you out—that is Popoia [the owl] and Peka [the bat]." So they ascended accompanied by their guides to the summit at Pou-tea where they found Patatai [the land rail], who said, " Mataora ! where art

___
37. This war occurred in the generation preceeding the emigration of the six well-known canoes to New Zealand from Tahiti, in *circa* 1350.

thou going?" "To the world!" Said Patatai, "Take with you my youngster to the world, and let him go free. You will cherish him, and let him remain in the corner of the window [of your house] as a dwelling place. O Sir! O Peka! here is thy nephew!" Mataora said, "Presently he will be chased by the family of Tāne (68) [Birds]," to which Patatai replied, "Leave him at the *tuāhu* [altar] of the latrine, whilst Popoia and Peka, should be relegated to the night so they may not be worried by the family of Tāne."

This is the reason why the owl and the bat never appear in the daylight, but always at night. There are three birds, the owl, the bat, and the miromiro [the wren], which, if one of them appears in an assemblage of men, it is a warning that some misfortune will happen to that house. It is the same with the Patatai [land rail] and Ti-waiwaka [the Fan-tail]. This is the reason that the two latter visit their relations mentioned above.[38] Māui asked the Patatai, the Ti-waiwaka and the Tatahore to accompany him when he went to Hades to try and destroy Hine-nui-te-po [goddess of Hades, see p. 146].

Mataora, Niwareka and their company, now went on towards the upper-world. When they reached Pou-tere-rangi [the guard house of Hades] they found Te Ku-watawata (23) [guardian of the entrance to Hades] there. He asked them, "Mataora! What are those properties beneath you?" The latter replied, "The works of the world above are done in the night; those of the under-world are done in the Ao-turama.[39] Night has been separated off to the upper-world, and the daylight to the under-world. The second properties are the *moko-whakatara* (wood-carving), *moko-whakanyao* (face-tattooing), and *whakairo-paepae-roa* (ornamental pattern on the border of *kaitaka* mats); also the family of Ti-waiwaka and Patatai, who are travelling with us." Te Ku-watawata then asked Niwareka, "What is in that bundle on your back?" She replied, "It is nothing; only our old garments" [in which she was deceiving her interlocutor.]

They now came to the door of Pou-tere-rangi, where Te Ku-watawata again said, "Mataora! The very origin, sprouts, the roots are henceforth cut off. The door of Pou-tere-rangi will never again be opened to [the living of] the world. But only those of the night [the spirits of the dead] will pass on to Rarohenga. The body will be separated off [and left] above, the spirit alone shall tread both the upper and the lower worlds." Mataora asked, "What is the reason for this?"

38. This is not at all clear.

39. A peculiar expression for the light = the torch-lit world, or light-of-the torch.

Te Ku-watawata replied, "Te Rangi-haupapa[40] is with you! Why did you conceal it?" Then Niwareka took the garment out of her bundle, saying to Te Ku-watawata, "This is 'Te Rangi-haupapa,' leave it at 'the origin, the sprouts and the roots,' in Pou-tere-rangi there to become a pattern for the world and for Rarohenga." After these words of Niwareka Te Ku-watawata said, "It shall remain permanently here, 'Te Rangi-haupapa' will never be returned to Rarohenga, let it remain as a pattern for the 'enduring world,'" which ended the matter.

I will explain the words of Te Ku-watawata to Mataora and Niwareka: 'The very origin, sprouts and roots are henceforth cut off' means that the door of Pou-tere-rangi leading to the 'Ara-whanui-a-Tāne' [the broad way of Tāne] will never again be trodden by man's [living] body, but rather will it be trodden by the spirits alone of this world and by those of Rarohenga. Enough for that. Now for Niwareka's speech, the 'Rangi-hau-papa' would remain permanently within Pou-tere-rangi as a pattern for the world above; it would never return to Rarohenga. This is the pattern by which all women are guided in weaving cloaks, that is, the *taniko* [pattern on the borders of the *kaitaka* cloaks]. It was Niwareka who made the *facsimile* of 'Te Rangi-haupapa' as has been explained.

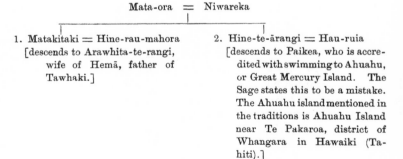

Mata-ora = Niwareka

1. Matakitaki = Hine-rau-mahora [descends to Arawhita-te-rangi, wife of Hemā, father of Tawhaki.]

2. Hine-te-ārangi = Hau-ruia [descends to Paikea, who is accredited with swimming to Ahuahu, or Great Mercury Island. The Sage states this to be a mistake. The Ahuahu island mentioned in the traditions is Ahuahu Island near Te Pakaroa, district of Whangara in Hawaiki (Tahiti).]

Let us return to Mataora. After he had brought from Rarohenga that branch of knowledge relating to carving, he built his *whare-tuahi*, [house in which the arts were taught—it was not a *tapu* house], which he named Po-ririta. All men gathered here to gaze on the tattooing on Mataora's face. Tu-tangata said to him, "Would you be able to tattoo me in the same fashion as you own?" Mataora replied, "I can"! So Tu-tangata was tattooed by Mataora, and on completion the people

40. The garment given by Ue-tonga to Mataora.

looked at it and then said to Tu-tangata, "O Tu! The *tiwhana* [pattern on the temple] is on your eyebrows! and the *pihere* on the nostrils! Your tattooing is very badly done!" Hence the adjunct to Tu-tangata's name, 'Tu-tangata-kino' [ugly Tu-tangata].

After this Maru and Ue-kaihau were tattooed, and then for the first time was seen the beauty of the work of the *kauri*.[41] When the news of this reached Awarau, Tonga-nui [? the Tonga group], Rangi-atea [? Ra'iatea of the Society group], and Hui-te-rangiora—which are names of islands near Ta-whiti-nui[42]—a messenger was sent asking Mataora to go to Irihia, [one of the names of the Fatherland] to the home of Nuku-wahi-rangi, in order that they might see Mataora and his tattooing. His tattooing was on the wings of the nose, the *pihere*, the summit of the nose, and on the temples, which were all the designs that Mataora brought from Rarohenga. It was this upper world that completed the existing patterns; they were first carved on the finial figure of the gable of a house by Nuku-te-aio and Rua-i-te-pupuke who thus first made them known to the world. At this time Huru-waru the man of Te Pipi-o-te-rangi was tattooed, and when the latter saw him he said, "Moko-huruhuru [hairy-tattoo] shall be thy name."

The tattooing of Niwareka was, two [crosses] on the forehead, two on the cheeks; there was neither chin nor lip-tattooing at that time on the women. In the times of Ti-whana-a-rangi, Ruhiruhi was tattooed on the lips for the first time. The chin pattern of the women originated here in this island [New Zealand], and was copied from a similar pattern cut on the neck of the calabashes; it was first tattooed on Ira-nui by Kahu-kura-nui, the pattern being first sketched by Kahu-kura-kotare.[43]

Here ends my description of the origin of the *moko* [face-tattooing]. I am not clear as to the origin of the tattooing on the *rape* [buttocks]; it was never discussed [in the Whare-wānanga].

Here ends the ' Kauwae-runga,' the first part of
' The Lore of the Whare-wānanga.'

41. *Kauri*-soot is a common pigment for tattoo. We must suppose that a lengthy period had elapsed—perhaps centuries—and after the people had arrived in Eastern Polynesia, before the next incident comes in. Unless, indeed, the names of islands given were those after which the present ones are named, and this seems probable.

42. Tawhiti-nui, may be Tahiti-nui of Eastern Polynesia, or, that Tawhiti-nui which was the second station on the migration from the Fatherland, and which, in the Historical Part to follow, I have identified with some probability as Borneo—probably the latter is correct.

43. Kahukura-kotare was elder brother of Tamatea-ariki-nui, high chief and leader of the 'Takitimu' migration from Tahiti to New Zealand in about 1350.

INDEX.

THOMAS AVERY,
PRINTER, BOOKBINDER, AND STATIONER,
DEVON STREET, NEW PLYMOUTH.